vtiger CRM v5.4.0: Nutzer und Administrator Handbuch

Copyright © 2004-2011 crm-now GmbH, Autor: Frank Piepiorra. Alle Rechte vorbehalten.
7. Ausgabe

Markennamen

vtiger ist ein Markenname und das vtiger Logo ist ein Markenzeichen von vtiger.com. crm-now ist ein Markenname und das crm-now Logo ist ein Markenzeichen der crm-now GmbH. Alle anderen Marken sind Eigentum der jeweiligen Besitzer.

Der Autor gibt keine Garantie oder Gewähr hinsichtlich der Richtigkeit und der Genauigkeit der Angaben in diesem Handbuch. Der Autor ist für keine Schäden (uneingeschränkt eingeschlossen sind Schäden aus entgangenem Gewinn, Betriebsunterbrechung, Verlust von geschäftlichen Informationen oder von Daten oder aus anderem finanziellen Verlust) ersatzpflichtig, die auf Grund der Benutzung dieses Handbuches oder der Unfähigkeit, dieses Handbuch zu verwenden entstehen, selbst wenn der Autor von der Möglichkeit eines solchen Schadens unterrichtet worden ist.

Danksagung

vtiger ist ein Open Source Softwareprojekt, welches durch ein engagiertes Team und einer großen Anzahl von Unterstützern vorangetrieben wird. Der Autor ist dem vtiger Team, crm-now und der ständig wachsenden Interessengemeinschaft für die zahlreichen und fachkundigen Hinweise sehr dankbar. Mehr Informationen über vtiger, dem dahinter stehenden Team, dem Projekt und der vtiger Interessengemeinschaft finden Sie unter:

www.vtiger.com

Dieses Handbuch wurde durch die crm-now GmbH gefördert. Mehr über crm-now ist unter der folgenden Webadresse zu finden:

www.crm-now.de

Umschlaggestaltung: im-netz Neue Medien GmbH
Druck und Bindung: Lulu

ISBN: 978-1-300-27807-8

Vorbemerkungen

Das Handbuch beschreibt das vtiger CRM System für Nutzer als auch Administratoren für das vtiger CRM System v5.4.0. Mit Hilfe dieses Handbuches werden Sie sich schnell in dem CRM System zurechtfinden. Ziel ist es, Ihnen schon nach einer kurzen Einarbeitungszeit die Möglichkeit zu geben, Ihre Kunden effektiv zu verwalten und die Arbeit Ihrer Mitarbeiter zu koordinieren. Mit dem vtiger System haben Sie ein leistungsfähiges Werkzeug zur gesamten Verkaufsprozessbegleitung als auch zum Kontakt-, Aktivitäten-, Servicemanagement in Ihrem Unternehmen.

Das CRM System ist vor allem für solche Unternehmen geeignet, welche

- im B2B und B2C Geschäft tätig sind,
- längere Verkaufszyklen haben,
- ihr Produkt oder Dienstleistungsangebot nicht häufig wechseln,
- und mit Vertriebs-, Marketing oder Serviceteams an mehreren Orten arbeiten.

Darüber hinaus ist es auch geeignet Behörden, Vereine oder andere Organisationen in der Verwaltung von Kontakten, Terminen und Dokumenten zu unterstützen. Es kann immer dort eingesetzt werden, wo es darauf ankommt mehreren Personen den Zugang auf gemeinsame Daten zu schaffen.

Dieses Handbuch wurde für CRM Nutzer und Administratoren geschrieben. Es richtet sich an Vertriebs- und Marketingpersonal, Servicemitarbeiter als auch an das Unternehmensmanagement. Es setzt voraus, dass Grundkenntnisse über die Aufgaben von CRM Systemen vorhanden sind.
Das Handbuch konzentriert sich auf die CRM Funktionen. Darüber hinaus existieren zahlreiche Zusatzmodule und Erweiterungen. Wo angebracht, wird auf Quellen für weitere Informationen verwiesen.

Alle in diesem Handbuch als Beispiel benutzten Angaben für Unternehmen oder Personen sind frei erfunden. Eventuelle Ähnlichkeiten mit tatsächlich existierenden Unternehmen oder Personen sind rein zufällig.
Die in diesem Handbuch benutzten Bezeichnungen in den CRM Funktionen und Modulen beruhen auf der deutschen Übersetzung in dem deutschen Sprachmodul durch den Autor, welches mit dem vtiger System zum Download bereit und als Open Source zur Verfügung steht.

Inhaltsverzeichnis

1 EINFÜHRUNG 8

1.1 Über dieses Handbuch 8
1.2 Erste Schritte 10
1.3 Login 12
1.3.1 CRM Startseite (Home) 13
1.3.2 Zugangsrechte 19

1.4 Wie beginnen? 20

2 ERFASSEN VON DATEN IM CRM 22

2.1 Kundenkontakte 22
2.1.1 Eingabe der Stammdaten eines neuen Leads 23
2.1.2 Eingabe der Stammdaten einer neuen Organisation 24
2.1.3 Organisationshierarchien 26
2.1.4 Stammdaten für neue Personen anlegen 26
2.1.5 Export und Import von Kundenkontakten 29
2.1.5.1 Datenimport 30
2.1.5.2 Datenexport 36
2.1.6 Datenformat für Importe 37
2.1.7 Hinweise für CSV, Excel und Outlook Formate 39

2.2 Kalender und Aktivitäten 41
2.2.1 Kalender 42
2.2.2 Alle Ereignisse und Aufgaben 48
2.2.3 Import und Export von Aktivitäten 48

2.3 Der Vertriebsprozess 49
2.3.1 Leads 49
2.3.2 Verkaufspotentiale 54
2.3.3 Angebote 59
2.3.4 Kundenbestellungen 65
2.3.5 Einkaufsbestellungen 68
2.3.6 Rechnungen 70

2.4 Marketing 72

2.5		Produkt bezogene Eingaben	**74**
	2.5.1	Produkte	74
	2.5.2	Produktbündel	79
	2.5.3	Preislisten	80
	2.5.4	Lieferanten	82
	2.5.5	Import und Export von Produkten	83
2.6		Dienstleistungsbezogene Eingaben	**84**
	2.6.1	Dienstleistung erfassen	84
	2.6.2	Serviceverträge	85

3 MIT DEM CRM ARBEITEN 87

3.1		Allgemeine Hinweise	**87**
	3.1.1	Mit Listen arbeiten	87
	3.1.2	Tag Wolken	93
	3.1.3	Duplikate erkennen und entfernen	94
	3.1.4	Kalendererinnerungs-Popup	95
	3.1.5	Chat Funktionen	96
	3.1.6	Werkzeuge	97
		3.1.6.1 RSS	97
		3.1.6.2 Meine Seiten	98
		3.1.6.3 Dokumente	98
		3.1.6.4 Papierkorb	99
	3.1.7	Sende und Empfange E-Mails	101
		3.1.7.1 E-Mails versenden	101
		3.1.7.2 Massen E-Mails	103
		3.1.7.3 E-Mails empfangen	104
3.2		Mit dem Verkaufsprozess arbeiten	**110**
	3.2.1	Mit Leads arbeiten	111
	3.2.2	Mit Verkaufspotentialen arbeiten	112
	3.2.3	Mit dem Support arbeiten	117
	3.2.4	Berichte und Analysen	123
		3.2.4.1 Cockpit	123
		3.2.4.2 Berichte	124
	3.2.5	Synchronisierung des CRM in der Büroumgebung	128
3.3		Häufig gestellte Fragen von CRM Nutzern	**130**

4 ADMINISTRATIVE AUFGABEN 134

4.1 Grundlagen zur rollenbasierten Rechteverwaltung 134
4.1.1 Einführung zur Rechteverwaltung 134
4.1.2 Begriffsdefinitionen für die Rechteverwaltung 135

4.2 CRM Administration 144
4.2.1 Benutzerverwaltung 144
4.2.1.1 Benutzer 147
4.2.1.2 Rollen 154
4.2.1.3 Profile 155
4.2.1.4 Gruppen 157
4.2.1.5 Globale Rechtevergabe 159
4.2.1.6 Globale Standardfelder 163
4.2.1.7 Audit Trail 164
4.2.1.8 Details der Login-Historie 165
4.2.2 Studio 166
4.2.2.1 Modulmanager 166
4.2.2.2 Kurzinfo Management 172
4.2.2.3 Feldberechnungen 173
4.2.2.4 Auswahllisten Editor 174
4.2.2.5 Verkettete Auswahllisten 175
4.2.2.6 Menü Editor 178
4.2.3 Vorlagen 179
4.2.3.1 Benachrichtigungen 179
4.2.3.2 Bestandsnachrichten 180
4.2.3.3 E-Mail Vorlagen 181
4.2.3.4 Unternehmensinformation 182
4.2.3.5 Textvorlagen 183
4.2.4 Andere Einstellungen 184
4.2.4.1 Währungseinstellungen 184
4.2.4.2 Einstellungen Steuern 186
4.2.4.3 Proxy Server Einstellungen 186
4.2.4.4 Mailserver 187
4.2.4.5 Backup Server Einstellungen 188
4.2.4.6 Bekanntgaben 190
4.2.4.7 Modulen Besitzer zuweisen 190
4.2.4.8 Standard Modulansicht 191
4.2.4.9 Geschäftsbedingungen 191
4.2.4.10 Anpassen der Nummerierung 191

4.2.4.11	E-Mail Konverter	192
4.2.4.12	Liste der Workflows	197
4.2.4.13	Konfigurations-Editor	204
4.2.4.14	Kundenportal	207
4.2.4.15	Planer	209
4.2.4.16	Webforms	209
Anhang A	Administrationsbeispiele und FAQ	213
Anhang B	Weitere Quellen	226

1 Einführung

Dieser Teil beschreibt, wie das Handbuch aufgebaut ist und wie man sich zügig in die Benutzung des CRM Systems einarbeiten kann.

1.1 Über dieses Handbuch

Es ist keinesfalls notwendig, dass Sie das gesamte Handbuch lesen oder alle Funktionen beherrschen müssen, um mit der Software zu arbeiten.

Das Handbuch gibt Ihnen Hinweise, wie Sie sich schrittweise in die Bedienung einarbeiten und wie Sie Ihre Arbeit effektiv gestalten können. So weit als möglich ist jedes Kapitel innerhalb eines Handbuchteiles in sich geschlossen. D.h. Sie brauchen keine Kenntnisse aus vorhergehenden Kapiteln, um sich in ein Kapitel einzuarbeiten. Wo notwendig, ist auf weiterführende Informationen in anderen Kapiteln verwiesen.

Je mehr Informationen Sie im CRM System erfasst haben, umso effektiver können Sie arbeiten. In der Regel werden Sie erst während der Arbeit mit dem CRM System erfahren, wie nützlich die zahlreichen Funktionen für Sie sind und können bei Problemen jederzeit auf das Handbuch zurückgreifen.

Nutzung des Handbuches

Ich hoffe, dass Ihnen das Handbuch eine wertvolle Referenz ist und alle Ihre Fragen zur Funktion und zur Nutzung des CRM Systems beantwortet. Speziell werden folgende Themen behandelt:

- Die allgemeinen Funktionsprinzipien des CRM. Mit all seinen Modulen und Funktionen erscheint das System oft unüberschaubar. Wir zeigen Ihnen die Zusammenhänge und helfen Ihnen, sich schnell einzuarbeiten.
- Wie beginnen Sie das CRM zu nutzen? Was sollten Sie zuerst tun?
- Vertriebsprozessbegleitung. Was bietet Ihnen das CRM System, um Vertriebsprozesse zu automatisieren?
- Kontaktmanagement. Wie arbeitet man mit Leads, Personen und Organisationen effektiv?
- Individuelle Anpassungen. Jedes Unternehmen benötigt seine eigene Konfiguration. Ich erkläre Ihnen, wie das CRM auf die individuellen Anforderungen und Wünsche des Unternehmens und der Benutzer angepasst werden kann.
- Beziehungen verstehen. Die meisten Daten im CRM sind mit anderen Daten logisch verbunden. Diese Beziehungen und deren Zweck werden ausführlich beschrieben. Wenn angebracht, dienen entsprechende Beispiele zur näheren Erläuterung.

- Import und Export. Ich zeige Ihnen was notwendig ist, um erfolgreich Daten mit anderen Büroanwendungen durch Imports und Exports auszutauschen.
- Zusätzliche Quellen. Ich zeige Ihnen, wo Sie weitere Informationen über das CRM, auch in Bezug auf die zahlreichen Zusatzmodule, herbekommen können.

Dieses Handbuch ist in vier Teile gegliedert:

Teil 1: Einführung

Dieser Teil erläutert, welche Anforderungen bestehen, um mit dem CRM zu arbeiten und wie Sie sich schnell mit dem System vertraut machen können.

Teil 2: Erfassen von Daten im CRM

In diesem Teil wird beschrieben, wie Daten im CRM eingegeben werden und welche unterschiedlichen
Möglichkeiten es gibt, um das im CRM zu realisieren. Es wird auch erläutert, welche Aktivitäten, Produkte und Dienstleistungen im CRM unterstützt werden und welche Möglichkeiten zur Kommunikation existieren. Ausführlich wird beschrieben, wie das CRM System Ihren Verkaufsprozess begleitet.

Teil 3: Mit dem CRM arbeiten

Dieser Teil zeigt Ihnen, wie man die im CRM hinterlegten Daten im Verkaufsprozess und im Service nutzen kann, um die Produktivität der einzelnen Nutzer zu erhöhen. Es wird erläutert, welche automatisierten Prozesse im CRM ablaufen und wie man diese in die Arbeit mit den Kunden einbindet.

Teil 4: Administrative Aufgaben

Dieser Teil beschreibt im Detail, wie das CRM konfiguriert wird, wie Nutzer eingerichtet werden, Vorlagen erstellt und allgemeine Firmeneinstellungen vorgenommen werden können.

Die Version der Auflage des Handbuches können Sie an Hand der Dokumentennummer auf der zweiten Seite erkennen. Die ersten drei Ziffern kennzeichnen das Dokument, die nachfolgenden drei Ziffern zeigen die Versionsnummer an. Die Versionsnummer wird bei jedem neuem Release der Software erhöht. Die nachfolgende Nummer indiziert die Auflage innerhalb einer Software Version.

Benutzereingaben und Systemantworten werden in diesem Handbuch wie folgt dargestellt:

Einführung

Verweise auf Menüs: Verweise auf Menüs, sind **dick** dargestellt.

Beispiel: wie im Menü **Kalender** zu sehen.

Menübasierte Befehle: Menübasierte Befehle im Browser werden ebenfalls **dick** dargestellt und durch eckige Klammern eingerahmt. Mehrere Eingaben werden durch das „>„ Zeichen getrennt.

Beispiel: Wählen Sie **[Kontakt]** > **[Neu]** .

Für die Darstellungen der Bildschirmausgaben des CRM Systems wurde aus drucktechnischen Gründen der Tab-orientierte Modus ausgewählt. Wie im Kapitel „Standard Modulansicht" erläutert, kann man die Darstellung auch in eine kompakte Form umwandeln, welche Tabs nicht benutzt. Die Angaben in diesem Handbuch sind für diese Darstellung sinngemäß gültig.

1.2   Erste Schritte

Zugang zum CRM

Bevor Sie als Nutzer Zugriff auf die Software erhalten, müssen Sie sich als autorisierter Nutzer der Software identifizieren. Das erfolgt über ein Login, bei dem Ihr Benutzername und Ihr Passwort eingegeben werden muss. Nutzername und Passwort erhalten Sie von Ihrem Systemadministrator.

Konfiguration Ihres PC

Um die CRM Software zu nutzen, brauchen Sie keine Software auf Ihrem Computer zu installieren. Die Software kann von Ihnen über Ihren Internet Browser sofort genutzt und bedient werden. Stellen Sie sicher, dass Sie einen schnellen Intranet oder Internetzugang haben, z.B. DSL Verbindung, um zügig mit der Software arbeiten zu können.
Wenn Sie die Anwendungen auf dem Computer in Ihrer Büroumgebung mit dem CRM verbinden wollen, können Sie Erweiterungen nutzen. Diese sind in den entsprechenden Handbüchern erläutert (siehe Anhang B).

Bitte beachten Sie die nachfolgenden Hinweise zu den Minimalanforderungen und zur Einstellung Ihres Browsers:

Hardware Anforderungen:

PC oder Thin Client mit Internet Browser; Bildschirmauflösung mindestens Super VGA (1024 * 768 Bildpunkte)

Browser Anforderungen:

- Firefox 10.0 oder besser
- MS Internet Explorer 7.0 oder besser
- Safari 3 oder besser

Einstellungen von Browsern:

Cookies: Für die CRM Software müssen Sie die Benutzung von Cookies zugelassen haben.

Java: Sie müssen die Benutzung von JavaScripts zugelassen haben.

1.3 Login

Den Zugang zur Software erhalten Sie durch die Eingabe einer URL die Ihnen vom Systemadministrator gegeben wird. In Ihrem Browser müssen Sie Ihre Zugangsdaten eingeben. Ihre Sprache und eine Bedienoberfläche wurde von Ihrem CRM Administrator voreingestellt.

> Browser erlauben es, Benutzernamen und Passwörter abzuspeichern, um die Bedienung zu vereinfachen. Bitte beachten Sie, dass die Benutzung einer solchen Browserfunktion ein Sicherheitsrisiko für Sie ist.
>
> Nicht autorisierte Personen könnten Zugriff auf Ihren Rechner erlangen und diese Funktion ausnutzen, um auch Zugang zu Ihren Daten zu erhalten.
>
> Sollten Sie sich trotzdem für die Benutzung einer solchen Funktion entscheiden und ein nicht autorisierter Zugriff auf Ihre Daten erfolgt, geschieht das zu Ihrem eigenen Risiko.

Sollte Sie das CRM System nicht erreichen können, ist möglicherweise der Zugang gesperrt. Dafür kann es viele Gründe geben. Setzen Sie sich mit Ihrem Administrator in Verbindung, um die Ursache zu finden.

Unter einer Oberfläche versteht man eine Darstellungsvorlage für die Arbeit mit dem CRM System.

Es stehen Ihnen mehrere verschiedene Darstellungsvorlagen zur Verfügung. Sie können nach dem Login die Bedienoberfläche auswählen, die Ihrer Arbeitsweise bzw. Ihren Vorlieben oder Gewohnheiten am besten entspricht.

In Abhängigkeit von der Freischaltung stehen Ihnen eine oder mehrere Sprachen zur Bedienung des CRM Systems zur Verfügung. Benötigen Sie eine zusätzliche Sprache, setzen Sie sich bitte mit Ihrem Systemadministrator in Verbindung.

Bedienoberfläche und Sprache können durch jeden CRM Nutzer im Menü **Meine Einstellungen** geändert werden, wie im Kapitel 1.3.1 im Abschnitt *Meine Einstellungen* erläutert. Eine geänderte Sprache wird unmittelbar aktiv, wenn Sie das Menü wechseln.
Die Anzahl der angebotenen Sprachen und Bedienoberflächen sind bei Installation des CRM Systems festgelegt worden und können durch den Administrator über die GUI nicht verändert werden.

Einführung

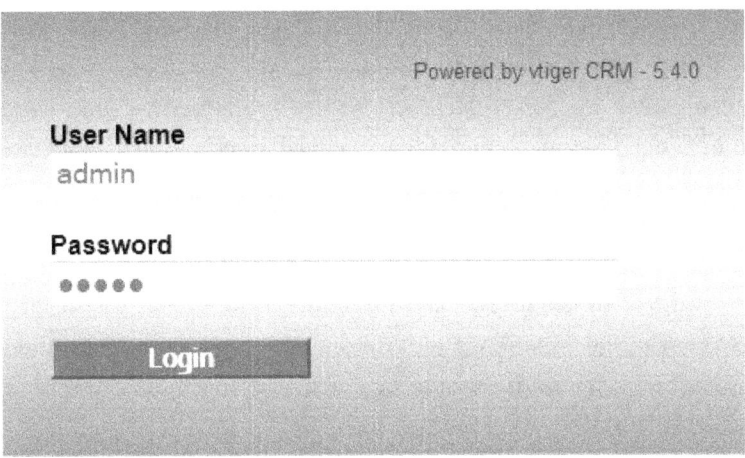

Abbildung 1-1: Login Ansicht

Nach dem Start des Programms erscheint der Bildausschnitt, den Sie in Abbildung 1-1 sehen können. Geben Sie Ihren Benutzernamen und Ihr Passwort ein und drücken <Enter> auf Ihrer Tastatur, oder klicken Sie auf den **[Login]** Button, um das CRM System zu starten.

Sollten Sie einen falschen Benutzernamen oder ein falsches Passwort eingegeben haben, erhalten Sie eine Fehlermeldung.

In der Regel ist Ihr Verbindung zum CRM durch eine Verschlüsselung gesichert. Wenn Ihr Browser das verwendete Sicherheitszertifikat nicht kennt, wird Ihnen Ihr Browser einen entsprechenden Hinweis geben. Akzeptieren Sie die Verbindung.

1.3.1 CRM Startseite (Home)

Nach erfolgreichem Login öffnet sich Ihre persönliche CRM Startseite, wie ausschnittsweise in Abbildung 1-2 gezeigt.

Die aktuelle Darstellung und der Umfang der angebotenen CRM Funktionen können von der Abbildung abweichen, da diese von der gewählten Bedienoberfläche und den von dem Administrator Ihnen zur Verfügung gestellten Funktionen abhängt.

Abbildung 1-2: CRM Startseite

Einführung

Diese als Startseite (Home) bezeichnete Seite bietet Ihnen einen zusammenfassenden Überblick über viele im CRM System vorliegende Funktionen. Wie Sie diese Anzeigen steuern und nutzen können, wird in den folgenden Kapiteln erläutert. Dank einer ausgeklügelten Organisation erlangen Sie meist mit einem einzigen Klick von der Startseite aus Zugang zu allen Sie interessierenden Vorgängen.

Startseiteninhalt

Im Zentrum der Startseite werden Ihnen in Blöcken zusammenfassend die wichtigsten Informationen aus dem CRM angezeigt. Sie können die Anzahl, den Inhalt und die Position dieser Anzeigeblöcke auf der Startseite selbst bestimmen. Im nachfolgenden Abschnitt *Meine Einstellungen* ist das näher erläutert.

Darüber hinaus gibt es die Möglichkeit eigene Anzeigen zu erstellen. Klicken Sie auf das ▼ Icon, um eigene Ansichten für CRM Module, RSS oder dem Inhalt des Cockpits zu erzeugen. Die Notizblockfunktion können Sie nutzen, um ein oder mehrere Felder für eigene Notizen auf der Startseite zu haben.

> Bitte beachten Sie, dass jeder Eintrag im CRM einen Eigentümer hat. Dieser Eigentümer wird unter dem Eingabefeld "**zuständig**" angezeigt, bzw. festgelegt. Auf der Startseite werden nur die Einträge angezeigt, die Ihnen gehören.

Navigation

> Es ist nicht zu empfehlen, die Navigator-Buttons Ihres Browsers zu benutzen, da es bei dynamisch generierten Inhalten in Abhängigkeit von dem genutzten Browser zu Fehlanzeigen kommen könnte. Klicken Sie stattdessen auf die einzelnen Funktionsbereiche oder Icons, um in der Software zu navigieren.

Im CRM System können Sie jede Funktion oder Anzeige schnell erreichen. Sie navigieren ähnlich, wie Sie es vom Browsen auf Webseiten her kennen.

Für viele Zwecke ist es sinnvoll, Browserfunktionen mit mehreren Tabs benutzen, um schneller im System zu navigieren. Die Seiten sind hierarchisch angeordnet. Sie können zwischen benachbarten Hierarchieebenen wechseln oder meistens mit einem Klick direkt eine gewünschte Seite erreichen. Darüber hinaus haben Sie innerhalb des CRM bestimmte Bereiche, die spezielle Funktionen bereitstellen.

Einführung

Im oberen Bereich des CRM Systems, wie in Abbildung 1-3 gezeigt, werden Ihnen mehrere Bereiche zur Navigation und zur Arbeit mit dem CRM bereitgestellt.

Abbildung 1-3: CRM Basisfunktionen

Die nachfolgende Tabelle erklärt die einzelnen Bereiche.

Tabelle 1-1: CRM Basisfunktionen

Navigationsbereich	Funktion
Login Bereich:	In diesem Bereich können Sie Login Informationen sehen, Ihre Standardeinstellungen für die Startseite verändern, die neuesten Beiträge im CRM Journal erreichen und einen Logout vornehmen.
Navigationsbereich:	Hier können Sie im CRM zwischen Funktionen und Datenlisten navigieren. Der Zugang zu den CRM Einstellungen wird nur Nutzern mit Administratorrechten gewährt.
Schnellmenü:	Dieses Menü erlaubt Ihnen schnelle, aber auch im Umfang reduzierte Eingaben für die verschiedenen CRM Module.
globale Suche:	Diese Suchfunktion durchsucht Ihren gesamten Datenbestand und listet die Ergebnisse in Zuordnung zu den CRM Modulen auf. Groß- oder Kleinschreibung wird ignoriert.
Werkzeuge:	Mit Hilfe dieser Icons wird Ihnen eine Reihe von Werkzeugen bereitgestellt. Diese Werkzeuge funktionieren nur dann, wenn Sie für deren Nutzung eine entsprechende Berechtigung haben und ein Ausführen in der jeweiligen Ansicht bzw. in einem bestimmten

Hilfe

Mit diesem Menü wird Ihnen ein direkter Link zu der vtiger Wiki Seite (in englischer Sprache) angeboten.

Einführung

Feedback

Mit diesem Menü können Sie mit dem vtiger Team direkt kommunizieren und z.B. Wünsche zur Weiterentwicklung oder Fehlermeldungen senden. Bitte beachten Sie, dass Sie dazu erst Ihren ausgehenden Mailserver konfiguriert haben müssen.

Meine Einstellungen

Wenn Sie im Login Bereich auf **Meine Einstellungen** klicken, öffnet sich ein neues Fenster und erlaubt es jeden Nutzer die im CRM hinterlegten Nutzerinformationen einzusehen und zu verändern und Präferenzen zu setzen.

Die meisten Eingabefelder sind sicher selbsterklärend - aber es gibt einige spezielle Felder, deren Bedeutung im Folgenden erläutert wird. Die **Audit Trail** Funktion ist nur zugänglich, wenn der CRM Systemadministrator diese zugelassen hat.

> Jeder Nutzer kann und sollte sein eigenes Passwort festlegen. Es wird empfohlen, das Passwort häufig zu wechseln.
> Nutzername und Passwort müssen eine Kombination von großen und kleinen Buchstaben und Zahlen sein. Sie sollten mindestens 8 Stellen haben. Je mehr Stellen Ihre Zugangsdaten haben, umso sicherer sind diese. Die Benutzung von Sonderzeichen, mit Ausnahme des "-" Zeichens, als auch Umlaute (Ä, Ö, Ü) oder ß sind nicht zulässig.

Benutzer Login und Rolle:

Abbildung 1-4: Meine Einstellungen - Benutzerlogin und Rolle

Das markierte Feld in Abbildung 1-4 zeigt die Rolle des Nutzers an, der sich eingeloggt hat. Die Rolle bestimmt, welche Rechte ein Nutzer im CRM hat und welche Funktionen ein Nutzer benutzen kann. Diese wird durch den CRM Administrator festgelegt und kann durch Nutzer nicht geändert werden.

Klicken Sie den **[Bearbeiten]** Button um Ihre Einstellungen zu verändern. Alternativ können Sie auch mit der Maus über ein Eingabefeld fahren und dann auf Bearbeiten klicken, um den Eintrag zu verändern.

Mehr Informationen:

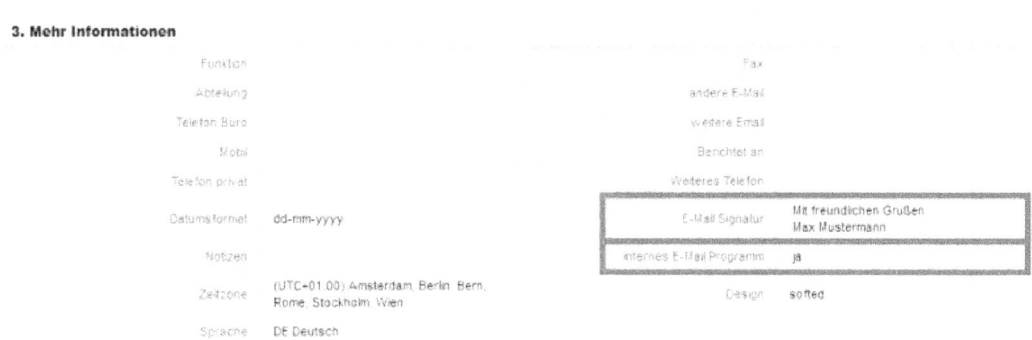

Abbildung 1-5: Meine Einstellungen - Mehr Informationen

In markierten Feld **E-Mail Signatur** in Abbildung 1-5 geben Sie die Unterschrift an, die an jede E-Mail aus dem CRM System automatisch angehängt wird. Sie können diese Unterschrift mit HTML Tags formatieren.

Mit der Eingabe im Feld **internes E-Mail Programm** legen Sie fest, ob Sie beim Erstellen einer E-Mail das E-Mail Programm des CRM Systems oder das E-Mail Programm auf Ihrem Computer benutzen.

Erweiterte Optionen / Asterisk Konfiguration:
Die Eingaben zu den Feldern unter **Erweiterte Optionen** werden genutzt, um Parameter zu definieren, die für die Kommunikation zwischen dem CRM und Ihrem Computer benötigt werden.

Mit dem Feld **Erinnerungsintervall** legen Sie fest, in welchem Intervall Ihr Browser sich offene Aktivitäten zur Anzeige holt. Solch eine Aktivität wird dann in einem Popup Fenster in Ihrem Browser angezeigt.

Das Feld für den **Zugangsschlüssel** zeigt Ihnen eine Identifikationsnummer an, die durch CRM Erweiterungen genutzt wird und durch Sie nicht geändert werden kann.

Einführung

6. erweiterte Optionen

    Erinnerungsintervall   1 Minute   Zugangsschlüssel   tAkUQNp3zEltWJU

7. Asterisk Konfiguration

    Asterisk Erweiterung   empfange eingehende Anrufe   nein

Abbildung 1-6: Meine Einstellungen - Erweiterte Optionen & Asterisk

Die Felder für die **Asterisk Konfiguration** werden genutzt, um Ihre Parameter für die Kommunikation mit einer Asterisk Telefonanlage festzulegen. Asterisk wird genutzt um Telefonverbindungen durch einen einfachen Klick auf eine Telefonnummer im CRM herzustellen oder bei eingehenden Anrufen Details zum Anrufer, die CRM zuvor gespeichert wurden, anzuzeigen. Bevor Sie diese Funktion nutzen können, muss jedoch erst die erforderliche Infrastruktur bereitgestellt werden.

Startseitenbestandteile:
Mit Hilfe der Checkboxen können Sie den Inhalt Ihrer CRM Startseite bestimmen. Wenn entsprechend markiert, werden die Ihnen zugeordneten Daten aus dem CRM zusammengefasst als Liste oder Grafik angezeigt.

Meine Gruppen:
Ein CRM Nutzer kann Mitglied einer oder mehrerer Gruppen sein. Eine solche Gruppenmitgliedschaft wird hier angezeigt. Nur der CRM Systemadministrator kann eine Mitgliedschaft ändern.

Login Historie:
Hier wird die Login Historie des entsprechenden Nutzers angezeigt.

Globale Suchfunktion
Die globale Suchfunktion ist ein bequemes und leistungsfähiges Werkzeug, um in Ihrem gesamten Datenbestand bestimmte Informationen zu finden. Sie können nach jedem beliebigen Ausdruck suchen.

> Bitte beachten Sie, dass der Zugang auf Ihre Daten u.U. nach einer gewissen Zeit der Inaktivität automatisch gesperrt werden kann. Damit soll verhindert werden, dass Ihre Daten bei versehentlich unbeaufsichtigtem Browser durch nicht autorisierte Personen eingesehen werden können. Sie werden dann zur erneuten Eingabe Ihres Benutzernamens und Passwortes aufgefordert.

Einführung

Abbildung 1-7: Globale Suche

Wie in der Abbildung 1-7 zu sehen, können Sie über das Icon die Suche auf bestimmte Module beschränken. Danach müssen Sie das Feld mit dem Suchausdruck ausfüllen und auf das **[Lupe]** Icon klicken. Sie können auch unvollständige Wörter eingeben.

Schnellmenü

Das Schnell-Menü erlaubt es, schnell einen neuen Datensatz anzulegen. In der Auswahlliste können Sie das CRM Modul auswählen zu dem Sie einen Eintrag machen wollen. Danach öffnet sich ein Fenster zur Eingabe. Die Module und die darauf bezogenen Daten wie sie im Schnellmenü zur Verfügung gestellt werden, kann im Modul Manager eingestellt werden, siehe Kapitel 4.2.2.1 Modulmanager.

Das Schnell-Menü fragt nur die unbedingt notwendigen Angaben ab. Wenn Sie mehr Informationen im CRM ablegen wollen, müssen Sie zum Eingabefenster der Stammdaten wechseln, wie im Teil 2: *Erfassen von Daten im CRM* beschrieben.

1.3.2 Zugangsrechte

Ihre Zugriffsrechte für das CRM System werden durch den Administrator gesetzt. Mit Zugriffsrechten kann der Administrator festlegen, welche Ressourcen des CRM Systems ein Anwender nutzen kann. Dabei wird zwischen folgenden Rechten unterschieden:

- Erlaubnis ausgewählte Funktionen des CRM Systems zu benutzen
- Erlaubnis Daten zu sehen
- Erlaubnis Daten hinzuzufügen oder zu verändern
- Erlaubnis Daten zu löschen
- Erlaubnis Daten zu importieren
- Erlaubnis Daten zu exportieren

Einführung

Das CRM System stellt sicher, dass Sie nur die Handlungen ausführen können, für die Sie auch eine Erlaubnis haben. Im Teil 4: Administrative Aufgaben ist erläutert, wie diese Rechte im CRM vergeben werden. Bitte wenden Sie sich an Ihren CRM Administrator, wenn Sie mehr über die Ihnen gewährten Zugriffsrechte wissen oder wenn Sie diese verändert haben wollen.

1.4 Wie beginnen?

Als Erstes muss das CRM System Ihren Erfordernissen angepasst werden. Diese Anpassung kann durch einen Nutzer mit Administratorrechten ausgeführt werden. Die vielfältigen Möglichkeiten sind im Teil *CRM Administration* ausführlich beschrieben. Darüber hinaus können Nutzer ohne Administratorrechte ebenfalls Anpassungen in der Darstellung der im CRM System gespeicherten Daten vornehmen. Das wird in den jeweiligen Kapiteln beschrieben.

Das Herzstück jedes Kundenbeziehungsmanagements sind Ihre Kunden und Ihre Mitarbeiter. Beginnen Sie damit, Mitarbeiter Daten und Leads einzugeben. Erzeugen Sie dann aus diesen Leads automatisch die Personendaten und Organisationen. Nutzen Sie dafür auch die umfangreichen Möglichkeiten, vorhandene Daten zu importieren.

Beschränken Sie sich im ersten Schritt auf die wesentlichen Daten von aktiven Kunden. Sie können fehlende Daten auch noch später nachtragen. Geben Sie auch Mitarbeiterdaten als Personen ein. Diese brauchen Sie, um mit ihnen über das CRM System zu kommunizieren oder ggf. Aufgaben zu empfangen oder zu zuweisen. Wie diese erste Erfassung von Daten funktioniert, wird Ihnen im Kapitel 2.1 Kundenkontakte ausführlich erläutert. Nachdem Sie die ersten Kunden erfasst haben, steht Ihnen schon ein großer Funktionsumfang zur Verfügung, um die Arbeit mit diesen Kunden zu automatisieren.

Im zweiten Schritt erfassen Sie Ihr Angebot an Produkten oder Dienstleistungen, wie im Kapitel 2.5 Produkt bezogene Eingaben beschrieben. Auch hier gilt, dass Sie sich auf die wesentlichsten Angaben beschränken sollten. Sie können später weitere Informationen anfügen.

Wenn mehrere Nutzer in Ihrem Unternehmen mit dem CRM System arbeiten, denken Sie daran, dass Sie gemeinsame Daten, wie z.B. Angaben zu Produkten, nur einmal eingeben müssen. Stimmen Sie sich untereinander ab.

Verwenden Sie die eingegeben Daten sofort bei Ihrem nächsten Kundenkontakt und erfassen Sie die Kundenaktivität, wie in diesem Handbuch im Kapitel 2.2 Kalender und

Aktivitäten beschrieben. Erfassen Sie die ersten Kundenkontakte als „Leads" und generieren Sie daraus automatisch die Nachfolger im Verkaufsprozess.

Die Startseite bietet Ihnen einen guten Überblick über alle im CRM System erfassten Daten. Schrittweise sollten Sie sich dann in die weiteren Funktionen der CRM Software einarbeiten. Denken Sie daran, dass Sie das CRM System Ihren Wünschen anpassen können.

2 Erfassen von Daten im CRM

Das CRM System gibt Ihnen vielfältige Möglichkeiten, Daten aus Ihrem Geschäftsbetrieb zu erfassen, zu verarbeiten und anzuzeigen. Dazu zählen:

- ein Kontaktmanagement für Kunden, Lieferanten oder anderen Beziehungen sowohl für Einzelpersonen, Unternehmen oder Gruppen
- ein zeit- und prioritätengesteuertes Aktivitäten-Management
- eine vollständige Begleitung des Verkaufsprozesses, vom ersten Kontakt zu einem möglichen Kunden bis hin zur Rechnungsstellung und nachfolgenden Service
- ein Produkt und Dienstleistungskatalog mit Preislisten

Sie müssen entscheiden, was für Sie relevant ist und was Sie nutzen wollen. In den folgenden Kapiteln werden die Funktionen und die Erfassung der Daten sowie ihre automatische Verarbeitung und ihre Darstellung ausführlich beschrieben.

2.1 Kundenkontakte

Die effektive Verwaltung und Nutzung von Kundenkontakten ist das wichtigste Element eines Kundenbeziehungsmanagementsystems. Alle Aktivitäten eines Unternehmens sind letztlich auf Kunden ausgerichtet. Sie können die folgenden Kundentypen erfassen:

- Leads
- Kontakt zu einer konkreten Person
- Kontakt zu einer Organisation (ein beliebiger Verbund von Personen, wie Unternehmen, Vereine, Behörden, Gruppen usw.)

Das CRM System gibt Ihnen die Möglichkeit, alle relevanten Informationen für diese Kontakttypen zu hinterlegen und eventuelle Verknüpfungen zwischen Personen und Organisationen herzustellen.

Pflichtfelder sind durch ein rotes * Zeichen markiert und müssen ausgefüllt werden. Diese Felder werden vom CRM System häufig für automatisierte Funktionen genutzt. Ihr CRM Administrator kann aber auch selbst Pflichtfelder definieren.

Prinzipiell sollten Sie sich bemühen, Kundenkontakte immer mit den Stufen des Verkaufsprozesses, also mit Leads, Verkaufspotentialen usw. zu verknüpfen.

Unter dieser Prämisse ergeben sich folgende Arbeitsschritte für eine sinnvolle Arbeit mit dem CRM System:

1. Basierend auf einen ersten Kundenkontakt wird ein Lead angelegt. Dieser Lead enthält u.a. Angaben zur Person und der Organisation. Diese werden durch das CRM System jedoch noch nicht in die Listen der Organisationen und Personen übernommen.
2. Aus dem Lead wird ein Verkaufspotential erstellt. Bei dieser Gelegenheit werden die Kundendaten auch unter Organisationen und Personen abgelegt. Alle Informationen, die für einen Lead erfasst worden sind, stehen weiter zur Verfügung.

Durch diese Arbeitsschritte stellen Sie sicher, dass nur solche Personen und Organisationen im System separat aufgeführt werden, für die auch Geschäftsaussichten bestehen.

Dem gegenüber sollten Sie aber Personen oder Organisationen direkt erfassen, wenn diese nicht über einen Lead bereitstehen. Das trifft z.B. für weitere Personen aus einem Unternehmen, für Lieferanten oder anderen Geschäftspartnern zu.

2.1.1 Eingabe der Stammdaten eines neuen Leads

Der Erstkontakt zu einem potentiellen Kunden wird als Lead bezeichnet. Leads entstehen üblicherweise als Ergebnis von Marketingaktionen, wie z.B. Werbung, Messen oder Vorträge. Wahrscheinlich werden die meisten Ihrer Leads leider nicht zu einem Geschäftsabschluss führen, doch das berücksichtigt das CRM durch die getrennte Erfassung von Leads und seine Filterfunktionen.
Sie können einen neuen Lead sehr schnell über die [Neuer Lead] Funktion im Schnellmenü erfassen. Jedoch können Sie hier nur einen Namen, die Firma mit zugehörender Telefonnummer und E-Mail Adresse eingeben.

Wenn Sie mehr Information für Stammdaten eines Lead hinterlegen wollen, gehen Sie zum [Vertrieb] > [Lead] Menü. Klicken Sie auf das ▾ Icon um die Eingabeansicht für einen neuen Lead zu öffnen. Wie in Abbildung 2-1 dargestellt können Sie dort alle relevanten Stammdateninformationen erfassen. Standardmäßig ist der Ersteller eines neuen Leads auch der Eigentümer. Sie können jedoch den oder die Eigentümer selbst bestimmen, indem Sie eine andere Zuordnung im Feld „zuständig" vornehmen.

Klicken Sie auf [Speichern] um Ihre Angaben an das CRM zu übertragen.

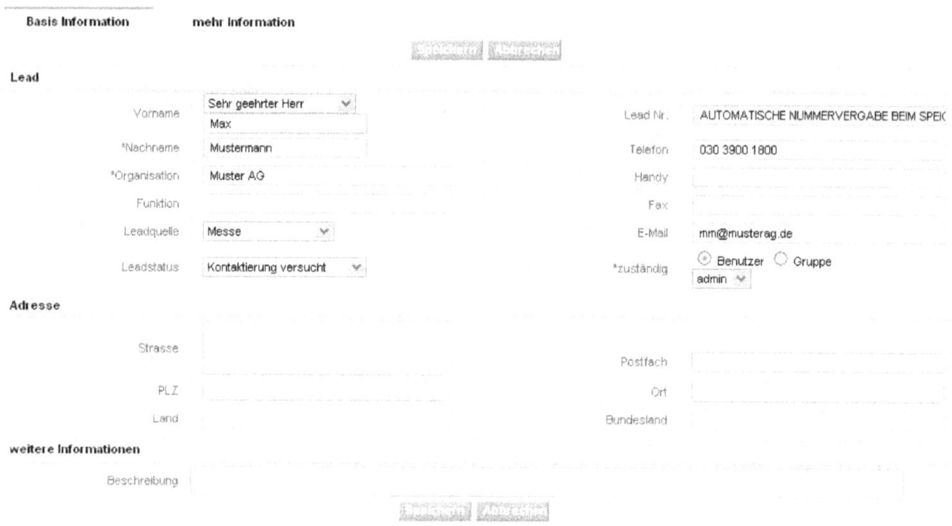

Erfassen von Daten

Abbildung 2-1: Stammdaten für neuen Lead anlegen

2.1.2 Eingabe der Stammdaten einer neuen Organisation

Das CRM unterstützt eine automatische Generierung von neuen Organisationen aus Leads, wie im Kapitel 3.2.2 im Abschnitt *Verkaufspotentiale aus einem Lead* erzeugen beschrieben ist. Nicht jeder Kontakt kann oder soll über einen Lead oder Verkaufspotential erfasst werden. Das ist z.B. sinnvoll bei Kontakten zu Lieferanten, Mitbewerbern, persönlichen Kontakten usw.

> Es sollten von Ihnen nur die Informationen erfasst werden, die für Sie oder Ihr Unternehmen auch relevant sind. Beispielhaft sind in dieser Abbildung schon Einträge vorgenommen worden. Nicht relevante Eingabefelder oder Felder deren Bedeutung sich Ihnen nicht erschließen können frei bleiben oder von Ihrem Administrator entfernt werden. Nutzen mehrere Mitarbeiter aus Ihrem Unternehmen das CRM System gemeinsam, ist es sinnvoll, sich untereinander über die Benutzung von Eingabefeldern abzustimmen.

Wenn Sie einen Kontakt nicht über den Verkaufsprozess anlegen wollen, ist es praktisch immer zuerst die Organisation, wie z.B. ein Unternehmen, einen Verein oder eine

Erfassen von Daten

Gesellschaft, als Kontakt im CRM System anzulegen. Dadurch können Sie später, wenn Sie Personen erfassen, schon die Zugehörigkeit dieser Person zu der Organisation vermerken.

Zum Anlegen einer neuen Organisation klicken Sie auf **[Neue Organisation]** im Schnellmenü oder auf das ▼ Icon im **[Vertrieb] > [Organisationen]** Menü. Das sich dann öffnende Eingabefenster sehen Sie in Abbildung 2-2.

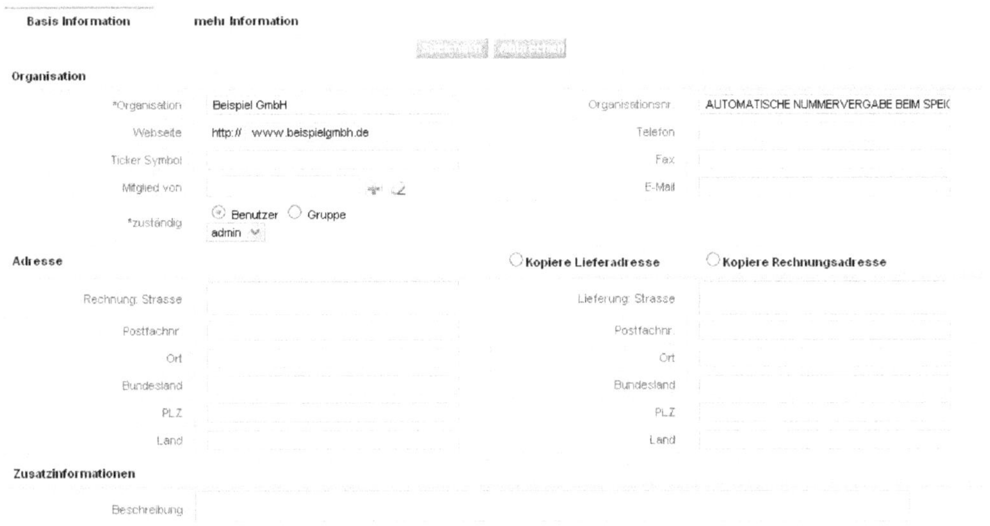

Abbildung 2-2: Stammdaten für neue Organisation anlegen

Sie können weitere Informationen hinzufügen, indem Sie auf den **[Mehr Informationen]** Tab klicken, wie in Abbildung 2-3 zu sehen.

Abbildung 2-3: Neue Organisation - Mehr Informationen

Einige Eingaben können nur in Bezug auf bereits vorhandene Daten im CRM vorgenommen werden.

Erfassen von Daten

Das ist z.B. für das „Mitglied von" Eingabefeld zu sehen. Hier können Sie nur einen Eintrag auswählen, indem Sie auf das Icon am Ende der Zeile klicken. Das öffnet ein neues Browserfenster, wo Sie den Bezug auswählen können.
Klicken Sie auf den **[Speichern]** Button, um die Daten ans CRM zu übertragen.

2.1.3 Organisationshierarchien

Wenn Sie es mit Unternehmen zu tun haben, die über mehrere Standorte verteilt sind oder mit Niederlassungen arbeiten, kann es sinnvoll sein, die Hierarchien im CRM abzubilden. Sie können dazu das Eingabefeld Mitglied von benutzen, wie in Abbildung 2-4 gezeigt.

Abbildung 2-4: Organisationshierarchien

Klicken Sie auf **Zeige Organisationshierarchie** um eine Übersicht, über die verbundenen Unternehmen zu erhalten, wie in der Abbildung 2-5 dargestellt.

Unternehmenshierarchie			
Organisation	Ort	Telefon	zuständig
Muster AG Stammhaus	Musterort	00 49 39001800	admin
... Muster AG Niederlassung 1	Musterort 1	0049 555 5555	admin
... Muster AG Niederlassung 2	Musterort 2	0049 666 6666	admin

Abbildung 2-5: Hierarchieanzeige

2.1.4 Stammdaten für neue Personen anlegen

Wollen Sie die Stammdaten, wie z.B. Name und Adresse, zu einer einzelnen Person erfassen, klicken Sie auf **[Neue Person]** im Schnellmenü oder gehen Sie zum **[Vertrieb]** > **[Personen]** Menü und klicken Sie auf das ⁎ Icon. Das sich dann öffnende Fenster sehen Sie in Abbildung 2-6.

Die angebotenen Standardfelder zur Eingabe sind selbsterklärend beschriftet. Stellen Sie sicher, dass alle CRM Nutzer über die Verwendung der Eingabefelder übereinstimmen. Ihr

Erfassen von Daten

CRM Administrator kann nicht benötigte Felder entfernen und neue Felder hinzufügen, wie im Kapitel CRM Administration erläutert.

Wenn Sie die CRM Einträge mit anderen Anwendungen, wie z.B. Outlook, synchronisieren wollen, sollten Sie in dem Feld für den Nachnamen nur einen Namen, ohne Leerzeichen oder Sonderzeichen eintragen (z.B. "Müller"). Doppelnamen könnten Sie z.B. mit einem Bindestrich zusammenhalten (z.B. "Müller-Meier"). Benutzen Sie ein Leerzeichen zwischen den Namen (z.B. "Maier Schmidt"), so wird z.B. bei der Outlook Synchronisation der erste Namen ("Maier") als weiterer Vorname interpretiert.

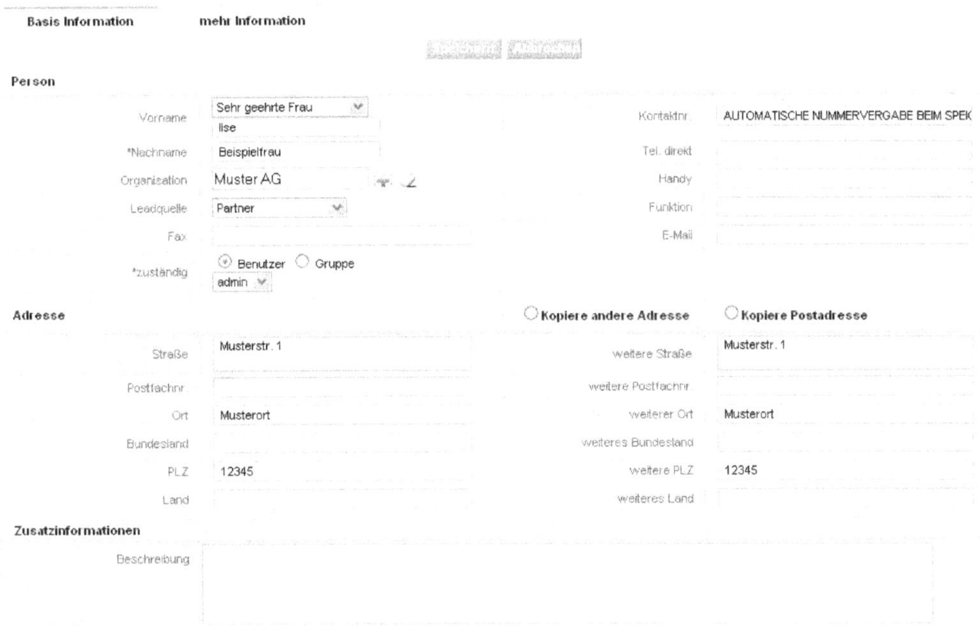

Abbildung 2-6: Stammdaten für neue Person anlegen

Wenn Sie auf den in der Abbildung 2-6 zu sehenden **[Mehr Informationen]** Tab klicken, können Sie weitere Informationen zu den Stammdaten hinzufügen, wie in der Abbildung 2-7 dargestellt.

Erfassen von Daten

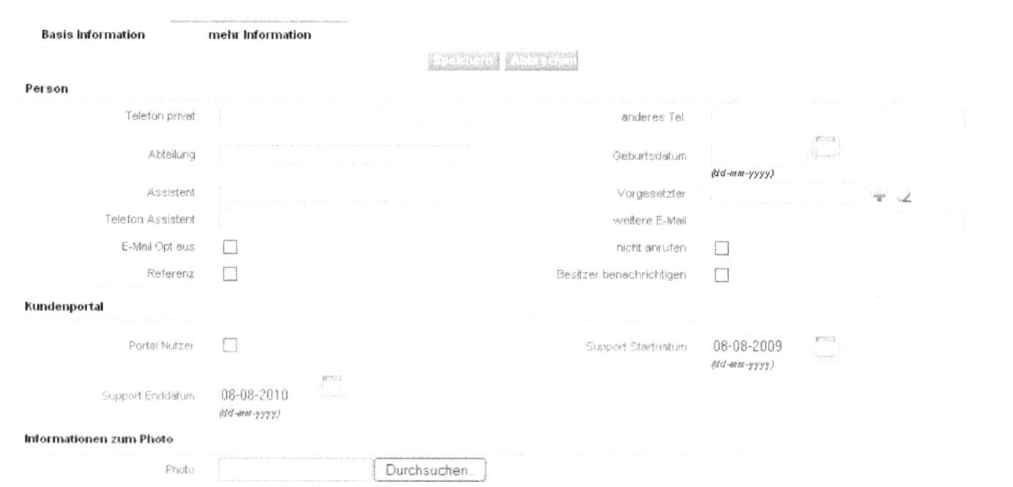

Abbildung 2-7: Stammdaten für Person - Mehr Informationen

Während auch hier die meisten Eingabefelder selbsterklärend sind, gibt es einige Spezialfelder, die nachfolgend in der Tabelle erläutert.

Tabelle 2-1: Liste der speziellen Eingabefelder in Neue Person - Mehr Informationen

Eingabefeld	Verwendung
E-Mail Opt aus:	Personen, bei denen diese Checkbox markiert ist, empfangen keine automatischen E-Mails vom CRM System. Gegenwärtig wird diese Eingabe nur bei der Versendung von automatischen E-Mails bei der Erstellung von Trouble Tickets ausgewertet und kann benutzt werden, um den Versand von E-Mails in Bezug auf Tickets zu steuern. Darüber hinaus, stehen die E-Mail Adressen von Personen, bei denen dieses Feld markiert wurde, nicht für Massenmails zur Verfügung.
Vorgesetzter:	Hier können Sie eine Referenz zu einem Vorgesetzten eintragen, wenn dieser zuvor im CRM erfasst worden ist.
Nicht anrufen:	Hier können Sie vermerken, wenn eine Person nicht angerufen werden will.
Referenz:	Markieren Sie diese Checkbox, wenn ein Kunde bereit ist, als Referenz für Ihr Geschäft zu dienen.
Besitzer benachrichtigen:	Wenn Sie diese Checkbox markieren, wird der Eigentümer der Daten per E-Mail darüber informiert, wenn es zu Veränderungen im CRM in Bezug auf die Person gekommen ist.

Eine Besonderheit, sind die Angaben zum Kundenportal. Über das Kundenportal können Sie einer Person einen eingeschränkten Zugang zu den Trouble Tickets im CRM System gewähren. Der Zugang wird freigeschaltet, indem Sie die Checkbox **[Portal Nutzer]** markieren und den Zeitraum für die Nutzung festlegen. Weitere Informationen finden Sie im Kapitel Kundenportal und im Handbuch für das Kundenportal.

> Wenn Sie den Zugang zum Kundenportal freischalten, erzeugt das CRM System automatisch die Zugangsdaten (Passwort) und sendet diese per E-Mail an die Person sobald Sie auf den [**Speichern**] Button klicken. Diese kann dann sofort das Portal nutzen. Es wird empfohlen, dass Sie die Person zuvor über diesen Vorgang informieren.

Wenn verfügbar, können Sie auch ein Bild der Person im CRM ablegen. Achten Sie darauf, dass dieses Bild in einem *.png, *.jpg oder *.gif Format vorliegen muss. Achten Sie auch auf die Bildgröße. Große Bilder können eine lange Seitenladezeit in Ihrem Browser verursachen.

Klicken Sie auf den [**Speichern**] Button, um Ihre Eingaben an das CRM zu übertragen.

2.1.5 Export und Import von Kundenkontakten

Die Export und Import Funktionen des CRM ermöglichen es Ihnen, Daten zwischen Ihren Büroanwendungen und dem CRM auszutauschen.

Sie können z.B. die CRM Daten auf Ihrem Computer weiter verarbeiten.

Ihnen stehen die Import und Export Funktionen in verschiedenen CRM Modulen, wie Personen, Organisationen, Leads, Lieferanten, Produkte und Potentiale zur Verfügung. Darüber hinaus können Sie Notizen und E-Mails exportieren.

> Das CRM System benutzt intern den UTF-8 (Unicode kompatiblen) Zeichensatz. Unicode ist ein industrieller Standard, welches Computern erlaubt Text aus allen Schriftsprachen dieser Welt zu verarbeiten. Sie finden im Kapitel UTF-8 Hilfe Informationen zu diesem speziellen Zeichensatz.

Um Kontaktdaten zu importieren oder exportieren, klicken Sie auf **[Leads]**, **[Personen]** oder **[Organisationen]** im Vertriebs-Menü. Sie sehen dann die **Listenansicht** von Ihren im CRM gespeicherten Daten.

Erfassen von Daten

Abbildung 2-8: Personen Import und Export Icons

Wie in der Abbildung 2-8 beispielhaft zu sehen, finden Sie oberhalb der Liste die Import und Export Icons.

Für den Import oder Export von Kontaktdaten steht Ihnen ebenfalls das Outlook Plugin für Windows Computer oder die Thunderbird/Mozilla Erweiterung für Linux, Mac oder Windows Computer zur Verfügung. Im Anhang B finden Sie dazu weitere Details.

2.1.5.1 Datenimport

Im Folgenden werden der Import und der Export von Personendaten in 4 Schritten beschrieben. Sie können diese Beschreibung sinngemäß auch für Organisationen oder andere CRM Module übertragen.

Schritt 1

Für den 1. Schritt klicken Sie auf das **[Importieren]** Icon in der Listenansicht, um den Importdialog zu öffnen, der in der Abbildung 2-9 zu sehen ist.

Abbildung 2-9: Personen Import - Schritt 1

Wählen Sie einen Datensatz auf Ihrem Computer oder aus Ihrem Netzwerk.

Sie können einen Beispieldatensatz im Kapitel 2.1.6 *Datenformat für Importe* finden. Dieses Kapitel erklärt auch, was Sie bei der Erstellung eines Datensatzes unbedingt beachten müssen.

Erfassen von Daten

Wenn Ihre Daten Felder enthalten, die noch nicht im CRM vorhanden sind, so kann und muss der CRM Administrator dafür Felder im CRM anlegen. Das muss aber vor einem Import gemacht werden. Folgen Sie dazu den Hinweisen zu den benutzerdefinierten Feldern im Kapitel 4.2.2.1 Modulmanager.

Versuchen Sie erst einen Import mit wenigen, doch mindestens fünf verschiedenen Datensätzen, um die Formatierung Ihrer Daten zu überprüfen.

Sie können beliebig viele Datensätze importieren. Die mögliche Anzahl ist jedoch auch abhängig von Ihrer CRM Konfiguration und der Geschwindigkeit Ihres Internet Zuganges.

Sollte es Probleme geben, wird empfohlen nur bis zu 499 Datensätze mit einer Import Operation übernehmen. Wenn Sie dann mehr Daten importieren wollen, so sollten Sie Ihren Datensatz teilen und die Importfunktion wiederholen.

> Für den Import von Leads gibt es eine Besonderheit. Bei Leads sind die Angaben zum Nachnamen und zur Organisation Pflichtfelder. Sie können jedoch auch Leads ohne Nachnamen importieren. Sie können dabei die Angaben zum Nachnamen leer lassen, müssen die aber mit importieren. Wenn der Nachname beim Import leer bleibt, so wird der nach dem Import in der Detailansicht eines Leads mit der Zeichenfolge '?????' angezeigt.

Die nachfolgende Checkliste kann Ihnen helfen, die Daten vor einem Import richtig aufzubereiten.

Excel Checkliste:

1. Haben Sie für jede Spalte in Ihrem Excel Sheet ein Feld im CRM?
2. Sind der Inhalt und das Feldformat einer Excel Spalte identisch mit dem Inhalt des CRM Feldes? Z.B. werden im CRM PLZ und Ort getrennt gespeichert. Sind die auch in Ihrem Excel getrennt?
3. Haben Sie je eine Spalte für die Auswahllistenfelder des CRM's und diese mit Werten gefüllt, die es auch in Ihrem CRM gibt?
4. Haben Sie je eine Spalte für die in einer Bearbeitungsansicht durch ein * Zeichen gekennzeichneten Pflichtfelder und sind diese in jeder Zeile mit einem Inhalt gefüllt?
5. Haben Sie eine Spalte für den zuständigen CRM Benutzer und ist die in jeder Zeile mit einem Inhalt gefüllt?

Erfassen von Daten

6. Haben Sie die speziellen Formatanforderungen für den Import von Datumsfeldern, Multiple-Auswahllisten usw., wie im Kapitel 2.1.6 Datenformat für Importe beschrieben, berücksichtigt?
7. Haben Sie alle Dubletten entfernt?

Schritt 2

Wähen Sie das Datenformat welches Sie in Ihrer CSV Datei benutzen. Damit es keine Schwierigkeiten mit Umlauten oder Schriftzeichen gibt, die es in der deutschen Sprache nicht gibt (wie z.B. das Ë Zeichen *CITROËN*) ist es empfehlenswert die UTF-8 Zeichenkodierung zu verwenden.

Wenn Sie noch keine Daten im CRM haben oder sicher sind, dass es die neuen Daten im CRM noch nicht gibt und Ihr Datensatz alle Bedingungen aus der Checkliste entspricht„ können Sie den 3. Schritt überspringen und direkt auf den Button **[Weiter]** klicken.
Im nachfolgenden Eingabefenster, wie in der Abbildung 2-10 gezeigt, ordnen Sie Ihre Daten den Eingabefeldern im CRM System zu.

Abbildung 2-10: Personen Import - Schritt 2

Auf der linken Seite sehen Sie die Felder des CRM Systems. Es ist nicht notwendig, dass Sie alle Referenzen zu Ihren Daten herstellen, aber Sie müssen die Pflichtfelder und die Auswahllisten zuordnen. In der Abbildung 2-10 sehen Sie dazu Beispieleinträge.

Wenn Sie Personen importieren und einen Organisationsnamen angeben, so wird durch den Import eine Organisation automatisch mit angelegt und die importierten Personen dieser Organisation zugeordnet. Sollte man jedoch in der Organisation mehr als nur den Namen eingetragen haben wollen, so empfiehlt sich folgende Vorgehensweise:

1. Trennen Sie Ihre Ausgangsdaten in zwei Datensätze. Ein Datensatz enthält die Organisationen und der andere Datensatz enthält die Personen mit den zugehörigen Organisationen in gleicher Schreibweise.
2. Importieren Sie zuerst die Organisationen.
3. Importieren Sie die Personen. Eine Referenz zu den existierenden Organisationen wird automatisch hergestellt und es wird keine neue Organisation erstellt, wenn diese schon vorhanden ist.

Wenn Sie mehrere Importe durchführen wollen, können Sie die von Ihnen ausgewählten Referenzen speichern. Markieren Sie dazu die Checkbox **[Speichere Zuordnung]** und geben Sie der Zuordnung einen kurzen aber eindeutigen Namen. Vermeiden Sie Umlaute und Sonderzeichen in den Spaltenüberschriften. Diese Zuordnung steht Ihnen dann bei einem weiteren Import im Schritt 2 unter **Nutze vorhandene Feldzuordnung** zur Verfügung.

Um den Import zu starten klicken Sie den **[Import]** Button.

Bevor Sie einen größeren Datenimport durchführen, empfiehlt es sich die Prozedur erst einmal mit wenigen Datensätzen auszuprobieren und dann das Importergebnis mit den Erwartungen zu vergleichen.

Schritt 3

Im optionalen 3. Schritt wird Ihnen die Möglichkeit angeboten, beim Import nach Duplikaten zu suchen und diese in Ihrem Datenbestand zu vermeiden.

Solche Duplikate werden nur gefunden, wenn die Buchstabierung genau übereinstimmt. Das ist natürlich eine Einschränkung die in manchen Fällen nicht ausreicht, um alle Duplikate zu finden. Deshalb ist es oft auch zweckmäßig, andere Programme heranzuziehen, welche den Datenbestand vor einem Import auf Duplikate untersuchen können. In der Regel können Duplikate schneller und effektiver vor einem Import als danach im CRM entfernt werden.

Dieser Schritt kann aber auch dazu genutzt werden, vorhandene Datensätze zu aktualisieren. Wenn Sie z.B. Personen ohne Telefonnummern importiert hatten, können Sie durchaus den Import der gleichen Liste mit Telefonnummern nochmal machen, ohne dass

Erfassen von Daten

Duplikate im CRM entstehen. Nutzen Sie dazu die unten beschriebene Funktion, des Überschreibens von Duplikaten.

In der Abbildung 2-11 wird Ihnen das Menü des 3. Schritts gezeigt.

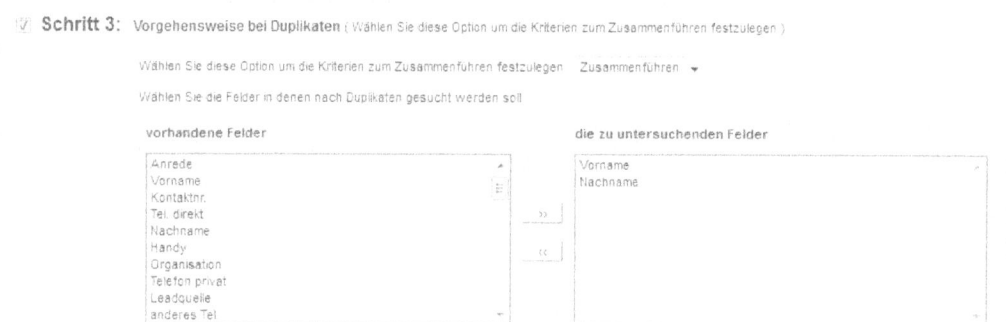

Abbildung 2-11: Personenimport - Schritt 3

Auf der linken Seite werden Ihnen alle im CRM vorhanden Eingabefelder für dieses Modul angezeigt. Platzieren Sie die Feldnamen auf die linke Seite, welche Sie zur Duplikatprüfung heranziehen wollen.

In der nachfolgenden Tabelle sind die Optionen erläutert.

Tabelle 2-2: Duplikatprüfung beim Import

Funktion	Beschreibung	Erklärung
zusammenführen:	Nach dem Import der Daten werden Ihnen alle Datensätze angezeigt, welche Dubletten enthalten. Sie können dann für jeden einzelnen Datensatz entscheiden, welche Information im CRM verbleiben sollen.	Diese Option ist dann sinnvoll, wenn Sie nicht eine zu große Anzahl von Dubletten erwarten, oder Sie sich nicht sicher sind, was aus dem Dubletten-Check zu erwarten ist. Da Sie das Importergebnis durchsehen und ggf. den Import rückgängig machen können, kann die manuelle Option bei einem erneuten Import durch die automatische Option ersetzt werden.

Funktion	Beschreibung	Erklärung
überschreiben:	Während des Imports vergleicht das CRM Ihre Datensätze mit denen, die im CRM vorhanden sind. Mit den nachfolgenden Optionen können Sie entscheiden, was mit Ihren zu importierenden Daten geschehen soll.	Die automatische Option ist dann sinnvoll, wenn Sie eine große Anzahl von Dubletten erwarten oder wenn Sie neue Datensätze dem CRM hinzufügen wollen.
überspringen:	Werden Duplikate in den zu importierenden Daten erkannt, wird der entsprechende Datensatz ignoriert und nicht importiert.	Hierdurch können Sie verhindern, dass Duplikate in Ihrem CRM beim Import entstehen.

Schritt 4

Im letzten **4. Schritt**, zeigt Ihnen das CRM das Ergebnis eines Imports. Dabei wird auch berücksichtigt, ob Sie den Schritt 3 ausgeführt haben oder nicht.

Wenn Sie den Schritt ausgelassen haben, oder keine Dubletten gefunden worden sind bzw. Dubletten automatisch bearbeitet wurden, sehen Sie das Menü wie in Abbildung 2-12 gezeigt.

Sie sehen dort das Importergebnis. Wurden nicht alle Daten importiert, haben Sie sicher bei der Formatierung Ihrer Daten einen Fehler gemacht, bzw. nicht beachtet, dass immer alle Pflichtfeldern angegeben werden müssen. Es empfiehlt sich dann, den Import rückgängig zu machen indem Sie auf den entsprechenden Button klicken, die Daten zu korrigieren und den Import zu wiederholen.

War der Import erfolgreich, so können Sie auf **[Fertig]** klicken um den Import abzuschließen, mit **[Importiere weitere]** einen weiteren Import starten.

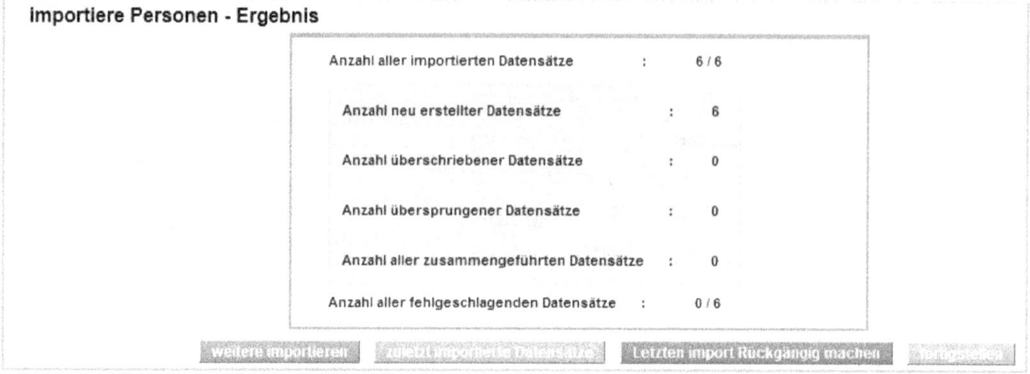

Erfassen von Daten

Abbildung 2-12: Personenimport - Schritt 4

2.1.5.2 Datenexport

Sie können den Export von Daten aus einer Listenansicht nach den folgenden Kriterien steuern:

- exportiere alle Daten aus einem Modul (z.B. alle Personen, alle Leads usw.)
- exportiere nur die Daten, die in der Listenansicht eines Moduls markiert worden sind
- exportiere nur die Daten, die bestimmten Suchkriterien in der Listenansicht eines Moduls genügen
- exportiere nur die Daten aus der aktuellen Listenansichtsseite aus einem Modul

Alle Daten werden als CSV Datei mit dem Utf8 Zeichenformat exportiert. Alternativ steht Ihnen ein Export als Excel Datei im Menü Berichte bereit, siehe Kapitel 3.2.4.2.

Abbildung 2-13: Export Auswahl

Auf Grund dieser Entscheidungsmöglichkeiten müssen Sie deshalb vor der einem Export festlegen, was Sie exportieren wollen. Wenn Sie z.B. alle Personen mit dem Anfangsbuchstaben „B" im Familiennamen haben wollen, wählen Sie diese, wie im Kapitel *In Listen suchen* erläutert, zuerst aus. Danach klicken Sie auf das **[Export Icon]** in der

Listenansicht und es wird Ihnen der Export Dialog, wie in der Abbildung 2-13 gezeigt, angeboten.

In diesem Menü können Sie nochmal Ihre Auswahlkriterien ändern. Klicken Sie dann auf den **[exportiere Personen]** Button. Es öffnet sich auf Ihrem Rechner ein neues Fenster

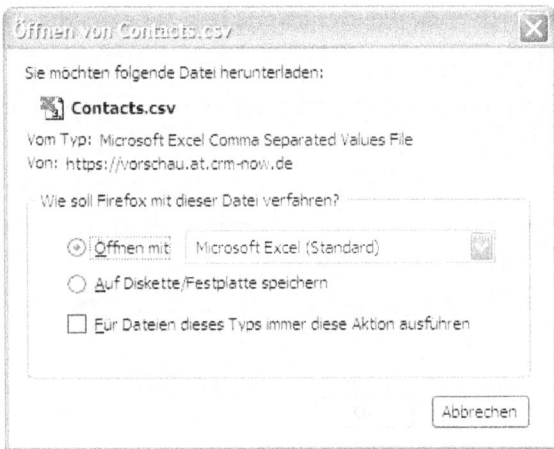

Abbildung 2-14: Export CSV

zum Downloaden von Daten. Die Ansicht ist davon abhängig, mit welchem Betriebssystem ihr Rechner arbeitet. Für einen Rechner mit einem MS Windows Betriebssystem, erscheint z.B. ein Fenster wie in Abbildung 2-14 dargestellt.

Je nach Betriebssystem können Sie die Daten nach dem Laden direkt mit einer Anwendung benutzen oder als Datei auf Ihrem Computer ablegen. Alle Kontaktdaten stehen Ihnen im so genannten „CSV" Format bereit und können von vielen anderen Programmen direkt übernommen werden. CSV Dateien können z.B. mit MS Excel weiterverarbeitet werden. Beachten Sie bitte dazu die Hinweise im Kapitel *Hinweise für CSV, Excel und Outlook Formate*.

Ihre Daten werden immer mit einer UTF-8 Zeichensatzkodierung exportiert. Zahlreiche Anwendungen erfordern, dass Sie dieses Format vor einer Weiterverarbeitung entsprechend umwandeln. Im Anhang B werden Ihnen dazu Verweise auf andere Hilfsmittel gegeben.

2.1.6 Datenformat für Importe

Das CRM verlangt, dass Ihre zu importierenden Daten im sogenannten CSV Format vorliegen. Eine CSV Datei ist eine Text-Datei, die tabellarisch strukturierte Daten enthält und vorrangig zum Datenaustausch verwendet wird. Das Kürzel „CSV" steht dabei für „Character Separated Values" oder „Comma Separated Values", weil die einzelnen Werte durch ein spezielles Trennzeichen getrennt werden. Dieses Dateiformat wird von

Erfassen von Daten

zahlreichen Anwendungen im Bürobereich unterstützt. Ein offizieller Standard für dieses Dateiformat existiert jedoch nicht.

Wenn Sie Ihre Daten für einen Import vorbereiten, müssen Sie folgende Regeln beachten:

- Alle Felder werden durch Kommas oder Semikolons getrennt und müssen mit doppelten Anführungsstrichen eingeschlossen werden.
- Alle Datensätze müssen die Pflichtfelder enthalten. (z.B. Nachname und Organisation bei Leads)
- Felder mit Zeilenumbrüchen oder Felder mit führenden Leerzeichen sind nicht erlaubt.
- Felder, die Anführungsstriche enthalten, sollten vermieden werden. Wenn Sie diese benutzen, müssen diese in doppelte Anführungsstriche eingeschlossen werden.
- Zahlen werden ohne tausender Trennzeichen eingegeben, wie z.B. 3800 an Stelle von 3.800.
- Angaben für ein Datum müssen im folgenden Format gemacht werden, Jahr-Monat-Tag Stunde:Minute:Sekunde, wie z.B.: 2008-01-07 00:00:00
- Sie müssen Felder für Auswahl Boxen bei jedem Import mit einem Inhalt versehen. Diese sind also Pflichtfelder für den Import. Dieser Inhalt muss zuvor im CRM zur Auswahl bereit stehen. Ggf. ergänzen Sie den Inhalt mit Hilfe des Auswahllisten Editors (siehe Kapitel: Auswahllisten Editor)
- Angaben für Multi-Auswahl Boxen (benutzerdefinierte Felder) müssen durch die folgende Zeichenfolge getrennt werden: |##|, wie Z.B: „Amerika |##| Europa". Diese Felder sind ebenfalls Pflichtfelder für einen Import. Der Inhalt muss ebenfalls zuvor im CRM zur Auswahl bereit stehen.
- Angaben für Check Boxen müssen wie folgt importiert werden: 1 für Ja, 0 für Nein
- Die erste Zeile in Ihrem Datensatz sollte Spaltenüberschriften (Feldnamen) enthalten.

Die erste Zeile sollte die Inhalte beschreiben. Vermeiden Sie Umlaute, ß o.ä. in der ersten Zeile. Nachfolgend sehen Sie ein Beispiel für eine Importdatei. Jede Zeile repräsentiert einen Datensatz.

```
"Unternehmensname", "Strasse", "Ort", "PLZ", "Telefonnummer", "Land"
"Muster AG","Musterstraße1","Musterort","12345","030 3900 1800","Deutschland"
"Muster AG","Beispiestraße1","Beispielort","55555","","Schweiz"
```

Wenn Sie nicht alle Details für jeden Datensatz zur Verfügung haben, können Sie die entsprechende Spalte auch freilassen, müssen jedoch das leere Feld mit doppelten Anführungsstrichen einschließen, wie es in dem Beispiel für die fehlende Telefonnummer in Zeile 2 gezeigt wird.

Sollten Ihre Daten Zeichen enthalten, die es nicht im deutschen Alphabet gibt, wie z.B. in CITROËN, so müssen Sie Ihre CSV Daten vor dem Import in das UTF8 Zeichenformat umwandeln.

Importieren Sie immer die Inhalte von <u>allen</u> Auswahllisten und Ihren benutzerdefinierten Felder mit, auch wenn diese leer sind. Nur so können Sie sicherstellen, dass deren Dateninhalt definiert ist. Sie brauchen definierte Dateninhalte, wenn Sie Ihre kundenangepassten Felder mit den Filterfunktionen in Listenansichten oder Berichten benutzen wollen. Überprüfen Sie Ihre Daten vor dem Import nochmal an Hand der Checkliste aus dem vorhergehenden Kapitel.

2.1.7 Hinweise für CSV, Excel und Outlook Formate

Das Microsoft Excel Format kann praktisch als Pseudostandard betrachtet werden, da es von vielen Anwendungen unterstützt wird. CSV Dateien können mit MS Excel weiterverarbeitet und auch aus Excel erzeugt werden.

Beachten Sie jedoch, dass verschiedene Excel Versionen CSV Dateien anders interpretieren. Einige Excel Versionen interpretieren Komma getrennte CSV Dateien nicht automatisch. Darüber hinaus unterstützen die meisten Excel Versionen keine UTF-8 Zeichensätze. Sollten Sie Probleme mit der Dateianzeige in Excel haben, empfehle ich Ihnen die folgenden Schritte:

- Öffnen Sie nicht, sondern importieren Sie die CSV Datei in Excel. Im Daten Menü, wählen Sie „Externe Daten Importieren", dann „Daten importieren". Suchen Sie die CSV Datei aus dem CRM auf Ihrem Computer und klicken Sie auf Öffnen. Damit wird der Textkonvertierungsassistent geöffnet.
- Im ersten Schritt wählen Sie „Getrennt".
- Im zweiten Schritt wählen Sie „Komma". Die Voranzeige der Daten zeigt Ihnen jetzt eine Tabellenstruktur.
- Im dritten Schritt können Sie für jede Spalte ein Format festlegen. Für das CRM wählen Sie „Text".

Danach erhalten Sie eine gut sortierte Excel Datei.

Gegebenenfalls müssen Sie vor einem Excel Import die CSV Datei mit einem ASCII Texteditor anpassen. Das ist z.B. der Fall, wenn <CR> oder <LF> Zeichen (Enter Taste) in Ihren CRM Daten enthalten sind und diese als Zeilenumbruch in Excel interpretiert werden. In diesem Fall müssen Sie diese Zeilenumbruchzeichen vor einem Excel Import mit einem Texteditor entfernen.

Erfassen von Daten

Wollen Sie z.B. Personen ins CRM importieren, die in MS Outlook gespeichert sind, ist folgendes Vorgehen zu empfehlen:

1. Kontrolle der Daten:

Sie müssen sich die Mühe machen und Ihre Daten manuell kontrollieren und gegebenenfalls korrigieren. In den seltensten Fällen sind Ihre Daten unverändert für den Import in das CRM System tauglich.

- Öffnen Sie Ihre Datei in Excel.
- Suchen Sie nach den Sonderzeichen Komma (,) und Semikolon (;) und Anführungsstriche („) und ersetzen Sie diese, z.B. durch Leerzeichen.
- Gehen Sie in die Spalte der Pflichtfelder und stellen Sie sicher, dass es dort in jeder (!) Zeile einen Eintrag gibt (keine Sonderzeichen).
- Wenn Sie die Einträge im Feld „Anrede" mit übertragen wollen, müssen Sie vor dem Import im CRM die gleichen Anreden (genau auf die Buchstabierung achten) konfiguriert haben (z.B. „Sehr geehrter Herr" und „Sehr geehrte Frau" ist schon enthalten, aber „Medizinalrat" nicht). Im Zweifelsfall verzichten Sie darauf.
- Kontrollieren Sie den Inhalt jeder einzelnen Spalte und überprüfen Sie, ob die beabsichtigten Inhalte drin stehen. Die Daten im CRM werden nur so gut wie Ihre Vorlage sein. Falsche Spalteneinträge lassen sich hinterher nur aufwändig im CRM System entfernen.

2. Erzeugen einer CSV Datei

Wenn Sie sicher sind, dass Sie nun gute und brauchbare Daten haben, muss eine CSV Datei erzeugt werden.

- Fügen Sie eine Spalte in Excel am Anfang ein und füllen diese für jede Zeile Ihres Datensatzes mit dem Inhalt: „1Anfang1" (ohne „).
- Fügen Sie eine Spalte zum Ende ein und füllen diese für jede Zeile Ihres Datensatzes mit dem Inhalt: „1Ende1" (ohne „).
- Speichern Sie Ihre Excel Datei als CSV (Trennzeichen-getrennt) Datei.
- Öffnen Sie diese Datei in einem Editor (nicht MS Word!), der ASCII Dateien bearbeitet.
- Ersetzen Sie alle „1Anfang1" Einträge durch ein „ Zeichen.
- Ersetzen Sie alle „1Ende1" Einträge durch ein „ Zeichen.
- Speichern Sie Ihre Datei unter einem anderen Namen. Importieren Sie diese Datei ins CRM System, wie im Kapitel: Importiere Personen erläutert.

Im Anhang B finden Sie einen Hinweis für einen Excel zu CSV Konverter, ein Excel Import/Export Werkzeug als Excel Macro und einen UTF-8 Zeichensatz Konverter. Damit können Sie wohlgeformte Dateien für den CRM Import aus Excel direkt erzeugen.

2.2 Kalender und Aktivitäten

Das CRM stellt einen Kalender zur Verfügung, so wie man ihn normalerweise auf einem Schreibtisch hat. Dieser Kalender ist jedoch zusätzlich mit Ihrem Verkaufsprozess automatisch verbunden. Dieser Kalender unterscheidet folgende Aktivitätentypen:

- Ereignisse (Anrufe, Meetings oder selbst definierte Ereignisse)
- Aufgaben

Die Unterschiede in der Bedeutung und der Verwendung werden in den nachfolgenden Kapiteln erläutert. Sie können selbst eigene Aktivitätentypen auf Wunsch hinzufügen.

Das CRM bieten Ihnen eine Vielzahl von Möglichkeiten kalenderbezogene Aktivitäten zu planen. Sie können dazu den Kalender benutzen oder Eingaben über das Schnellmenü vornehmen oder den Verkaufsprozess heranziehen, um direkt Aktivitäten den einzelnen Verkaufsstufen zuzuordnen.

> Das CRM System unterscheidet Aufgaben und Ereignisse. Deshalb ist Sorgfalt geboten, wenn Sie Ihre Aktivitäten planen. Wenn Sie also beispielsweise eine Besprechung als eine Aufgabe eintragen, halten Sie sich immer vor Augen, dass das System dies anders sieht und eine Eingabe als Meeting erwartet. Mehr Informationen über Aufgaben finden Sie im Kapitel *Alle Ereignisse und Aufgaben*.

Kalendereinträge können und sollten mit anderen Daten im CRM, wie z.B. Personen oder Organisationen verknüpft werden. Das CRM erfasst nicht nur Ihre Aktivitäten sondern liefert Ihnen eine Reihe von Werkzeugen zum effektiven Management innerhalb Ihres Unternehmens.

Zusätzlich zur Kalenderansicht gibt es eine Aktivitätenansicht, welche eine Liste und sämtliche Details aller Anrufe, Besprechungen und Aufgaben beinhaltet, wie es im nachfolgenden Kapitel 2.2.2 beschrieben worden ist.

Erfassen von Daten

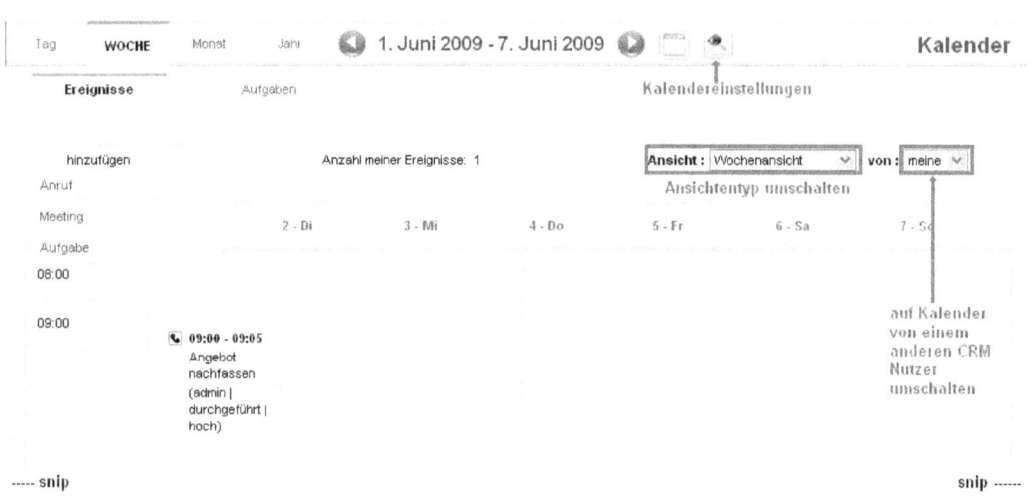

Abbildung 2-15: Kalender - Stundenansicht

2.2.1 Kalender

Um den Kalender zu nutzen, klicken Sie auf das Kalender Icon in einer Listenansicht oder öffnen Sie den Kalender im Navigationsbereich. Eine Darstellungsform des CRM Kalenders ist in der Abbildung 2-15 dargestellt.

In dieser Abbildung ist der Wochenkalender in der Stundenansicht zu sehen. Sie können sich alternativ auch eine Tages-, Monats- oder Jahresansicht zeigen lassen, indem Sie auf das entsprechende Icon klicken oder in die Listenansicht umschalten.

Ereignisse zum Kalender hinzufügen

Um ein neues Ereignis, wie einen Anruf oder eine Besprechung zu planen, öffnen Sie den Kalender, klicken Sie auf [**Hinzufügen**] und wählen Sie ein Ereignis. In dem Eingabefenster, wie es in Abbildung 2-16 zu sehen ist, können Sie Ihre Angaben machen.

Erfassen von Daten

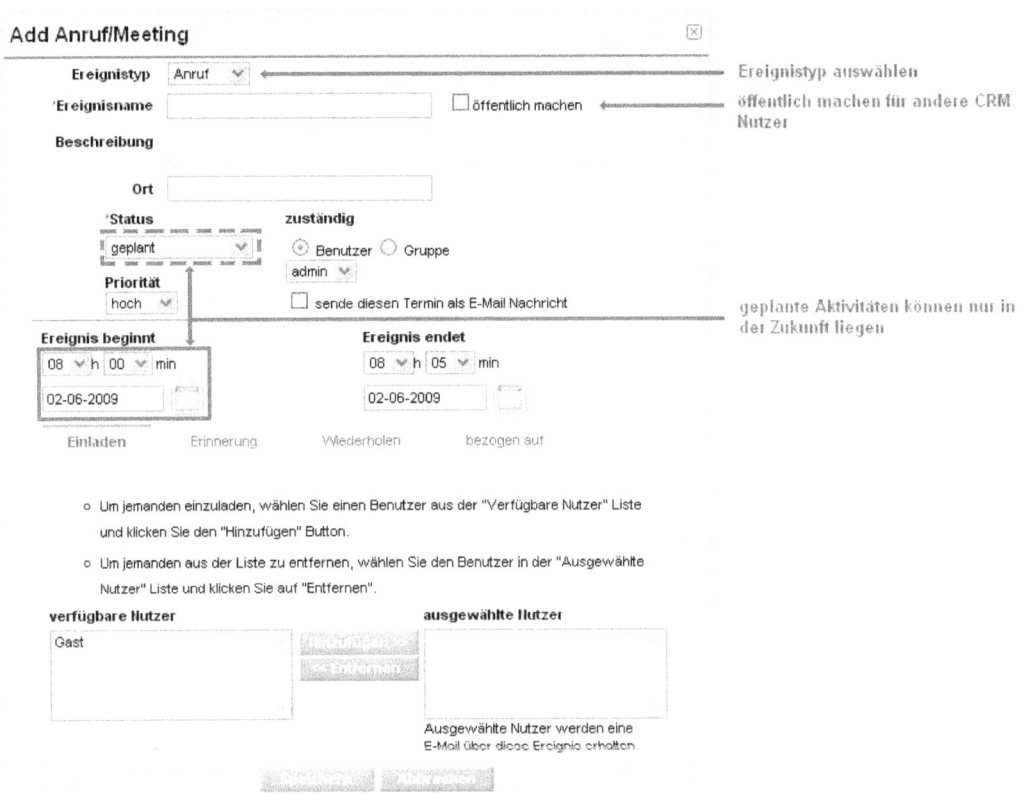

Abbildung 2-16: Neues Ereignis

In der nachfolgenden Tabelle sind die einzelnen Eingabefelder erklärt:

Tabelle 2-3: Felderklärungen für Neues Ereignis Menü

Eingabefeld	Verwendung
Ereignistyp:	Wählen Sie Anruf, Meeting oder ein von Ihrem CRM Administrator erstellten Ereignistyp
Ereignisname:	Sie müssen dem Ereignis einen Namen geben.
Öffentlich machen:	Wenn Sie die Checkbox „Öffentlich machen" aktivieren, dann teilen Sie das neue Ereignis mit anderen Benutzern. Mehr Informationen hierzu finden Sie im Kapitel: Kalender mit anderen Benutzern teilen.
Beschreibung:	Hier ist der richtige Platz für Notizen zum Vorhaben und dann später für das Erfassen der Ergebnisse.
Ort:	Hier können Sie einen Ort eingeben, an dem das Ereignis stattfinden soll.

Erfassen von Daten

Eingabefeld	Verwendung
Status:	Mit Hilfe dieser Auswahlliste können Sie dem Ereignis einen Status zuweisen. Sobald Sie ein Ereignis auf den Status erledigt setzen, haben Sie die Möglichkeit einen Folgetermin zu erfassen.
zuständig:	Hier müssen Sie das Ereignis einem Benutzer oder einer Gruppe zuordnen.
Priorität:	Mit Hilfe dieser Auswahlliste können Sie dem Ereignis eine Priorität zuweisen.
Startdatum/-zeit und Ende:	Für jedes Ereignis wird ein Zeitraum festgelegt. Sie können das Ende auch auf spätere Tage, wie z.B. für eine mehrtägige Dienstreise legen.
Einladen:	Sie können andere Nutzer zu einem Ereignis einladen, indem Sie den angezeigten Anweisungen folgen. Die eingeladenen Nutzer können ggf. durch eine E-Mail über diesen Termin informiert werden.

Klicken Sie auf den [**Erinnerung**] Tab, um eine automatische Erinnerungs-E-Mail durch das CRM zu planen, wie in der Abbildung 2-17 dargestellt.

Abbildung 2-17: Ereignis Erinnerung

Für die Erinnerung haben Sie den Zeitpunkt anzugeben. Die Erinnerung wird an den Eigentümer des Aktivitäteneintrages gesendet.

Zusätzlich können Sie im CRM System Ereignisse kennzeichnen, die sich regelmäßig wiederholen. Klicken Sie auf den [**Wiederholen**] Tab, um Ihre Einstellungen vorzunehmen. Der Dialog ist in der Abbildung 2-18 gezeigt.

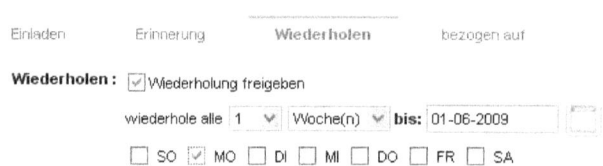

Abbildung 2-18: Wiederkehrende Ereignisse

Wie die Abbildung 2-19 zeigt, kann man ein Ereignis mit Kontakten, wie z.B. Leads, Organisationen oder Personen verbinden.

Erfassen von Daten

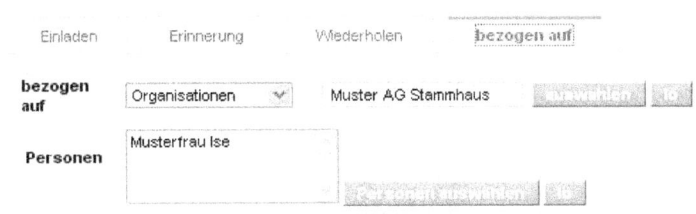

Abbildung 2-19: Ereignisse verbinden

Klicken Sie auf **[Speichern]** um das Ereignis dem CRM zu übertragen.

Jeder Benutzer hat seinen eigenen Kalender. Jedoch kann man andere CRM-Nutzer zu Ereignissen einladen und/oder seinen Kalender mit anderen Benutzern teilen.

Der Kalender wird in der browserdefinierten Sprache angezeigt. Falls Sie den Kalender in einer anderen Sprache sehen, kontrollieren Sie Ihre Browsereinstellungen.

Aufgaben zum Kalender hinzufügen

Das CRM unterstützt Sie in der Verwaltung und dem Management von Aufgaben. Aufgaben sind immer nur einem CRM Benutzer oder einer Gruppe zugewiesen. Sie können keine weiteren Nutzer oder mehr als einen Kontakt mit einer Aufgabe verbinden. Sie können jedoch Aufgaben anderen CRM Benutzern zuweisen.

Aufgaben werden in Ihrem Kalender gesondert gelistet. Sie werden auch auf Ihrer Startseite angezeigt.

Es gibt viele Möglichkeiten eine Aufgabe im CRM zu erfassen. Sie können das über Ihren Verkaufsprozess machen oder den Kalender benutzen. Der Dialog zum Erfassen einer Aufgabe ist in der Abbildung 2-20 dargestellt.

Erfassen von Daten

Abbildung 2-20: Neue Aufgabe erfassen

Sie können Details zu Ihrer Aufgabe eingeben. Die Eingabefelder sind selbsterklärend.

Die Aufgabe wird automatisch dem Benutzer zugewiesen, der sie erstellt hat. Man kann jedoch die Aufgabe auch einem anderen Benutzer oder einer Gruppe zuweisen, indem man in der Auswahlliste **[zuständig]** jemanden auswählt. Unter dem **[bezogen auf]** Tab kann man die Aufgabe mit anderen CRM-Einträgen verbinden.

Bitte beachten Sie die Pflichtfelder. Klicken Sie auf **[Speichern]**, um Ihre Angaben an das CRM zu übertragen.

Kalender mit anderen Benutzern teilen

Sie können Ihren Kalender oder spezielle Ereignisse mit anderen CRM Nutzern teilen. Hierbei sind folgende Alternativen möglich:

1. Kalender mit einem beliebigen CRM-Nutzer teilen

Öffnen Sie den Kalender und klicken Sie auf das Icon [**Kalendereinstellungen**]. In dem sich öffnenden Fenster geben Sie diejenigen Benutzer an, mit denen Sie Ihren Kalender teilen möchten, wie es die Abbildung 2-21 zeigt. Wählen Sie aus der Liste der verfügbaren Nutzer diejenigen aus, mit denen Sie Ihren Kalender teilen wollen und übertragen Sie die in die Liste der ausgewählten Nutzer.

Erfassen von Daten

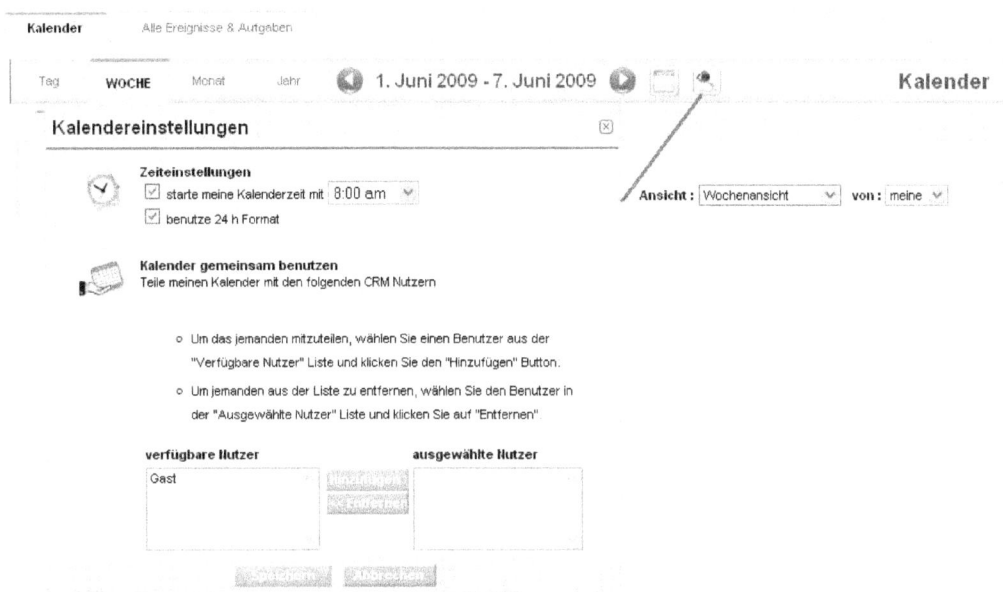

Abbildung 2-21: Kalendereinstellungen

2. Ereignisbezogenes Teilen des Kalenders nach der rollenbasierten Hierarchie

Unabhängig davon, ob Sie in den Einstellungen vermerkt haben, dass Sie Ihren Kalender teilen, können auch spezielle Ereignisse von anderen Benutzern gesehen werden, wenn diese Ereignisse öffentlich gemacht worden sind. Diese Benutzer müssen Ihnen hierarchisch im CRM System unterstellt sein. Um ein Ereignis öffentlich zu machen, aktivieren Sie die **Öffentlich machen** Checkbox bei der Erstellung eines neuen Ereignisses, wie in Abbildung 2-16 zu sehen.

CRM System Administratoren haben das unbeschränkte Recht, die Kalender von allen Benutzern zu sehen.

Kalendereinstellungen

In Abschnitt *Kalender mit anderen Benutzern teilen* wurde bereits beschrieben, wo man die Einstellungen zur Darstellung des Kalenders ändern kann. Zusätzlich zur Konfiguration bezogen auf den Gruppenkalender kann man:

- die Startzeit und den ersten Wochentag des Kalenders bestimmen
- das Zeitformat des Kalenders festlegen

Das Eingabefenster können Sie in Abbildung 2-21 sehen.

2.2.2 Alle Ereignisse und Aufgaben

Für den Fall, dass Sie alle Aktivitäten in einer Liste sehen wollen, klicken Sie auf den **[Alle Ereignisse & Aufgaben]** Tab im Kalendermenü, wie es die Abbildung 2-22 zeigt.

Abbildung 2-22: Alle Ereignisse und Aufgaben - Listenansicht

Sie können die Anzeigen in der Liste nach Ihren eigenen Wünschen ändern. Weitere Informationen darüber, wie Sie die Listenansicht ändern können, finden Sie im *Kapitel Mit Listen* arbeiten.

In der Listenansicht können Sie auf den Namen einer Aktivität klicken, um zur Detailansicht zu gelangen. Eine Aktivität kann als abgeschlossen markiert werden, indem man auf das **[X]** in der Listenansicht klickt. Entsprechend wird dann automatisch der Status einer Aktivität verändert.

2.2.3 Import und Export von Aktivitäten

Um Daten zwischen Ihrem Computer und dem CRM durch Import oder Export Funktionen auszutauschen, stehen Ihnen eine Reihe von CRM Erweiterungen zur Verfügung. Das beinhaltet ein Outlook Plugin für das Windows Betriebssystem und eine Thunderbird/Mozilla Erweiterung für Linux, Mac und Windows Rechner.

Sie finden weitere Hinweise in den jeweiligen Handbüchern (siehe Anhang B).

2.3 Der Vertriebsprozess

Das CRM System begleitet Ihren Verkaufsprozess, auf Wunsch beginnend vom ersten Kontakt zu einem möglichen Kunden, bis hin zum Service nach einem erfolgreichen Geschäftsabschluss. Dabei wird berücksichtigt, dass es in den einzelnen Phasen eines Verkaufsprozesses unterschiedliche Anforderungen an die Berichterstattung, den benötigten Daten und der automatischen Weiterverarbeitung gibt. Die folgenden Phasen werden angeboten und in den nächsten Kapiteln näher erläutert:

1. Leads
2. Potentiale (sortiert nach Verkaufsstufen, Prioritäten und anderen Kriterien)
3. Angebote
4. Verkaufs- oder Einkaufsbestellungen
5. Rechnungen
6. Ticketsystem und Wissensbasis

Diese Verkaufsphasen werden durch das Kontakt- und Aktivitätenmanagement, Produkt- und Dienstleistungskataloge sowie umfangreicher Berichterstattung begleitet. In den einzelnen Phasen werden bei Bedarf Steuern auf Dienstleistungen und Produkte berücksichtigt.

> Nutzen Sie die Möglichkeiten des CRM Systems, die Daten im fortschreitenden Verkaufsprozess automatisch aus einem Vorgänger im Verkaufsprozess zu erzeugen. Sie können dadurch mit bereits erfassten Daten weiterarbeiten. Erstellen Sie einen neuen Eintrag nur dann, wenn es keinen Vorgänger gegeben hat.

2.3.1 Leads

Unter „Leads" werden im CRM System alle ersten Kontakte zu Kunden verstanden, die ein mögliches Interesse an dem Angebot des eigenen Unternehmens signalisiert haben. Ihr Unternehmen erhält Leads üblicherweise aus Marketingaktivitäten, wie z.B. von Messen, Werbung oder Veröffentlichungen. In dieser Stufe des Vertriebs wissen Sie noch nicht ob sich aus dem ersten Kontakt eine Geschäftsmöglichkeit entwickelt.

Erfassen von Daten

Da im Allgemeinen Erstkontakte nicht unbedingt wirkliche Interessenten betreffen, werden Leads im CRM System besonders behandelt. Es gilt zu vermeiden, dass unbrauchbare Leads das CRM System und dessen Nutzer unnötig belasten.

Aus diesem Grund werden die Daten zu einem Lead nicht automatisch referenziert. Das heißt, dass weder den Name der Person oder des Unternehmens in der Liste unter den Tabs „Personen" oder „Organisationen" vom CRM System eingetragen werden und auch nicht für eine weitere Bearbeitung zur Verfügung stehen.

Wird ein Lead als eine Geschäftsmöglichkeit qualifiziert, kann man den Lead jedoch in ein Verkaufspotential umwandeln und somit die notwendigen Referenzen zur weiteren Arbeit automatisch herstellen.

Wenn Sie einen Lead erstellen, erfassen Sie üblicherweise die folgenden Daten:

- Die Kontaktmöglichkeiten zu einer Person oder Organisation
- Eine Beschreibung mit Lead Informationen
- Eine Beurteilung des Wertes für Ihr Unternehmen

Diese Daten werden als Stammdaten zu einem Lead hinterlegt. Ihr CRM Systemadministrator kann die vorgegebenen Eingabefelder an Ihre Bedürfnisse anpassen.

Wie schon im Kapitel 2.1.1 *Eingabe der Stammdaten eines neuen Leads* erklärt wurde, ist ein Lead der wahrscheinlich beste Ausgangspunkt um Kundendaten im CRM zu erfassen. Bitte schauen Sie in diesem Kapitel nach, wenn Sie wissen wollen, wie ein Lead im CRM erstellt wird.

Um eine Liste aller Leads im CRM zu sehen, oder um Informationen zu einem Lead hinzuzufügen gehen Sie zu dem **[Vertrieb] > [Leads]** Menü im Navigationsbereich. Die dort angezeigte Liste ist in der Abbildung 2-23 dargestellt.

Abbildung 2-23: Lead Listenansicht

Mit Hilfe des **[Lupen]** Icons oberhalb der Liste, können Sie Ihre Liste nach Sie interessierenden Informationen durchsuchen, wie im Kapitel *In Listen suchen erläutert* wird. In der Listenansicht können Sie auch Leads bequem löschen oder den Status bzw. den Eigentümer verändern.

Erfassen von Daten

Der Inhalt dieser Listendarstellung ist für Sie frei konfigurierbar. Darüber hinaus können diese Listen automatisch vom CRM System ausgewertet werden, um Sie auf bestimmte Ereignisse hinzuweisen. Weiteres dazu finden Sie im Kapitel *Individuelle Listen* erstellen.

Lead Details

Beispielhaft ist in der Abbildung: Lead Listenansicht bereits ein Lead eingetragen worden. Um weitere Informationen über einen Lead zu bekommen, klicken Sie auf den **[Nachnamen]** von einem Lead. Es öffnet sich das in der Abbildung 2-24 gezeigte Eingabefenster.

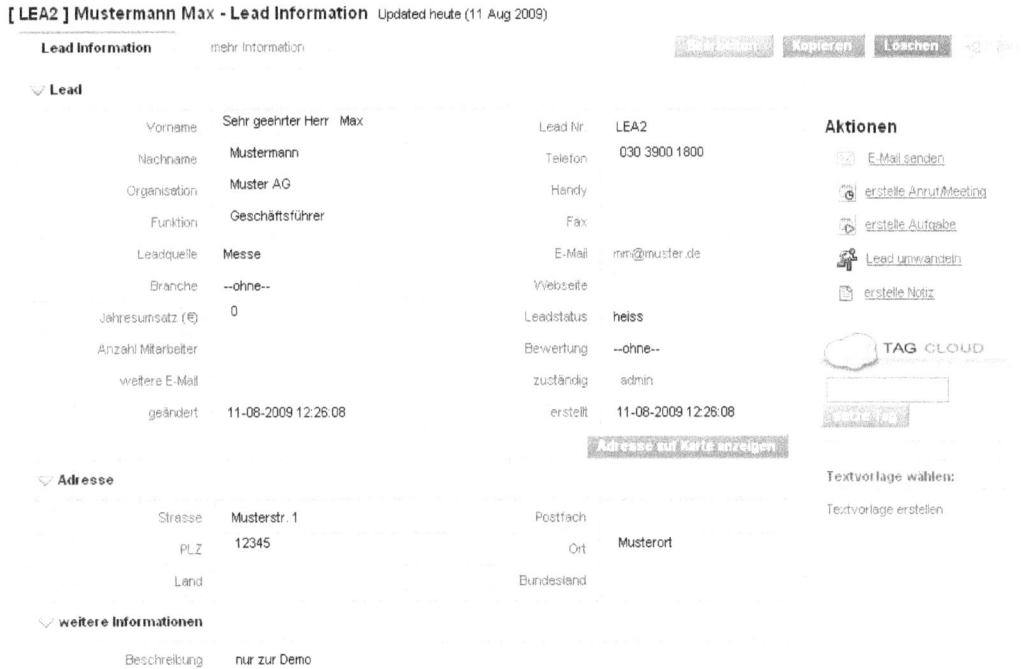

Abbildung 2-24: Lead Detailansicht der Stammdaten

Die zu einem Lead erfassten Stammdaten werden angezeigt. Wenn Sie auf den Tab **[mehr Informationen]** klicken, haben Sie die Möglichkeit, mit dem Lead zu arbeiten, wie es die Abbildung 2-25 zeigt.

Erfassen von Daten

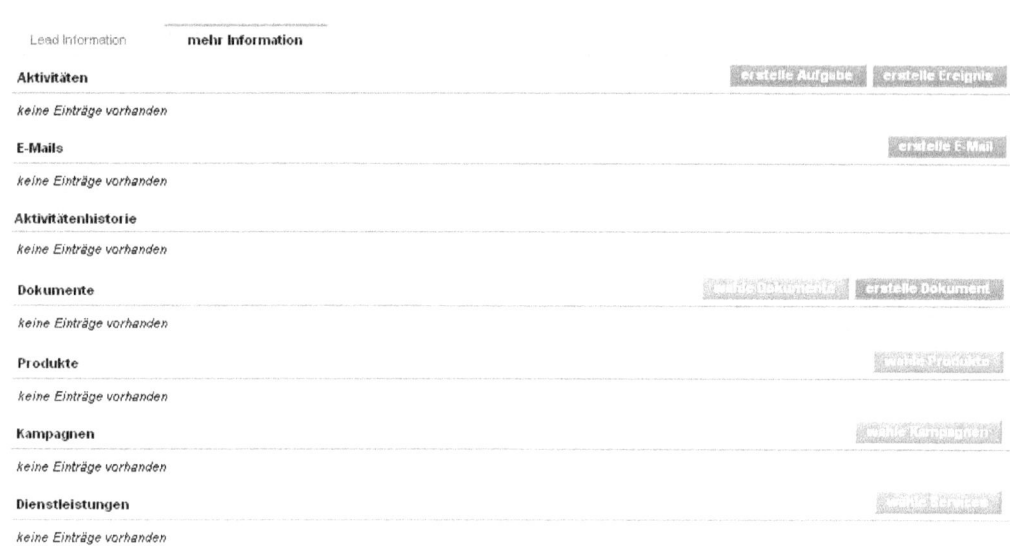

Abbildung 2-25: Lead Detailansicht - Mehr Informationen

Die nachfolgende Tabelle erklärt die Details.

Tabelle 2-4: Liste der Eingabefelder in Lead Detailansicht - Mehr Informationen

Eingabefeld	Verwendung
Aktivitäten:	Sie können einen Lead mit Aktivitäten, wie Anrufe, Besprechungen, Aufgaben oder Ihren selbst erstellten Aktivitätentypen verbinden. In der Ansicht werden alle geplanten Aktivitäten in Bezug auf einen Lead gelistet.
E-Mails:	Hier sehen Sie eine Liste der E-Mails, die für diesen Lead im CRM hinterlegt worden sind. Sie können mit dem E-Mail Button auch direkt hier eine E-Mail verfassen.
Aktivitätenhistorie:	Alle erledigten Aktivitäten sind unter der Historie gelistet.
Dokumente:	Sie können an Leads jede Art von Dateien oder Notizen anfügen.
Produkte:	Sie können einen Lead mit Produkten aus Ihrem CRM verbinden.
Kampagnen:	Hier können Sie den Lead mit einer Kampagne verbinden.
Dienstleistungen:	Hier können Sie den Lead mit einer Dienstleistung aus Ihrem Portfolio verbinden.

Lead Import und Export

Sie können Lead Informationen mit Ihrem Computer über die Import und Exportfunktionen austauschen, wenn Sie die entsprechenden Rechte vom CRM Administrator erhalten haben. Weitere Informationen können Sie aus dem Kapitel 2.1.5 *Export und Import von Kundenkontakten* beziehen. Sinngemäß sind die Angaben aus diesem Kapitel auch für Leads gültig.

Erfassen von Daten

2.3.2 Verkaufspotentiale

Verkaufspotentiale sind im Verkaufsprozess die logischen Nachfolger eines Leads. Sie können deshalb ein Verkaufspotential aus einem Lead erzeugen und alle für den Lead verfügbaren Informationen in ein Verkaufspotential übernehmen. Sie können aber auch ein Verkaufspotential direkt erstellen.

Verkaufspotentiale sind dadurch gekennzeichnet, dass ein offensichtliches Interesse eines potentiellen Kunden an einem Angebot aus Ihrem Unternehmen besteht. Der Vertrieb erwartet, dass einem potentiellen Kunden in der Zukunft ein Angebot gemacht werden kann und schätzt ein, dass es zweckmäßig ist, die zu einem Lead gemachten Daten zur weiteren Arbeit zu übernehmen.

Direkte Eingabe von Verkaufspotentialen

Wenn ein Verkaufspotential durch einen neuen Kunden entsteht, ist es empfehlenswert dieses Verkaufspotential aus einem Lead zu erzeugen, wie es im Kapitel: Verkaufspotentiale aus einem Lead erzeugen beschrieben ist. Für eine Geschäftsgelegenheit, die nicht auf einen Lead beruht, können Sie aber ein Verkaufspotential auch direkt eingeben. Klicken Sie dazu auf das Icon im **[Vertrieb] > [Verkaufspotentiale]** Menü. Das sich öffnende Eingabefenster für neue Verkaufspotentiale ist in der Abbildung 2-26 dargestellt.

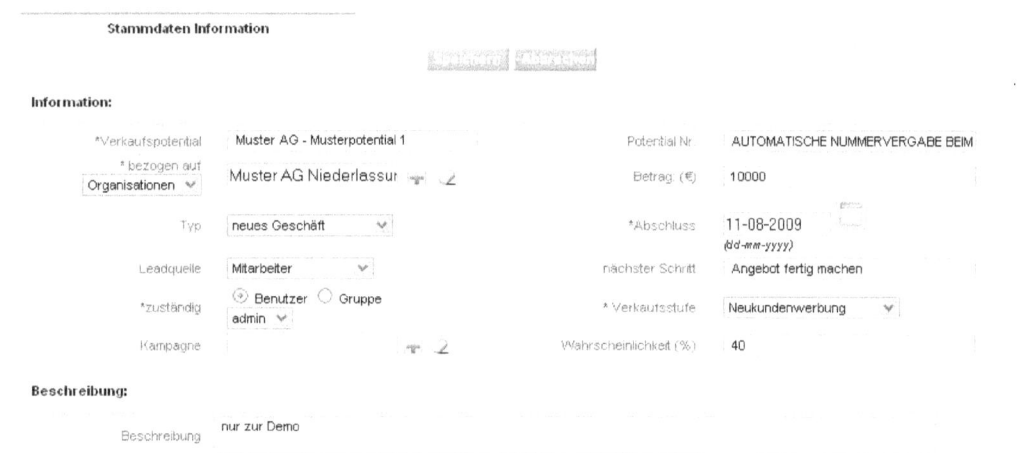

Abbildung 2-26: Verkaufspotential - Erstellungsansicht

Hier können Sie die Angaben zu dem Verkaufspotential eingeben. Die folgende Auflistung bezieht sich auf eine vorkonfigurierte Eingabemaske, die durch Ihren CRM Administrator nach Ihren Wünschen geändert werden kann. Beachten Sie bitte die Pflichtangaben.

Tabelle 2-5: Liste der Standardeingabefelder für Verkaufspotentiale

Eingabefeld	Verwendung
Verkaufspotential:	Geben Sie dem Verkaufspotential einen eindeutigen Namen. Für eine bessere Übersicht wird es empfohlen, den Namen der Organisation, auf die sich das Verkaufspotential bezieht, mit zu erwähnen.
Betrag:	Vermerken Sie die Höhe des möglichen Geschäftspotentials. Dieser Betrag wird genutzt, um zu entscheiden, ob ein Verkaufspotential auf der Startseite unter **Meine Top Potentiale** gelistet wird. Der Betrag wird als ganze Zahlen, ohne tausender Trennzeichen eingegeben. Cent-Beträge können durch einen Punkt getrennt werden.
bezogen auf:	Suchen Sie mit Hilfe des Icons am Ende der Zeile die Organisation oder die Person, für die Sie das Verkaufspotential erstellen wollen. Dadurch wird eine entsprechende Referenz erzeugt und ggf. Kontaktdaten automatisch übernommen.
Abschluss:	Hier können Sie den möglichen Geschäftsabschlusstermin erfassen. Das ist gut für einen Forecast und kann auch eine Schätzung sein, die bei neuen Erkenntnissen entsprechend verändert wird.
Typ:	Hier können Sie z.B. angeben, ob es sich um ein mögliches Nachfolgegeschäft oder um ein Neugeschäft handelt. Der CRM Administrator kann jede Art von Typ definieren.
Nächster Schritt:	Vermerken Sie hier kurz, was Sie als nächstes zu tun gedenken.
Betrag:	Vermerken Sie die Höhe des möglichen Geschäftspotentials. Dieser Betrag wird genutzt, um zu entscheiden, ob ein Verkaufspotential auf der Startseite unter **Meine Top Potentiale** gelistet wird. Der Betrag wird als ganze Zahlen, ohne tausender Trennzeichen eingegeben. Cent-Beträge können durch einen Punkt getrennt werden.
Leadquelle:	Geben Sie an, über welchen Marketingkanal das Verkaufspotential entstanden ist. Der CRM Administrator kann jede Art von Leadquelle definieren.

Erfassen von Daten

Eingabefeld	Verwendung
Verkaufsstufe:	Klassifizieren Sie Ihr Verkaufspotential! Diesen Eintrag sollten Sie nachfolgend immer dann ändern, wenn Sie Vertriebsschritte unternommen und eine neue Stufe erreicht haben. Der CRM Administrator kann jede Art von Verkaufsstufen definieren.
zuständig:	Standardmäßig ist ein Potential dem Nutzer zugeordnet, der ein Verkaufspotential anlegt. Hier haben Sie die Möglichkeit das zu ändern. Sie können das Potential einer anderen Person zuordnen oder, wenn Sie Nutzergruppen im CRM System haben, das Potential einer Gruppe zuordnen.
Wahrscheinlichkeit:	Geben Sie eine Gewichtung (in %) des Verkaufspotentials an. Sie können alle Zahlen von 1 - 99 eintragen. 100 sollte für ein abgeschlossenes Geschäft reserviert sein.
Kampagne:	Hier können Sie eine Referenz zu einer existierenden Kampagne herstellen.
Beschreibung:	Hier können Sie beliebige zusätzliche Angaben machen.

Sie sollten bei der Definition Ihrer Verkaufsstufen mit Bedacht vorgehen. Wenn Sie zu viele Verkaufsstufen definieren, kann es durchaus sein, dass der damit verbundene Arbeitsaufwand andere Nutzer davon abhält, die Daten aktuell zu halten.

Nutzen Sie die umfangreichen Möglichkeiten in diesem Eingabefenster um zusätzliche Informationen zu diesem Eintrag in das CRM System zu speichern. Stimmen Sie sich mit anderen Nutzern ab, welche Informationen wie abgelegt werden sollen.

Zusätzliche Informationen für Verkaufspotentiale

Um einem Verkaufspotential weitere Informationen direkt zu zuordnen, klicken Sie auf den Namen des Verkaufspotentials in der Listenansicht, die Sie über das Menü **[Vertrieb]** >

Erfassen von Daten

[Verkaufspotentiale] erreichen. Es öffnet sich das in der Abbildung 2-27 gezeigte Eingabefenster.

Abbildung 2-27: Verkaufspotential - Detailansicht der Stammdaten

Wenn Sie auf den **[mehr Informationen]** Tab klicken, haben Sie die Möglichkeit, mit dem Verkaufspotential zu arbeiten und weitere Informationen hinzuzufügen, wie in Abbildung 2-28 zu sehen.

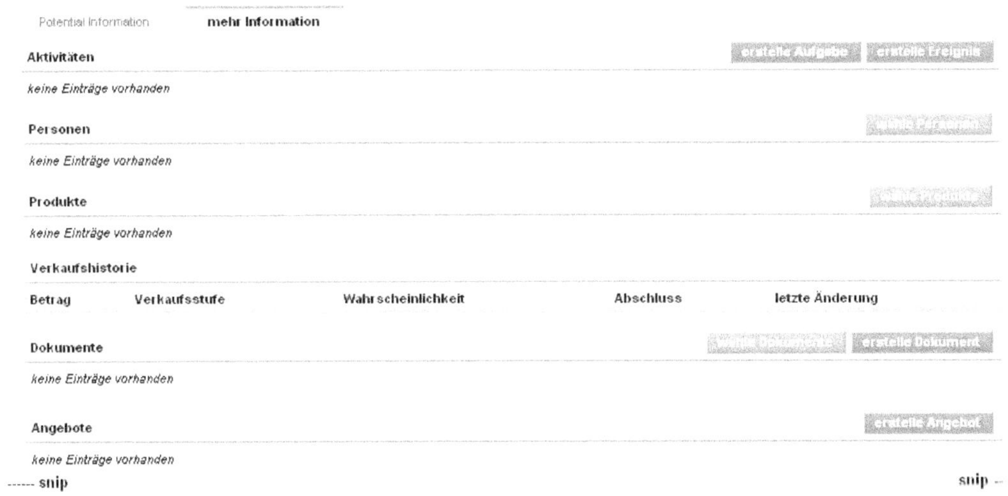

Abbildung 2-28: Verkaufspotential - Detailansicht - Mehr Informationen

Neben den gezeigten Menüs, kann es durchaus noch weitere geben, wenn Sie in Ihrem CRM weitere CRM Module installiert haben.

Die Benutzung ist selbsterklärend. Sie können auf die entsprechenden Buttons klicken, um einen Bezug zu bereits im CRM vorhandenen Daten herzustellen oder, wie z.B. für Dokumente, direkt neue Daten eingeben und diese referenzieren.

Erfassen von Daten

Import und Export von Verkaufspotentialen

Die Liste der Verkaufspotentiale kann auf Ihren Computer exportiert werden. Sie können zusätzliche Verkaufspotentiale von Ihrem Computer in das CRM System laden. In beiden Fällen benötigen Sie dazu eine Berechtigung, die Ihnen durch den Administrator erteilt wird. Die Hinweise aus dem Kapitel 2.1.5 Export und Import von Kundenkontakten können Sie sinngemäß auch für Verkaufspotentiale nutzen.

2.3.3 Angebote

Das CRM System unterstützt Sie in der Erstellung eines Angebotes für einen potentiellen Kunden. Für die Erstellung eines Angebotes haben Sie zwei Wege:

- Die können für einen Interessenten über ein entsprechendes Verkaufspotential ein Angebot durch klicken auf den **[Neues Angebot]** Button im Menü **[Mehr Informationen]** erstellen. Wählen Sie diesen Weg um eine Referenz zu dem Verkaufspotential automatisch durch das CRM System herstellen zu lassen.
- Sie können ein Angebot aber auch direkt eingeben, indem Sie in der Listenansicht der Angebote im **[Vertrieb] > [Angebote]** Menü auf das Icon klicken oder über das Schnellmenü gehen. Dieser Weg erfordert, dass Sie alle benötigten Referenzen zu anderen Daten im CRM selbst eintragen.

Die Erstellung eines Angebotes stützt sich auf Ihren Produkt- und/oder Dienstleistungskatalog und den dazugehörenden Preislisten, wie im Kapitel *Produkt bezogene Eingaben* erläutert. Sie müssen also vor Ihrem ersten Angebot Ihre Produkte und Dienstleistungen als auch Preise im CRM System erfasst haben.

Die Berechnungen der Mehrwertsteuer wie auch die Möglichkeiten zur Währungseinstellung richten sich nach den Vorgaben des CRM Administrators. Im Kapitel 4.2.4.2 sind die Möglichkeiten zur Einstellung erläutert.

Es gibt auch CRM Zusatzmodule, mit denen Sie weitere Parameter, insbesondere zur PDF Ausgabe, steuern können. Eine entsprechende Referenz finden Sie im Anhang B. Darüber hinaus kann Administrator die Eingabefelder Ihren Bedürfnissen anpassen.

Vor der Erstellung des ersten Angebotes sollten folgende Informationen bereits im CRM vorhanden sein:

- ein Eintrag bei den Organisationen mit vollständigen Angaben zur Rechnungs- und Lieferadresse
- ein Eintrag zur Person mit korrekter Anrede
- ein Verkaufspotential zu der Organisation
- ein Eintrag im Produkt- und/oder Dienstleistungskatalog
- ein Preisliste mit wenigstens einem Eintrag

Erfassen von Daten

Die Abbildung 2-29 zeigt Ihnen das Eingabefenster für ein neues Angebot.

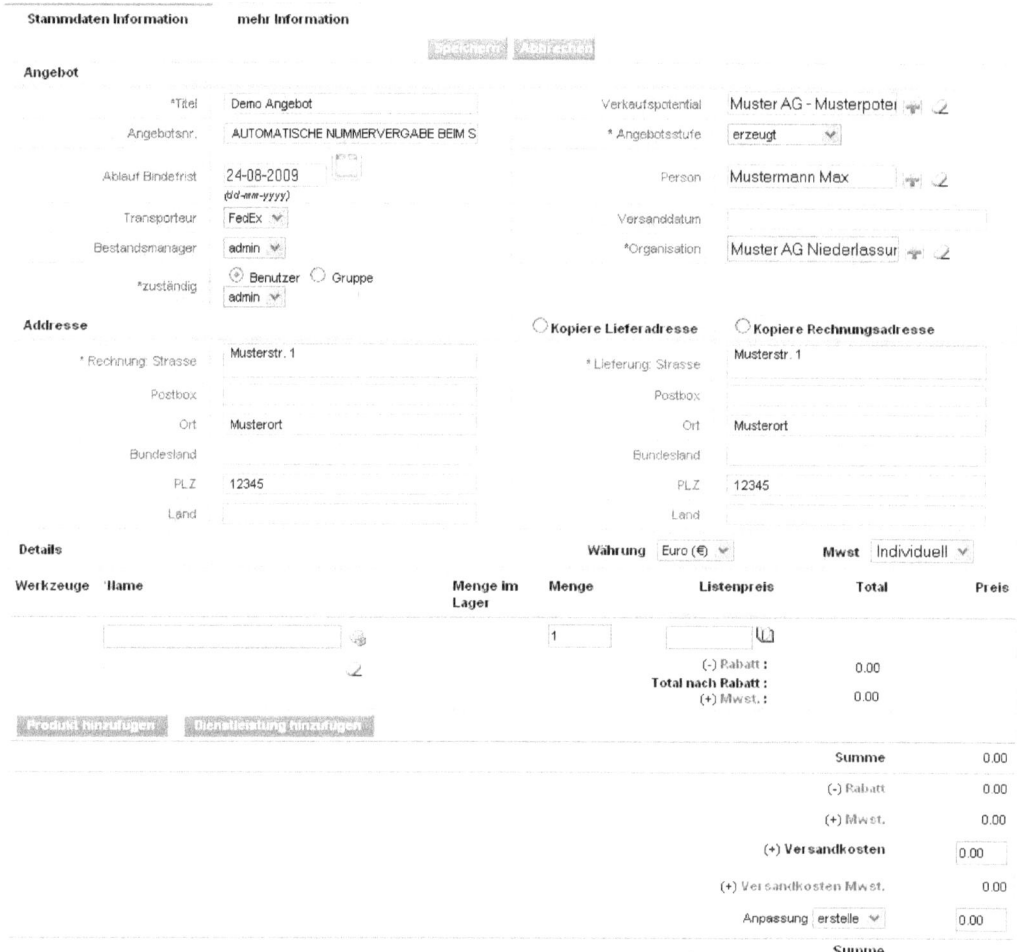

Abbildung 2-29: Angebot - Erstellungsansicht

Folgende Angebotsinformationen werden erfasst:

Tabelle 2-6: Liste der Eingabefelder für Angebotsinformationen

Eingabefeld	Verwendung
Titel:	Geben Sie Ihrem Angebot einen eindeutigen und aussagekräftigen Namen. Es ist sinnvoll, den Kundennamen mit zu erwähnen, wie z.B. „Muster GmbH 1. Angebot".
Verkaufspotential:	Sie sollten ein Verkaufspotential auswählen, auf welches sich das Angebot bezieht.

Eingabefeld	Verwendung
Angebotsnummer:	Die interne Nummer für ein Angebot wird automatisch vergeben. Der CRM Administrator kann das Format festlegen.
Angebotsstufe:	Vermerken Sie die Angebotsstufe. Der Inhalt der Auswahlliste kann von Ihrem Administrator an Ihre Bedürfnisse angepasst werden. Die Angebotsstufe kann als Wasserzeichen bei einer PDF Ausgabe erscheinen.
Ablauf Bindefrist:	Geben Sie an, bis wann das Angebot gültig ist.
Person:	Hier wird dem Angebot eine Person zugeordnet.
Transporteur:	Geben Sie eine Spedition an oder einen anderen Weg auf dem Ihr Produkt zum Kunden gelangt. Der Inhalt der Auswahlliste kann von Ihrem Administrator an Ihre Bedürfnisse angepasst werden.
Bestandsmanager:	Bei Lagerware können Sie hier den CRM Nutzer angeben, der als Manager für das Lager eingesetzt wird. Der Bestandsmanager für das Lager erhält vom CRM automatisch eine Nachricht über Ihr Angebot, wenn Sie auf [**Speichern**] klicken und der Bestand von Produkten kritisch ist. Ihr CRM Systemadministrator kann die Einstellungen ändern, wie es im Kapitel *Bestandsnachrichten* beschrieben ist.
Organisation:	Hier müssen Sie das Angebot mit einer Organisation verbinden, indem Sie auf das Icon am Ende der Zeile klicken. Das CRM will die Adressinformationen für diese Organisation ermitteln und im Angebot automatisch ausfüllen.
zuständig:	Hier wird der Bearbeiter des Angebotes vermerkt.

Darüber hinaus müssen Sie Rechnungs- und Lieferadressen angeben.

Produktdetails

Für Ihre Angebote berücksichtigt das CRM System alle möglichen Vorgaben für Steuern oder Preisnachlässe, wie diese in Ihrem Unternehmen zum Einsatz kommen. Die Mehrwertsteuer kann z.B. individuell für jedes einzelne Produkt oder insgesamt für alle Produkte berechnet werden. Sie müssen deshalb vor der Eingabe eines Produktes entscheiden, welchen Steuersatz Sie berücksichtigen müssen und wie dieser berechnet werden soll.

Erfassen von Daten

In der Einstellung zur individuellen Berechnung, wie in Abbildung 2-30 zu sehen, wird die Steuer für jedes einzelne Produkt berechnet. Diese kann auch bei mehreren Produkten unterschiedlich sein.

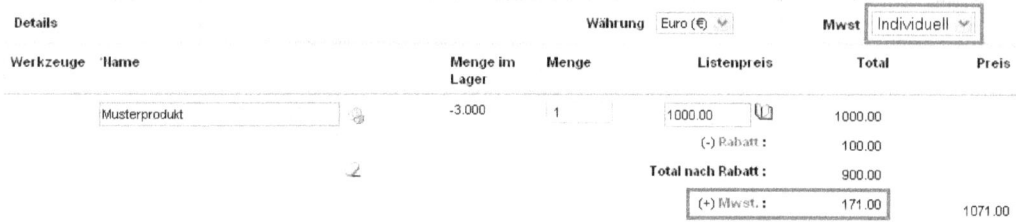

Abbildung 2-30: Produktdetails bei individueller Steuer

In der Abbildung 2-31 sehen Sie die Darstellung einer gemeinsamen Steuerberechnung für alle Produkte. Hier wird die Steuer aus allen Beträgen ermittelt, eine individuelle Angabe für jedes einzelne Produkt ist nicht nötig. Sie können diesen Steuermodus natürlich nur dann auswählen, wenn für alle Produkte oder Dienstleistungen der gleiche Steuersatz gilt.

Abbildung 2-31: Produktdetails bei gemeinsamer Steuer

Tabelle 2-7: Liste der Eingabefelder für Produktdetails

Eingabefeld	Verwendung
Produkt:	Die Auswahl der Dienstleistungen oder Produkte für das Angebot erfolgt aus dem im CRM hinterlegten Katalog mit Hilfe des Icons hinter dem ersten Eingabefeld in der Spalte „Produkt". Dabei wird zwischen Produkten und Dienstleistungen unterschieden. Beim Erzeugen eines neuen Angebotes wird Ihnen die Möglichkeit gegeben, ein Produkt hinzu zu fügen. Wenn Sie nur Dienstleistungen anbieten, klicken Sie auf den **[Dienstleistung hinzufügen]** Button. Vertauschen Sie dann die Reihenfolge mit dem leeren Produkteintrag und löschen Sie den Produkteintrag.

Erfassen von Daten

Menge im Lager:	Nachdem Sie ein Produkt ausgewählt haben, sehen Sie hier die Anzahl der Produkte im Lager. Negative Zahlen könnten bedeuten, dass Ihr Lager leer ist oder dass Sie kein Lager unterhalten. Im letzteren Fall können Sie die Angabe ignorieren.
Menge:	Geben Sie benötigte Menge an. Wenn Sie Dienstleistungen eingeben, die per Stunde abgerechnet werden, könnten Sie z.B. „Stunden" als Mengeneinheit in Ihrem Produktkatalog hinterlegen. Um dann z.B. 3,5 Stunden zu berechnen, müssen Sie als Menge „3 time 1/2 hour" angeben.
Listenpreis:	Hier können Sie den Kundenpreis ablegen. Benutzen Sie das **Buch Icon**, um eine Preisliste auszuwählen. Das ist z.B. sehr sinnvoll wenn Sie mehrere Preislisten für verschiedene Kundengruppen haben.
Steuerberechnung:	Das CRM berechnet Ihre Steuern automatisch, basierend auf den Angaben im Produkt- bzw. Dienstleistungskatalog. Sie können diese modifizieren, ohne Änderungen im Produktkatalog vornehmen zu müssen.
Total:	Das CRM berechnet Ihnen die Gesamtsumme automatisch.
Preis:	Der Preis ergibt sich aus dem Listenpreis abzüglich des Rabatts und zuzüglich der Steuer.

Um weitere Produkte oder Dienstleistungen in Ihr Angebot aufzunehmen klicken Sie auf den **[Produkt hinzufügen]** bzw. **[Dienstleistung hinzufügen]** Button.

Währungsangaben

Alle Preiskalkulationen werden in der für CRM System festgelegten und einem Nutzer zugewiesenen Standardwährung durchgeführt. Außerdem werden die Währungszuordnungen aus dem Produkt- oder Dienstleistungskatalog berücksichtigt. Sie können eine andere Währung für ein Angebot in der Auswahlliste (neben dem Mehrwertsteuertyp) einstellen. Wenn Sie die Währung ändern, werden entsprechend der im CRM erfassten Umtauschsätze die Preise in einer anderen Währung automatisch berechnet. Die verfügbaren Währungen und deren Umtauschsätze werden durch den CRM Administrator festgelegt, wie im Abschnitt *Währungsangaben* erläutert.

Zu der Zwischensumme können Sie weitere Anpassungen vornehmen. Die Bemerkungen zu den Allgemeinen Geschäftsbedingungen können Sie bearbeiten, wenn Sie auf den **[mehr**

Erfassen von Daten

Informationen] Tab klicken. Ihr CRM Systemadministrator kann diese schon voreinstellen, wie im Kapitel 4.2.4.9 beschrieben.

Klicken Sie auf **[Speichern]**, um Ihr Angebot im CRM System zu sichern.

PDF Ausgabe

Für eine PDF Ausgabe eines Angebotes muss Ihr Administrator zuvor Ihre Unternehmensinformationen im CRM abgelegt haben. Dazu zählen die Anschrift und ggf. auch ein Firmenlogo welches auf der PDF Ausgabe erscheinen soll. Mit den verfügbaren Menüeinträgen können Sie Angebote ausdrucken oder auch als E-Mail versenden.

Erfassen von Daten

2.3.4 Kundenbestellungen

Bestellungen von Waren oder Dienstleistungen von Ihren Kunden liegen meist in Papierform vor. Es ist zu empfehlen, die Kundenbestellung auch im CRM System zu erfassen, da die Bestellung von dem Angebot abweichen kann und Ihr Unternehmen im

Die Erstellung einer Kundenbestellung stützt sich auf Ihren Produkt- und/oder Dienstleistungskatalog und den dazugehörenden Preislisten, wie im Kapitel *Produkt bezogene Eingaben* erläutert. Sie müssen also vor der Erfassung Ihrer ersten Bestellung Ihre Produkte und Dienstleistungen im CRM System erfasst haben.

CRM auch später die Informationen zur Verfügung haben sollte.
Sie können eine Bestellung direkt anlegen. Klicken Sie auf das Icon in der Listenansicht im Menü **[Vertrieb] > [Verkäufe]**. Setzen Sie die Referenzen zu anderen Einträgen im CRM, wie z.B. Kontakte, durch manuelle Eingaben. Sie können aber auch aus einem Angebot eine Kundenbestellung erzeugen. Dabei werden die Daten des Angebotes automatisch in die Bestellung übernommen und können dort bei Bedarf verändert werden. Gehen Sie dazu in die Detailansicht eines Angebots und klicken Sie den Button **[Erzeuge Verkäufe]**. Eine neue Bestellung wird in dem in der Abbildung 2-32 zu sehenden Eingabefenster eingegeben.

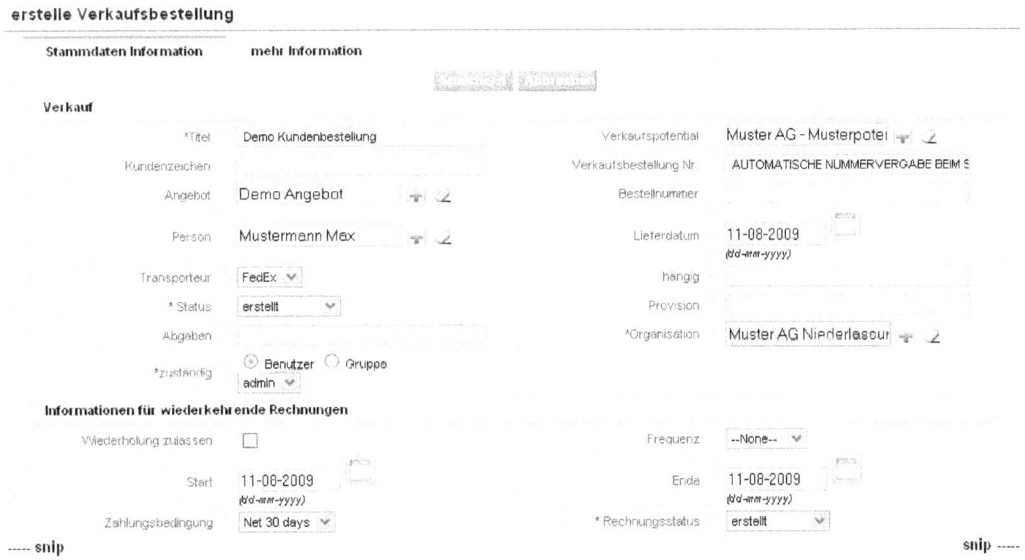

Abbildung 2-32: Kundenbestellungen - Bearbeitungsansicht

Bestellinformation

Die meisten Eingabefelder sind selbsterklärend. Die folgenden Informationen beziehen sich darum nur auf besondere Eingabefelder, deren Verwendung im Einzelnen erläutert wird.

Tabelle 2-8: . Spezielle Eingabefelder für Bestellinformationen

Eingabefeld	Verwendung
Titel:	Geben Sie der Bestellung einen eindeutigen und aussagekräftigen Namen. Es ist sinnvoll, den Kundennamen mit zu erwähnen, wie z.B. „Muster GmbH 1. Bestellung".
Verkaufsbestellung Nr.:	Die interne Nummer wird durch das CRM automatisch erzeugt. Der CRM Administrator kann das Nummernschema festlegen.
hängig:	Vermerken Sie hier, wenn die Bestellung sich aus irgendeinem Grund verzögert.
Organisation:	Hier müssen Sie die Bestellung mit einer Organisation verbinden.

Adressinformation

Sobald Sie eine Organisation auswählen, werden die Adressinformationen automatisch ausgefüllt. Sie können diese manuell ändern, wenn es nötig ist.

Wiederkehrende Rechnungen

Wie in der Abbildung 2-33 zu sehen, können Sie aus einer Verkaufsbestellung auch wiederkehrende Rechnungen erstellen. D.h., dass das CRM automatisch für Sie eine Rechnung im CRM, unter Beachtung der gesetzten zeitlichen Bedingungen, erstellt. Dabei werden die Inhalte Ihrer Verkaufsbestellungen automatisch übernommen.

Voraussetzung dafür ist es, dass in Ihrem CRM die Serverfunktionen für die Erstellung von wiederkehrenden Rechnungen aktiviert wurden. Diese entscheiden dann auch über den konkreten Zeitpunkt der Erstellung (z.B. Mitternacht).

Informationen für wiederkehrende Rechnungen			
Wiederholung zulassen	☑	Frequenz	wöchentlich
Start	15-07-2009 (dd-mm-yyyy)	Ende	15-08-2010 (dd-mm-yyyy)
Zahlungsbedingung	30 Tage Net	* Rechnungsstatus	automatisch erstellt

Bevor Sie eine PDF Ausgabe einer Bestellung erzeugen können, müssen Sie Ihre Unternehmensinformationen im CRM erfasst haben. Sie können diese Ausgabe dann auch nutzen, um Ihrem Kunden eine Bestätigung für die Bestellung zu senden.

Abbildung 2-33: Verkaufsbestellungen - Angaben zu wiederkehrenden Rechnungen

Produktdetails

Hier werden die bestellten Produkte oder Dienstleistungen erfasst. Das Vorgehen ist im Abschnitt Produktdetails in Angeboten erläutert. Bitte beachten Sie, dass das Feld **Menge** ein Pflichtfeld ist.

Erfassen von Daten

2.3.5 Einkaufsbestellungen

Das CRM System unterstützt Sie bei der Bestellung von Waren oder Dienstleistungen für Ihr Unternehmen. Das können sowohl Bestellungen sein, die Sie ausführen um Ihre Kunden zu bedienen, oder Bestellungen für den Betrieb Ihres eigenen Unternehmens.

> Voraussetzung für die Erfassung einer Bestellung im CRM ist es, dass Sie vorher die Kontaktdaten eines Lieferanten erfasst haben. Wie das geht, ist im Kapitel *Lieferanten* beschrieben. Sie müssen auch die einzukaufenden Dienstleistungen oder Produkte im Produktkatalog erfasst haben. Sie finden die Erklärungen dazu im Kapitel *Produkte*.

Um eine neue Bestellung an einen Lieferanten zu erzeugen, klicken Sie z.B. auf das ▼ Icon in der Listenansicht im Menü **[Bestand] > [Einkäufe]**. Oder gehen Sie zu der Detailansicht eines Lieferanten im **[Bestand] > [Lieferanten]** Menü und klicken Sie auf den Button **[Erstellen Einkäufe]**.
Es öffnet sich das in der Abbildung 2-34 gezeigte Fenster.

Die Eingabemaske ist weitestgehend selbsterklärend und kann nach Bedarf geändert werden. Folgende spezielle Felder sind vorhanden:

Tabelle 2-9: Liste der speziellen Eingabefelder für Einkaufsbestellung

Eingabefeld	Verwendung
Titel:	Geben Sie der Bestellung einen eindeutigen und aussagekräftigen Namen.
Lieferant:	Sie müssen einen Lieferanten auswählen, der bereits im CRM erfasst wurde. Dadurch werden in der Bestellung die Adressinformationen automatisch ausgefüllt.
Bestellnummer:	Hier können Sie die Bestellnummer eintragen, die Sie für diesen Lieferanten benutzen wollen.
Bedarfsnummer:	Wenn Sie in Ihrem Unternehmen Nummern vergeben, die den Bedarf kennzeichnen, können Sie diese hier eingeben.

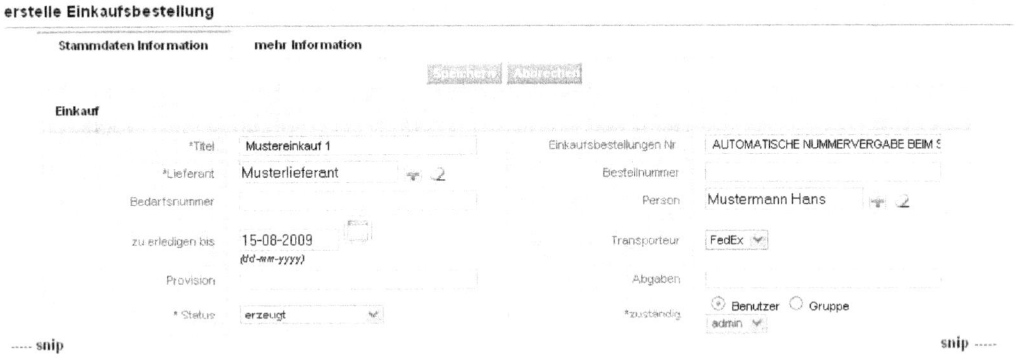

Abbildung 2-34: Einkaufsbestellung - Bearbeitungsansicht

Die Bedeutung und Funktion der anderen Eingabefelder sind identisch zu den Feldern, die im Kapitel Angebote beschrieben worden sind.

Bevor Sie eine PDF Ausgabe für eine Bestellung erzeugen können, muss Ihr CRM Systemadministrator Ihre Unternehmensinformationen, wie z.B. Absender und ggf. Firmenlogo im CRM erfasst haben.

Erfassen von Daten

2.3.6 Rechnungen

Rechnungen können Sie im CRM System erzeugen, indem Sie auf das ▼ Icon im **[Vertrieb] > [Rechnungen]** Menü klicken. Sie können aber auch und sollten wenn möglich, eine Rechnung aus der Detailansicht einer Bestellung automatisch erzeugen, indem Sie auf den Button **[Erstellen Rechnung]** klicken. Über diesen Weg werden die Daten aus der Bestellung automatisch in die Rechnung übernommen.

Das Eingabefenster für eine Rechnung ist in der Abbildung 2-35 dargestellt.

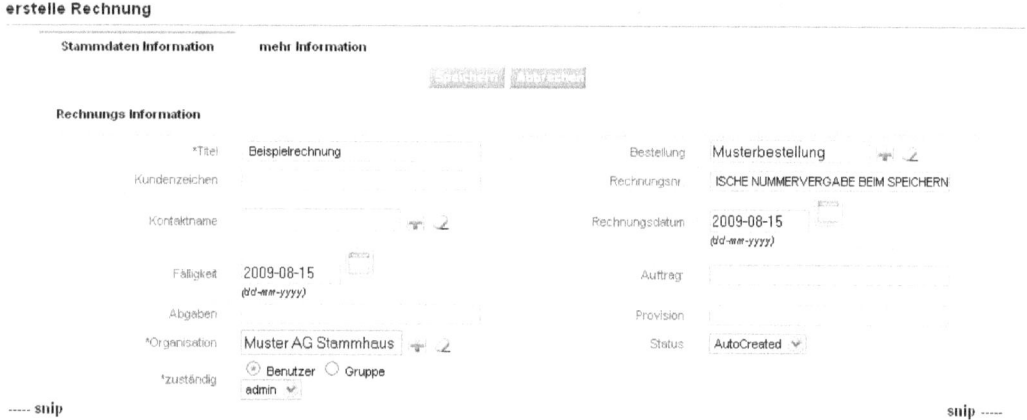

Abbildung 2-35: Rechnung - Bearbeitungsansicht

Sie können in einer Rechnung die folgenden Angaben machen:

Rechnungsinformation

Tabelle 2-10: Liste der Eingabefelder für Rechnungsinformation

Eingabefeld	Verwendung
Titel:	Geben Sie der Rechnung einen eindeutigen und aussagekräftigen Namen. Es ist sinnvoll, den Kundennamen und evtl. Produkte/Dienstleistungen mit zu erwähnen, wie z.B. „Muster GmbH -Beratung".
Bestellung:	Sie können eine Bestellung auswählen, auf die sich diese Rechnung bezieht.
Rechnungsnummer:	Das CRM System schlägt Ihnen automatisch eine Rechnungsnummer vor. Diese Nummer basiert auf der letzten bereits existierenden Rechnungsnummer und addiert 1 zu dieser Nummer. Im Kapitel *Anpassen der Nummerierung* ist erklärt, wie Sie Ihren eigenen Standard für die Generierung von Rechnungsnummern setzen können.

Erfassen von Daten

Eingabefeld	Verwendung
Kundennummer:	Es kann sein, dass Sie in Ihrem Unternehmen Kundennummern verwenden. Für diesen Fall können Sie hier eine Kundennummer eingeben. Im Zweifel wenden Sie sich an die Finanzbuchhaltung.
Rechnungsdatum:	Sie müssen ein Rechnungsdatum angeben.
Fälligkeit:	Sie sollten ein Datum der Fälligkeit angeben.
Auftrag:	Sie können sich auf eine Einkaufsbestellung im CRM beziehen.
Kommission:	Dieses Feld kann genutzt werden, um eine numerische Angabe für eine Verkaufskommission der Bestellung hinzuzufügen.

Die Bedeutung und Funktion der anderen Eingabefelder sind identisch zu den Feldern, die im Kapitel Angebote beschrieben worden sind.

Aus der Detailansicht einer Rechnung, wie in der Abbildung 2-36 zu sehen, können Sie eine PDF Kopie direkt als E-Mail versenden. Wenn Sie auf **[Sende E-Mail mit dem PDF]** klicken, geht das E-Mail Bearbeitungsfenster auf. Dort finden Sie die Rechnung als Anhang und können weitere Information zur E-Mail hinzufügen. Wie in der Abbildung auch zu sehen, können Sie sich eine Rechnung als Datei im PDF Format ausgeben lassen.

Abbildung 2-36: PDF Ausgabe für Rechnungen

Wenn Sie mit Rechnungen arbeiten, sollten Sie beachten, dass es in den meisten Fällen notwendig ist, fortlaufende Rechnungsnummern zu haben. Sie sollten es deshalb vermeiden, Rechnungen zu löschen. Das CRM erlaubt es Ihnen nicht, einmal verwendete Rechnungsnummern noch einmal zu verwenden. Wird eine Rechnung nicht mehr benötigt, so sollte man entweder den Rechnungsbetrag auf 0,00 EUR setzen oder besser eine Gutschrift im CRM erzeugen.

Erfassen von Daten

2.4 Marketing

Das CRM unterstützt Ihre Marketingaktivitäten mit einem Kampagnenmodul. Gehen Sie dazu auf das **[Marketing] > [Kampagnen]** Menü, wie in der Abbildung 2-37 dargestellt.

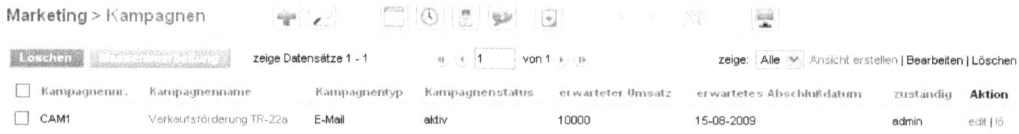

Abbildung 2-37: Kampagne - Listenansicht

Durch einen Klick auf das ![Icon] oberhalb der Liste können Sie eine neue Kampagne anlegen. Die Bearbeitungsansicht ist in der Abbildung 2-38 zu sehen.

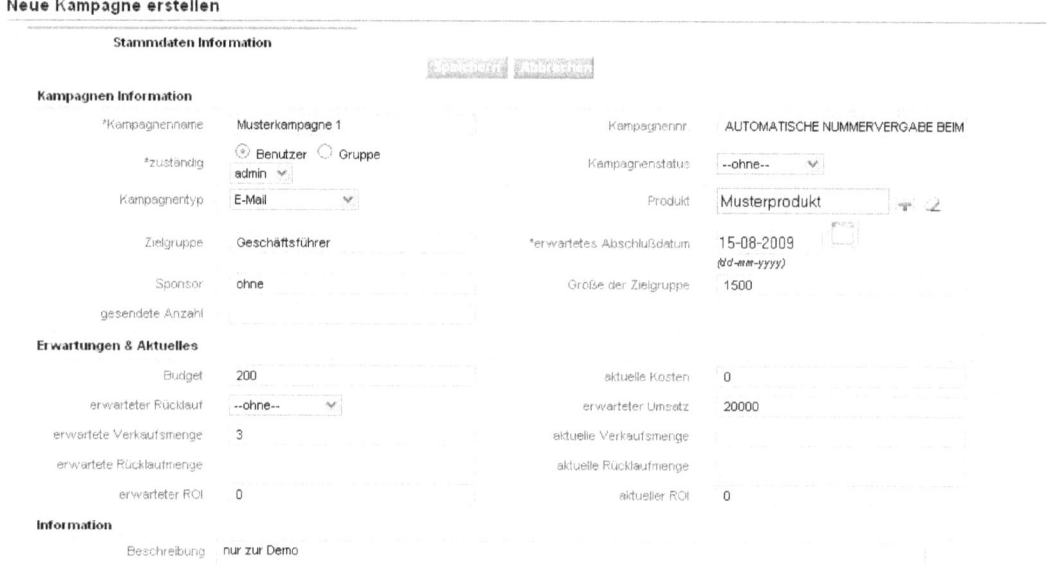

Abbildung 2-38: Kampagne - Bearbeitungsansicht

Die angebotenen Standardinformationen sind selbsterklärend und können, müssen aber nicht ausgefüllt werden. Klicken Sie auf **[Speichern]**, um Ihre Angaben an das CRM zu übertragen.

Um mit einer Kampagne zu arbeiten, klicken Sie auf den Namen der Kampagne in der Listenansicht. Danach werden Ihnen unmittelbar die Stammdaten angezeigt. Klicken Sie auf den Tab **[mehr Information]**, um Kontakte, Leads, etc. zu Ihrer Kampagne hinzuzufügen, wie in der Abbildung 2-39 zu sehen. Sie können sowohl einzelne Kontakte als auch Kontaktlisten zu einer Kampagne hinzufügen. Die Listen müssen aber zuvor als benutzerdefinierte Liste in der jeweiligen Listenansicht von Personen oder Leads erstellt worden sein. Im Einzelnen ist z.B. für Personen folgender Ablauf zu empfehlen:

1. in der Listenansicht von Personen

- Sollten Sie noch keine Personen im CRM eingetragen haben, so können Sie diese importieren (siehe Kapitel 2.1.5 *Export und Import von Kundenkontakten*).
- Erzeugen Sie eine benutzerdefinierte Listenansicht, in der alle Kontakte enthalten sind, welche Sie in einer Kampagne verwenden wollen (siehe Kapitel *Individuelle Listen erstellen*).

2. in der Listenansicht von Kampagnen:

- Legen Sie eine neue Kampagne an.
- In der Detailansicht gehen Sie zu den kontaktbezogenen Listen.
- In diesen Listen finden Sie die Angaben: Lade Liste | Person Wählen | Plus Person
- Lade Liste: hiermit können Sie eine benutzerdefinierte Liste auswählen. In diesem Beispiel laden Sie Ihre entsprechende Liste aus den Personen.
- Person Wählen: hiermit können Sie Personen aus dem gesamten Datenbestand hinzufügen
- Plus Person: hiermit können Sie eine Person direkt zu der Personenliste hinzufügen
- Wählen Sie die Personen, welche in die Kampagne aufgenommen werden sollen.

Um eine Massen E-Mail an die ausgewählten Kontakte zu senden, klicken Sie auf den **[E-Mail senden]** Button.

Abbildung 2-39: Kampagne - Detailansicht - Mehr Information

Erfassen von Daten

2.5 Produkt bezogene Eingaben

Unter dem Begriff Produkte werden im CRM System alle die von Ihrem Unternehmen fest gepreisten Waren verstanden. Ähnlich wie in einem Katalog können Sie hier Ihre Produkte erfassen, kategorisieren und einen Preis geben. In Ergänzung dazu, können im CRM auch Dienstleistungen erfasst werden. Angaben dazu finden Sie im Kapitel *Dienstleistungsbezogenen Eingaben*.

2.5.1 Produkte

Das CRM System erlaubt Ihnen, die von Ihrem Unternehmen angebotenen Produkte zu erfassen und in der Dokumentation des Vertriebsprozesses mit Ihren Kundendaten zu verknüpfen.

Um ein neues Produkt anzulegen, klicken Sie auf das ▼ Icon im **[Bestand] > [Produkte]** Menü. Es öffnet sich das in der Abbildung 2-40 zu sehende Eingabefenster.

Abbildung 2-40: Neues Produkt - Bearbeitungsansicht - Stammdaten

Sie können die nachfolgenden Produktinformationen im CRM hinterlegen. Die Produktnummern werden beim Erstellen von neuen Produkten entsprechend der Einstellungen des CRM Administrators vergeben.

Produktinformation

Tabelle 2-11: Liste der Eingabefelder für Produktinformation

Eingabefeld	Verwendung
Produkt:	Sie müssen einen eindeutigen Namen Ihres Produktes angeben. Bitte beachten Sie, dass die Namenslänge durch das CRM beschränkt ist.
Produktcode:	Tragen Sie hier die Bestellnummer ihres Produktangebotes ein.
Aktiv:	Hier kennzeichnen Sie, ob das Produkt aktiv verkauft wird. Das ist z.B. für Berichte oder Filterfunktionen nützlich.
Produktkategorie:	Sie können Ihr Angebot kategorisieren. Die Auswahlliste kann Ihr Administrator Ihren Bedürfnissen anpassen.
Verkaufsstart und -ende:	Vermerken Sie hier, in welchem Zeitraum das Produkt angeboten wird.
Support Start und Ende:	Vermerken Sie hier, in welchem Zeitraum das Produkt von Ihrem Unternehmen unterstützt wird.
Leads/ Organisationen/ Verkaufspotentiale:	Diesen Eintrag können Sie nutzen um ein Produkt einem Lead, einer Organisation oder einem Verkaufspotential zuzuordnen. Sie müssen eine Referenz zu vorhandenen Daten herstellen.
Webseite:	Geben Sie hier eine Webseite, z.B. mit zusätzlichen Produktinformationen, an.
Lieferant:	Wenn Sie Produkte verkaufen, die Sie zuvor einkaufen, können Sie hier den Lieferanten auswählen.
Herstellernummer:	Hier können Sie Nummer des Herstellers eines Produktes eintragen.
Händlernummer:	Hier können Sie die Nummer eines Händlers eintragen, von dem Sie das Produkt beziehen. Üblicher Weise erhalten Sie eine solche Nummer von der FiBu.
Seriennummer:	Falls jedes Produkt eine spezielle Seriennummer hat, dann können Sie diese hier eintragen. Wenn Sie individuelle Seriennummern verwalten müssen, so lassen Sie dieses Feld frei und benutzen Sie das CRM Erweiterungsmodul für die Verwaltung von Sachen.
Produktblatt:	Hier können Sie den Namen/Nummer eines Produktblattes eintragen.

Erfassen von Daten

Eingabefeld	Verwendung
FiBu Konto:	Hier können Sie das Produkt oder die Dienstleistung einem Einkommenskonto aus Ihrer Finanzbuchhaltung zuordnen. Die Auswahlliste kann Ihr Administrator Ihren Bedürfnissen anpassen.

Preisinformation

Tabelle 2-12: Liste der Eingabefelder für Preisinformation

Eingabefeld	Verwendung
Einheitenpreis:	Hier können Sie den Standardpreis für Ihren Einkauf vermerken. Der Verkaufspreis kann auch davon abweichend über die Preislisten festgelegt werden (siehe Kapitel *Preislisten*).
Kommission:	Hier können Sie Angaben zur Kommission (in %), z.B. an Ihren Händler, machen. Das dient nur zur Erfassung. Ggw. sind damit keine weiteren CRM Funktionen verknüpft.
Steuern:	Das CRM unterstützt bis zu drei verschiedene Steuertypen (in %). Diese können von Ihrem CRM Administrator festgelegt und von Ihnen modifiziert werden.
weitere Währungen:	Standardmäßig, wird ein Produkt in der Währung angelegt, welche dem CRM Nutzer zugewiesen wurde. Sie können hier eine andere Währung auswählen, wenn diese durch den CRM Administrator zuvor bereitgestellt wurde.

Zusatzinformation

Im Feld Beschreibungen können Sie weitere Produktinformationen hinterlegen.

Ihr CRM Administrator kann die Eingabefelder für Produkte, Ihrem Bedarf entsprechend, anpassen.

Sie können weitere Informationen zu einem Produkt hinzufügen wenn Sie auf den **[mehr Informationen]** Tab klicken. Das CRM bietet Ihnen an, Lagerinformationen und Produktbilder hinzuzufügen, wie in der Abbildung 2-41 gezeigt.

Erfassen von Daten

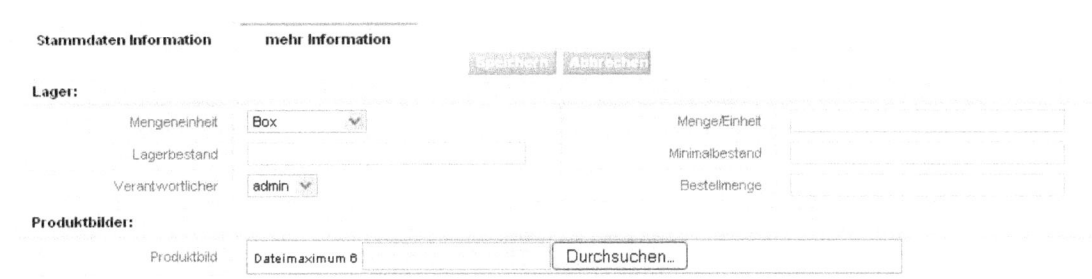

Abbildung 2-41: Produkt - Bearbeitungsansicht - Mehr Information

Lagerinformation

Mit Hilfe des CRM können Sie ein Lager verwalten. Hier können Sie die Lagerinformationen definieren und einen Verantwortlichen für das Lager festlegen. Der CRM Administrator legt fest, ob der Lagerbestand in Bezug auf eine Verkaufsbestellung oder einer Rechnung reduziert werden soll.

Tabelle 2-13: Liste der Eingabefelder für Lagerinformation

Eingabefeld	Verwendung
Mengeneinheit:	Hier können Sie auswählen, in welchen Einheiten ein Produkt in Ihrem Lager geführt wird. Die Auswahlliste kann Ihr Administrator Ihren Bedürfnissen anpassen.
Menge/Einheit:	Hier können Sie vermerken, in welchen Mengen bzw. Einheiten ein Produkt im Lager liegt (z.B. 15 = Packung mit 15 Stück).
Lagerbestand:	Hier können Sie Ihren Lagerbestand angeben. Bitte beachten Sie, dass der aktuelle Bestand vom CRM System, basierend auf Ihren Verkäufen, automatisch angepasst wird.
Minimalbestand:	Hier können Sie vermerken, wie groß Ihr Minimalbestand im Lager sein soll. Das CRM System informiert den Verantwortlichen automatisch mit einer E-Mail, wenn der Minimalbestand unterschritten wird.
Verantwortlicher:	Hier können Sie einen verantwortlichen CRM Nutzer für das Lager festlegen. Der Verantwortliche wird durch automatische E-Mails aus dem CRM informiert, wenn Minimalbestand für das Lager erreicht wird, so dass er ggf. einen entsprechenden Einkauf veranlassen kann.
Bestellmenge:	Hier können Sie vermerken, wie groß die übliche Bestellmenge für einen Produkteinkauf ist.

Erfassen von Daten

Produktbild

Sie können Ihrem Produkt bis zu 6 Bilder zuordnen. Das CRM System speichert Bilder in den Formaten *.jpg, *.gif, *.png.

Sie sollten die Dateigröße klein halten. In Abhängigkeit der Geschwindigkeit Ihres Zugangs zum CRM System kann es sonst bei großen Bildern zu längeren Wartezeiten kommen.

Die Dateierweiterungen .jpg, .gif, .png müssen kleingeschrieben sein. Wenn Sie Großbuchstaben wie z.B. .JPG benutzen, kann das zu einer Fehlermeldung im CRM System führen.

Wenn Sie mehr als ein Produktbild im CRM System abspeichern, werden diese in der Detailansicht als einen rotierenden Polyeder dargestellt, wie in der nachfolgenden Abbildung 2-42 zu sehen:

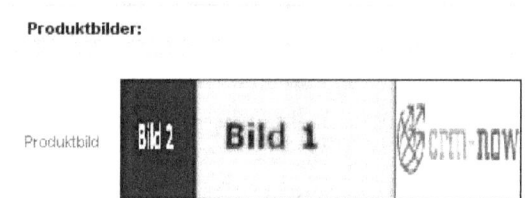

Abbildung 2-42: Darstellung vom mehreren Produktbildern

Klicken Sie auf [Speichern] um Ihre Angaben an das CRM System zu übertragen. Es öffnet sich automatisch die Produkt Detailansicht mit Ihren Stammdaten, in der Sie die Produktangaben überprüfen können.

Klicken Sie auf den **[mehr Informationen]** Tab um zusätzlich produktbezogene Angaben zu sehen bzw. zu machen. Sie sehen in der Abbildung 2-43, dass Sie ein Produkt mit anderen CRM Einträgen verknüpfen können, bzw. dass Ihnen Verknüpfungen angezeigt werden, die in den einzelnen Modulen, welche Produktangaben enthalten, gemacht worden sind.

Erfassen von Daten

Abbildung 2-43: Produkt - Detailansicht - Mehr Informationen

Tabelle 2-14: Spezielle Eingabefelder für Produktdetails

Eingabefeld	Verwendung
Trouble Tickets:	Hier finden Sie alle produktbezogenen Tickets. Solche Tickets können Kundenbeschwerden, Produktfehler oder andere kundenbezogene Ereignisse nach Verkauf beinhalten.
Produktbündel:	Hier können Sie andere Produkte zu Ihrem Produkt hinzufügen. Ihr Produkt wird dadurch zum Hauptprodukt. Die Bündel stehen Ihnen dann zur Auswahl bei der Erstellung von Angeboten, Bestellungen und Rechnungen zur Verfügung. Nähere Details dazu werden im nachfolgenden Kapitel erläutert.
Hauptprodukt:	Wenn Ihr Produkt Teil eines Produktbündels ist, wird hier das sich darauf beziehende Hauptprodukt angezeigt.

2.5.2 Produktbündel

Sie können Ihre existierenden Produkte in Bündel zusammenfassen. Dadurch erreichen Sie eine hierarchische Anordnung im CRM, in der Unterprodukte zu einem Hauptprodukt hinzugefügt werden.
Ein Beispiel soll das veranschaulichen: Ihr Hauptprodukt, kann z.B. ein Drucker sein, dem Sie die verschiedensten Druckerpatronen als Unterprodukte zuordnen.

Ein Produkt kann ein Unterprodukt für eine unbegrenzte Anzahl von Hauptprodukten sein, aber ein Hauptprodukt kann kein Unterprodukt zu einem anderen Hauptprodukt werden.

Erfassen von Daten

Um ein Produktbündel zu erzeugen, erstellen Sie zuerst ein Hauptprodukt. Danach klicken Sie auf den **[wähle Produkte]** oder **[erstelle Produkte]** Buttons, zu sehen in Abbildung 2-43, um diesem Hauptprodukt Unterprodukte hinzu zu fügen.

Um diese Produktbündel in Angeboten, Bestellungen oder Rechnungen zu nutzen, öffnen Sie das Produktauswahlmenü. In dem sich öffnenden Fenster sehen Sie eine Liste Ihrer Hauptprodukte. Klicken Sie auf **[Unterprodukte]** um eine Liste der Unterprodukte zu bekommen, wie in der Abbildung 2-44 zu sehen. Aus dieser Liste der Unterprodukte können Sie dann ebenfalls Produkte in Ihr Angebot etc. übernehmen.

Abbildung 2-44: Produktauswahl aus einem Bündel

2.5.3 Preislisten

Das CRM System gibt Ihnen die Möglichkeit, mit verschiedenen Preislisten zu arbeiten. Sie können eine unbegrenzte Anzahl von Preislisten erstellen. Beispiele dafür sind Preislisten für Endkunden, Händler oder Sonderaktionen.

Preislisten erzeugen

Um eine neue Preisliste zu erzeugen, klicken Sie auf das ▼ Icon im **[Bestand]** > **[Preislisten]** Menü. Die Bearbeitungsansicht für eine neue Preisliste ist in der Abbildung 2-45 dargestellt.

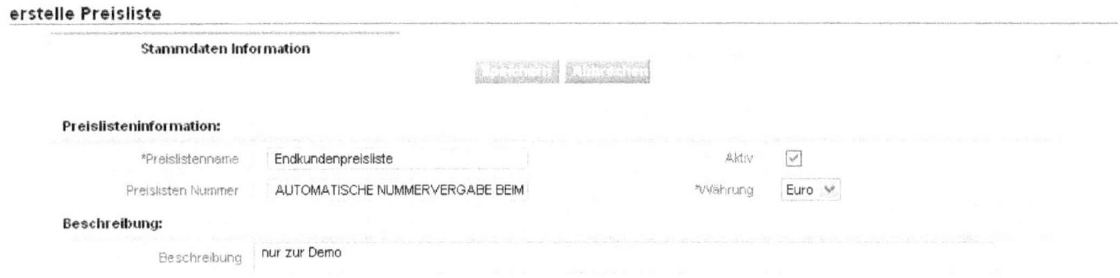

Erfassen von Daten

Abbildung 2-45: Neue Preisliste - Bearbeitungsansicht

In dem Menü können Sie der Preisliste einen eindeutigen Namen geben, diese für Angebote, Bestellungen und Rechnungen aktiv schalten, die Währung bestimmen und mit zusätzlichen Angaben versehen. Klicken Sie auf **[Speichern]**, um Ihre Angaben zu sichern und eine neue Preisliste anzulegen.

Es öffnet sich die Detailansicht, wie in der Abbildung 2-46 dargestellt.

Abbildung 2-46: Preisliste - Detailansicht

Preislisten bearbeiten

Um Produkte zu einer Preisliste hinzuzufügen, klicken Sie auf den **[mehr Information]** Tab. Sie können ein Produkt oder eine Dienstleistung hinzufügen, indem Sie dann auf den **[wähle Produkt]** oder **[wähle Services]** Button klicken.

Es werden nur aktive Produkte angezeigt. Wenn Sie ein Produkt nicht sehen, obwohl es im Produktkatalog vorhanden ist, überprüfen Sie den Produktstatus im Produktkatalog.

In dem sich öffnenden Fenster werden Ihnen alle aktiven Produkte oder Dienstleistungen angezeigt, die nicht schon in der Preisliste enthalten sind. Ein Beispiel ist in der Abbildung 2-47 zu sehen.

Sie wählen die Produkte für die Preisliste aus, indem Sie diese mit der Checkbox am Anfang einer Zeile markieren. Sie sollten außerdem den Listenpreis definieren. Der Listenpreis ist nur

Erfassen von Daten

für diese Preisliste gültig. Als Referenz wird dazu der Einheitenpreis aus dem Produktkatalog angezeigt.

Abbildung 2-47: Preisliste Produktauswahlliste

Klicken Sie auf den **[zur Preisliste hinzufügen]** Button, um die ausgewählten Produkte in die Preisliste zu übernehmen.

> Wenn Sie Ihre Preislisten für die Erstellung eines Angebotes, einer Einkaufs- oder Verkaufsbestellung bzw. einer Rechnung heranziehen, werden Ihnen alle Preislisten zur Auswahl angezeigt, welche das zuvor ausgewählte Produkt bzw. die Dienstleistung enthalten. Für Produkte oder Dienstleistungen, die in keiner Preisliste enthalten sind, steht Ihnen natürlich dann auch die Funktion zur Auswahl einer Preisliste nicht zur Verfügung. Es wird daher empfohlen, immer mit Preislisten zu arbeiten.

2.5.4 Lieferanten

Lieferanten sind Zulieferfirmen für Ihren eigenen Bedarf oder für den Bedarf Ihrer Kunden, der über Ihr Unternehmen bedient wird. Sie können im CRM System eine unbegrenzte Anzahl von Lieferanten erfassen und diese in Ihrer Arbeit mit Kunden berücksichtigen.

Um einen neuen Lieferanten anzulegen, klicken Sie auf das ▼ Icon im **[Bestand]** > **[Lieferanten]** Menü. Das sich öffnende Fenster, ist in der Abbildung 2-48 dargestellt.

Erfassen von Daten

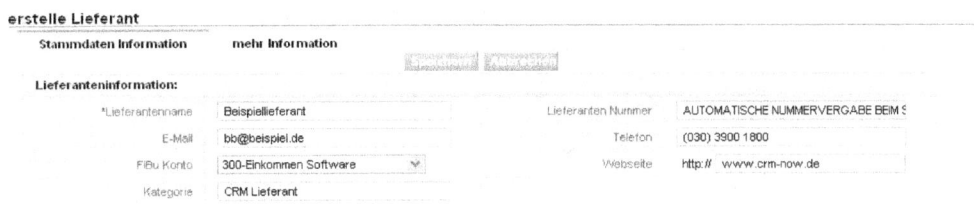

Abbildung 2-48: Neuer Lieferant - Bearbeitungsansicht

Erfassen Sie in den Stammdaten die Informationen, die Ihnen wichtig sind. Klicken Sie auf **[Speichern]**, um die Angaben im CRM zu hinterlegen. Ihre gesamte Lieferantenliste steht Ihnen dann im **[Bestand]** > **[Lieferanten]** Menü zur Verfügung.

Nach dem Speichern der Lieferantenangaben, haben Sie die Möglichkeit, Lieferantenangaben mit weiteren Informationen aus Ihrem CRM zu verknüpfen, wie in der Abbildung 2-48: Lieferant mehr Informationen zu sehen.

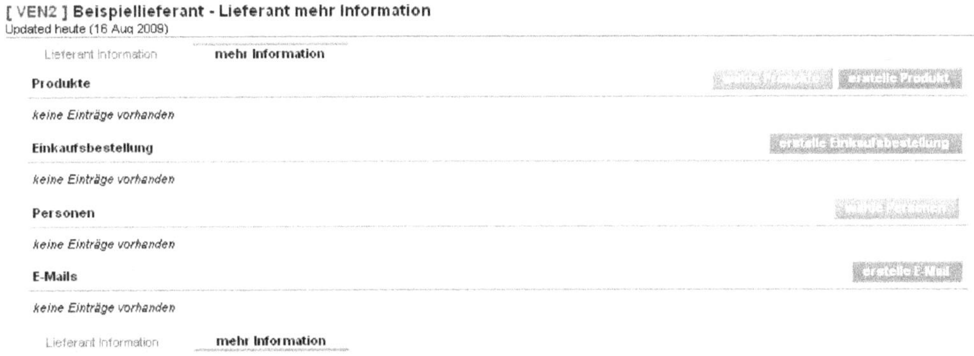

Abbildung 2-49: Lieferant - Mehr Informationen

2.5.5 Import und Export von Produkten

Mit Hilfe von Import- und Exportfunktionen können Sie Daten zwischen der CRM Software und einer großen Anzahl von Programmen auf Ihrem Computer austauschen. Alle Angaben zu Produkten können exportiert oder importiert werden.

Sie können einen Import oder Export starten, wenn Sie sich die Listenansicht im **[Bestand]** > **[Produkt]** Menü anzeigen lassen. Oberhalb der Liste finden Sie die Icons, die zu den Import- und Exportfunktionen führen.

Die Icons funktionieren nur dann, wenn Sie für die Funktion auch eine Berechtigung haben. Die Berechtigungen werden durch den CRM Systemadministrator vergeben.

Erfassen von Daten

Weitere Informationen können Sie dem Kapitel 2.1.5 *Export und Import von Kundenkontakten* entnehmen. Sinngemäß sind die Angaben aus diesem Kapitel auch für Produkte gültig.

Im Kapitel 2.1.6 *Datenformat für Importe* können Sie Beispieldaten für einen Import finden. Nutzen Sie die dort gemachten Angaben, um eigene Dateien für den Produktimport zu erstellen.

2.6 Dienstleistungsbezogene Eingaben

Um ein Dienstleistungsangebot im CRM verwalten zu können, steht Ihnen die Möglichkeit zur Verfügung Dienstleistungen als auch Serviceverträge zu erfassen.

2.6.1 Dienstleistung erfassen

Ähnlich wie für Produkte, können Sie eine Liste aller Ihrer Dienstleistungen erstellen, mit Preisen versehen und in Angeboten, Bestellungen oder Rechnungen auch in Verbindung mit Produkten nutzen.

Natürlich gibt es, im Unterschied zu den Produkten, bei den Dienstleistungen keine Lagerhaltung.

Um eine Dienstleistung im CRM zu erstellen, klicken Sie auf das ⚙ Icon im **[Bestand] > [Dienstleistungen]** Menü. Es öffnet sich das in der Abbildung 2-50 zu sehende Eingabemenü.

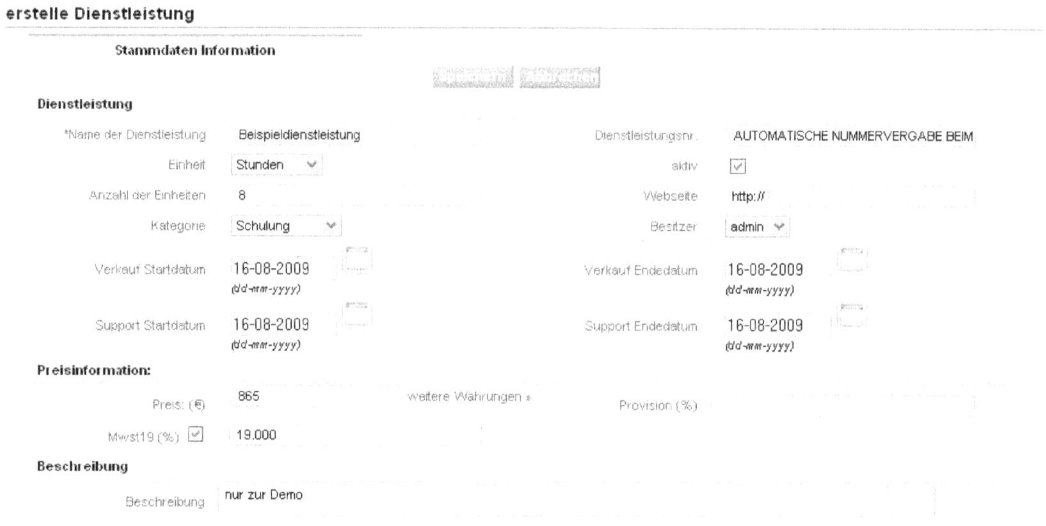

Abbildung 2-50: Dienstleistung - Bearbeitungsansicht

Stammdaten Information

Tabelle 2-15: Spezielle Eingabefelder für Dienstleistungsstammdaten

Eingabefeld	Verwendung
Name der Dienstleistung:	Sie müssen Ihrer Dienstleistung einen eindeutigen Namen geben.
Dienstleistungsnummer:	Die Nummernvergabe erfolgt automatisch, basierend auf den Einstellungen des CRM Administrators, wie im Kapitel: Anpassen der Nummerierung beschrieben.
Einheit:	Aus der Auswahlliste wählen Sie die Stückelung Ihrer Dienstleistung.
Beschreibung:	Die hier getätigten Angaben stehen dann auch bei der Erstellung von Angeboten, Bestellungen und Rechnungen zur Verfügung.

Preisinformation

Tabelle 2-16: Spezielle Eingabefelder für Preisinformationen zu Dienstleistungen

Eingabefeld	Verwendung
Preis:	Sie sollten einen Preis pro Einheit angeben. Alle Preise werden standardmäßig in der Währung des eingebenden CRM Nutzers gemacht. Alternativ können Sie aber auch andere Währungen auswählen, wenn diese durch den CRM Administrator zuvor bereitgestellt wurden, wie im Abschnitt *Währungsangaben* beschrieben.
MwSt.:	Sie können eine Steuer, üblicherweise die Mehrwertsteuer, in % zu einer Dienstleistung mit angeben. Die verfügbaren Steuersätze werden durch den CRM Administrator bereitgestellt, siehe Kapitel *Einstellungen Steuern*.

Klicken Sie auf **[Speichern]** um Ihre Angaben an das CRM zu übertragen. Danach öffnet sich die Detailansicht Ihrer Stammdaten und Sie können weitere CRM Informationen mit Ihrer Dienstleistung verknüpfen, wenn Sie auf den **[Mehr Informationen]** Tab klicken.

2.6.2 Serviceverträge

Kundenangaben können mit Serviceverträgen ergänzt werden. Im **[Support] > [Serviceverträge]** Menü können Sie einen solchen Vertrag in Bezug auf Personen oder Organisationen erfassen. Klicken Sie das ▼ Icon um die Stammdaten für einen Vertrag zu erfassen, wie in Abbildung 2-51 dargestellt.

Erfassen von Daten

Abbildung 2-51: Servicevertrag - Bearbeitungsansicht

Stammdateninformation

Tabelle 2-17: Spezielle Standardfelder für Serviceverträge

Eingabefeld	Verwendung
Betreff:	Sie müssen jedem Vertrag einen eindeutigen Namen geben.
bezogen auf:	Sie sollten einen Vertrag entweder mit einer Person oder mit einer im CRM bereits vorhandenen Organisation verbinden.
Einheit:	Wählen Sie die Einheit, welche den Umfang der Serviceleistungen beschreibt.
Gesamtzahl:	Geben Sie hier die Menge bezogen auf die Einheit an.
Verbrauch:	Hier können Sie die bereits durch einen Service erbrachten Mengen erfassen. Diese wird dann in Bezug auf die Gesamtzahl genutzt, um eine Prozentangabe zur Erfüllung des Service Vertrages in der Listenansicht von Serviceverträgen zu machen.

Klicken Sie auf **[Speichern]** um Ihre Angaben im CRM System zu sichern. In der daraufhin sich öffnenden Dateiansicht, können Sie unter dem **[Mehr Informationen]** Tab den Vertrag mit Dokumenten oder Trouble Tickets verbinden.

3 Mit dem CRM arbeiten

Dieser Teil erläutert, wie man effektiv mit dem CRM arbeiten kann, um einen Verkaufsprozess vollständig zu begleiten. Es werden Hinweise zur Rationalisierung der Arbeit gegeben und alle die dafür zur Verfügung stehenden Funktionen erläutert.

3.1 Allgemeine Hinweise

3.1.1 Mit Listen arbeiten

Ihre im CRM System gespeicherten Listen von Personen, Organisationen, Aktivitäten usw. sehen Sie, wenn Sie die entsprechenden Menüs aufrufen. Im Laufe der Zeit können diese Listen sehr umfangreich und damit schwer überschaubar werden. Darüber hinaus steht auf dem Bildschirm nur begrenzt Platz für die Anzeige von individuellen Spalten zur Verfügung. Es ist daher zweckmäßig und in der Regel auch notwendig, die Anzeige der Listen an die jeweiligen Bedürfnisse der Nutzer anzupassen. Dazu kann jeder Nutzer individuelle Listen erzeugen. Diese können auch den anderen Nutzern zur Verfügung gestellt werden. Das CRM System gibt Ihnen vielfältige Möglichkeiten die Listen nach Ihren Kriterien zusammenzustellen. Damit haben Sie ein sehr effektives Mittel um größere Datenmengen zu überschauen, automatisch auf Veränderungen hingewiesen zu werden oder spezielle Daten zur weiteren Verwendung auszusuchen. Sie können eine unbegrenzte Anzahl von individuellen Listenansichten erstellen.

Individuelle Listen erstellen

Am Beispiel der Organisationsliste soll hier beschrieben werden, wie Sie selbst zusammenstellen können, was in dieser Liste angezeigt werden soll. Sinngemäß ist das für alle anderen Listen übertragbar.

Für eine individuelle Listenansicht können Sie folgenden Parameter selbst bestimmen:

1. den Inhalt der Spalten in der Liste (was gezeigt werden soll),
2. den Zeitraum, in dem Daten erzeugt oder verändert worden sind,
3. verschiedene logische UND und ODER Funktionen zwischen Daten, die im CRM abgelegt sind.

Um eine neue Listenansicht zu erstellen klicken Sie auf **[Ansicht erstellen]** wie in der Abbildung 3-1 erzeugen zu sehen.

Mit dem CRM arbeiten

Abbildung 3-1: Neue Listenansicht erstellen

In dem sich öffnenden Browserfenster, wie in der Abbildung 2-48: Erzeugen einer individuellen Liste Bearbeitungsansicht zu sehen, definieren Sie Ihre neue Listenansicht.

> Individuelle Listen erleichtern die Arbeit mit dem CRM System sehr. Bedien- oder Denkfehler in der Listenzusammenstellung können jedoch zu unerwarteten Ergebnissen führen. Ungeübten Nutzern ist es daher zu empfehlen, mit einfachen Listen zu beginnen, auf komplexe logische Filter weitgehend zu verzichten und die Ergebnisse sorgfältig zu überprüfen.

Abbildung 3-2: Erzeugen einer individuellen Liste - Bearbeitungsansicht

Für die Definition einer neuen Listenansicht wird folgende Vorgehensweise empfohlen:

1. Geben Sie Ihrer Liste einen eindeutigen Namen.
2. Wählen Sie die Spalten aus. Denken Sie daran, dass viele Spalten auch mehr Platz auf dem Bildschirm benötigen.
3. Setzen Sie, wenn nötig, einen Zeitfilter.
4. Setzen Sie Filter basierend auf logische Verknüpfungen im CRM System, wenn benötigt.

Eine Liste können Sie als Standardliste zur Anzeige im Menü festlegen, indem Sie die Checkbox – **[als Vorgabe setzen]**, markieren.
Wenn Sie das Ergebnis der logischen Verknüpfungen auf Ihrer Startseite sehen wollen, markieren Sie die Checkbox auf der **[Startseite anzeigen]**.

Über die Checkbox **[öffentlich machen]** können Sie Ihre Listenansicht auch anderen CRM Nutzern zur Verfügung stellen. Dabei werden bei den anderen Nutzern die entsprechenden Listeninhalte der gegeben Rechte angezeigt. Bevor eine von Ihnen erzeugt Liste aber für die anderen Nutzer bereit steht, muss die Ansicht erst vom CRM Administrator freigeschaltet werden. Das ist in der Abbildung 3-3 illustriert. Erst nach einer Bestätigung der Listenansicht durch den CRM Administrator, steht diese Liste auch den anderen CRM Nutzern zur Verfügung.

Abbildung 3-3: Benutzerdefinierte Listenansicht bestätigen

Benutzerdefinierte Listen auf der Startseite

Auf der Startseite haben Sie eine Anzeige, die - **benutzerdefinierte Listen** - genannt wird. Diese können Sie sich selbst zusammenstellen. Eine benutzerdefinierte Liste ist eine quantitative Zusammenfassung von Informationen aus dem CRM System nach von Ihnen gesetzten Kriterien. Damit soll es Ihnen möglich sein, in Zusammenarbeit mit anderen Nutzern des CRM Systems, ständig über aktuelle Entwicklungen im Verkaufsprozess und im Service informiert zu sein, ohne an den Vorgängen unbedingt selbst beteiligt zu sein.

Eine benutzerdefinierte Liste setzt sich aus individuell gebildeten Listen zusammen. Wie diese Listen erzeugt werden, ist im Abschnitt *Individuelle Listen* erstellen beschrieben. Wenn eine solche individuelle Liste als - **auf der Startseite anzeigen** - markiert wurde, wird diese zu den benutzerdefinierte Liste auf der Startseite hinzugefügt. Der Inhalt der benutzerdefinierte Liste ergibt sich aus den Kriterien, die bei den individuellen Listen gesetzt wurden. Im Ergebnis kann man sich z.B. anzeigen lassen:

- Die Anzahl von Verkaufsaktivitäten in der Abschlussphase.
- Die Anzahl von offenen Tickets für einen Kunden.
- Die Anzahl der abgeschlossenen Geschäfte in der laufenden Woche/Monat/Jahr.
- Die Anzahl der versendeten Angebote.

Mit dem CRM arbeiten

- u.v.a.m. Die Möglichkeiten für die benutzerdefinierte Liste sind praktisch nur durch die Möglichkeiten bei der Listengenerierung zum Erzeugen von logischen Verknüpfungen begrenzt.

Erzeugen Sie benutzerdefinierte Listen für kritische Prozesse, um sofort zu erkennen, wenn sich etwas verändert hat. So kann sich z.B. ein Vertriebsmitarbeiter mit einem Blick darüber informieren, an welchen kritischen Aufgaben der Service arbeitet; ein Manager sieht, welche Fortschritte der Vertrieb macht; ein Servicemitarbeiter kann sehen, wenn das Unternehmen neue Kunden gewonnen hat, usw.

Anzeige von besitzerfremden Änderungen

Bei jeder Änderung eines CRM Eintrags überprüft das CRM ob der Besitzer dieses Eintrags oder ein anderer CRM Nutzer diese Änderung vornimmt. Wird ein Eintrag nicht durch den Besitzer verändert, so wird das mit einem Icon in der Listenansicht angezeigt, wie in der Abbildung 3-4 gezeigt. Das Icon verschwindet, sobald ein Besitzer sich diesen Eintrag ansieht.

☐ Organisationsnr.	Organisation	Ort	Webseite	Telefon	zuständig	Aktion
☐ ACC1	Muster AG Niederlassung	Musterort		123456	Gast	edit | lö 👤
☐ ACC2	Muster AG Stammhaus	Stammhausort			admin	edit | lö

Abbildung 3-4: Icon Anzeige von veränderten CRM Einträgen

In Listen suchen

Wenn Sie in Ihrer Listenansicht sehr viele Einträge haben, können Sie die listenbezogenen Suchfunktionen nutzen, um einen bestimmten Eintrag schnell zu finden. Wenn Sie das Menü nicht bereits sehen, klicken Sie auf das 🔍 Icon oberhalb der Liste, um das Such-Menü aufzurufen, welches in der Abbildung 3-5 gezeigt wird.

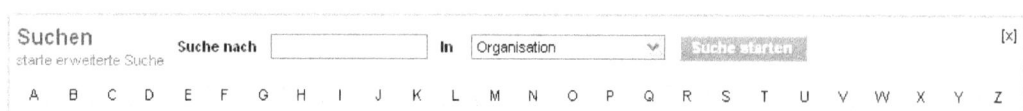

Abbildung 3-5: Einfache Suche in einer Listenanzeige

Mit dem CRM arbeiten

Bei der einfachen Suche können Sie nach Namen, Organisation, Telefonnummer, Webseite, E-Mail Adresse und Eigentümer suchen. Zusätzlich wird Ihnen eine alphabetische Suche bereitgestellt.

Wenn Sie auf **[Erweiterte Suche]** klicken, öffnet sich ein neues Eingabefenster in dem eine detaillierte Suche möglich ist, die auch durch logische Verknüpfungen bestimmt sein kann, wie in der Abbildung 3-6 gezeigt. Sie können eine beliebige Anzahl von Suchkriterien setzen.

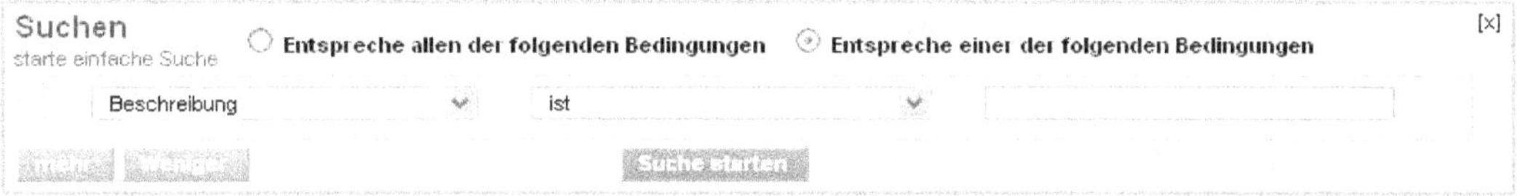

Abbildung 3-6: Erweiterte Suche in einer Listenanzeige

Für die logischen Verknüpfungen in der erweiterten Suche stehen auch benutzerdefinierte Felder zur Verfügung. Sie können jederzeit zwischen der erweiterten und der einfachen Suche wechseln. Starten Sie Ihre Suche durch einen Klick auf den **[Suche starten]** Button.

Massenbearbeitung in Listen

Wenn Sie den Inhalt eines oder mehreren Felder in mehreren Einträgen ändern wollen, können Sie Funktion der Massenbearbeitung in einer Listenansicht benutzen. Markieren Sie die Einträge, die Sie verändern wollen mit der Checkbox in einer Listenansicht und klicken Sie den **[Massenbearbeitung]** Button.

Abbildung 3-7: Massenbearbeitung in Listenansichten

Mit dem CRM arbeiten

In dem sich öffnenden Eingabemenü, wie in Abbildung 3-7 gezeigt, markieren Sie die Checkbox für die Felder, die Sie ändern wollen und geben den neuen Inhalt an. Beim Speichern werden diese Felder dann in allen ausgewählten Datensätzen modifiziert.

Sende E-Mail aus Listen

Sie können direkt aus einer Listenansicht von Leads, Personen oder Organisationen E-Mails an mehrere Empfänger gleichzeitig senden, indem Sie diese zuvor mit der Checkbox markiert haben. Klicken Sie dann den **[E-Mail senden]** Button.
Sie müssen jedoch sicherstellen, dass für jeden Empfänger eine E-Mail Adresse vorhanden ist. Wenn Sie einen Empfänger ohne E-Mail Adresse auswählen, erhalten Sie dazu **keine** Fehlermeldung.

Mailer Export aus Listen

Manchmal benötigen Sie E-Mail oder Adressdaten für Zwecke, die nicht durch CRM Funktionen abgedeckt werden.

Wenn Sie in einer Listenansicht z.B. von Personen oder Organisationen den **[Mailer Export]** Button klicken, können Sie diese Daten bequem als kommagetrennte Textdatei (CSV Datei) exportieren (siehe Abbildung: Mailer Export aus Listen) und mit anderen Programmen weiter bearbeiten.

Beachten Sie, dass das CRM intern das UTF8 Zeichenformat benutzt, (siehe Anhang B UTF-8 Hilfe), was Sie ggf. noch in dem von Ihnen benutzten Zeichensatz umwandeln müssen.

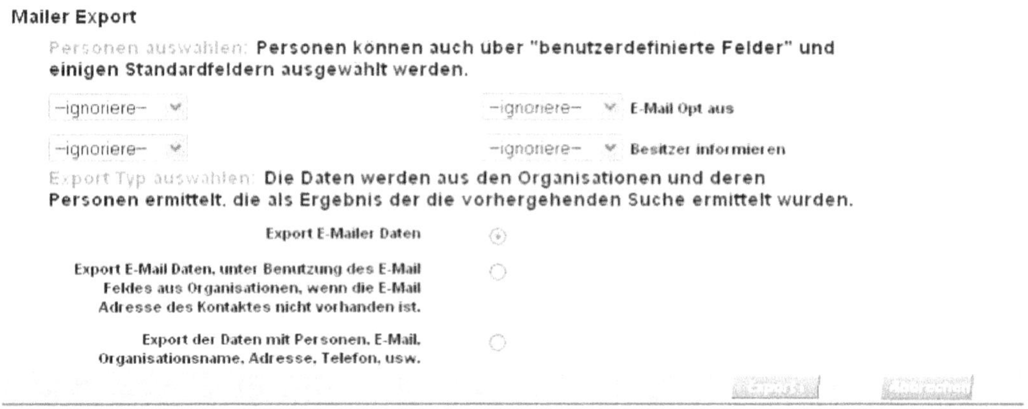

Abbildung 3-8: Export aus Listen

3.1.2 Tag Wolken

Tag Wolken dienen zur Verbesserung der Bedienung des CRM Systems. Sie bieten die Möglichkeit, neue Kategorien oder Gruppen einzuführen, die auf dem subjektiven Bedarf einzelner Nutzer für eigene Kategorien oder Bewertungen beruhen. Tag Wolken basieren auf der Annahme, dass Benutzer eigene Maßstäbe ansetzen, um mit den CRM Daten umzugehen.

Tags bestehen immer aus einem Wort! Sie können keine zusammengesetzte Ausdrücke oder Sätze verwenden.

Ein Beispiel soll das verdeutlichen: Ein Vertriebsmitarbeiter betrachtet eine Reihe von Einträgen im CRM als wichtig, um das Quartalsziel zu erreichen. Dazu zählen ein Treffen mit einem wichtigen Kunden, ein paar Angebote und ein paar Serviceanfragen. Der Vertriebsmitarbeiter bildet also subjektiv eine Gruppe oder Kategorie von wichtigen Ereignissen, die vollständig unabhängig von der Kategorisierung von Dateneinträgen im CRM ist.

Um diesem Vorgehen zu entsprechen, liefern die **Tag Wolken** eine Möglichkeit, jede Art von Kategorien oder Gruppen zu bilden, unabhängig davon, in welchem CRM Modul Daten erfasst

Abbildung 3-9: Tag Wolke

worden sind. Diese Gruppen oder Kategorien können vollkommen frei gewählt werden. Sie können z.B. solche Ausdrücke verwenden, wie z.B. „wichtig", „Vorschlag", „Privat", „Berlin", „Sommer" usw.

Sie können einem solchen Tag beliebige Daten im CRM hinzufügen, wie in der Abbildung 3-9 gezeigt. Je mehr CRM Einträge den gleichen Tag besitzen, umso mehr werden die Tags in der Wolke hervorgehoben.

Alle Einträge mit dem gleichen Tag gehören dann zu einer Gruppe oder Kategorie. Wenn Sie dann auf einen Tag in der Wolke klicken, durchsucht das CRM Ihren gesamten Datenbestand und listet alle Einträge, die diesen Tag besitzen.

Um einen Tag zu löschen, bewegen Sie Ihren Mauszeiger auf das Tag-Wort. Daraufhin erscheint neben dem Wort ein Icon. Mit einem Klick auf dieses Icon löschen Sie den Tag. Sie können aber auch den CRM Eintrag löschen. Zusammen mit dem CRM Eintrag wird auch der Tag gelöscht.

Mit dem CRM arbeiten

3.1.3 Duplikate erkennen und entfernen

Duplikate von Datensätze sind für die CRM Nutzung unbrauchbar. Zum Beispiel wäre es wahrscheinlich sehr schädlich, wenn Sie zweimal den gleichen Ansprechpartner für ein Unternehmen im CRM erfasst haben und Sie und Ihr Kollege je einen unterschiedlichen Datensatz im CRM pflegen.
Um das zu vermeiden, wurden im CRM einige Vorkehrungen getroffen, welche die Eingabe von Duplikaten erschweren oder unmöglich machen. Zum Beispiel wird bei dem Erstellen einer neuen Organisation überprüft, ob ein solcher Organisationsname bereits existiert, oder Sie können beim Import von Datensätzen angeben, wie mit erkannten Duplikaten umgegangen werden soll. Trotzdem kann es vorkommen, dass Sie Duplikate im CRM versehentlich anlegen. Das kann z.B. passieren, wenn zwei unterschiedliche Benutzer Daten durch die Synchronisation mit Outlook in das CRM importieren.

Um Duplikate zu finden und gezielt zu entfernen, klicken Sie in einer Listenansicht auf das entsprechende Icon. Dieses Ion steht Ihnen nicht in benutzerdefinierten Listenansichten zur Verfügung. Es öffnet sich ein Menü zur Duplikatsuche, wie in der Abbildung 3-10 gezeigt.
Wählen Sie aus der Liste der vorhandenen Felder die aus, die für Ihre Duplikatsuche notwendig sind. Es ist häufig sinnvoll, zuerst nur ein oder zwei Felder auszuwählen. Ist die daraus resultierende Liste zu lang, können in einem weiteren Suchlauf weitere Felder hinzugefügt werden. Klicken Sie **auf [Duplikate suchen]** um den Suchvorgang zu starten. Bei großen Datenmengen im CRM kann eine Suche schon etwas dauern.

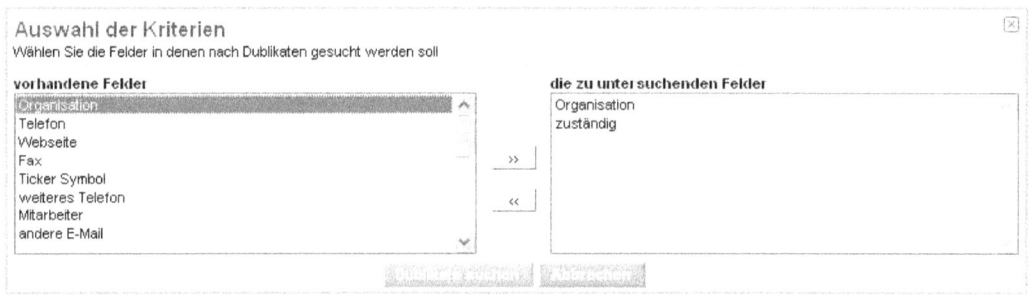

Abbildung 3-10: Duplikatsuche

Ist die Suche abgeschlossen, werden alle als Duplikate erkannten Datensätze in einer Liste, wie in Abbildung 3-11 gezeigt, zur weiteren Bearbeitung bereitgestellt. Sie können bis zu 3 Datensätze gleichzeitig zusammenführen. Haben Sie mehr als 3 Duplikate zu einem Datensatz, müssen Sie den Durchlauf noch einmal machen. Die Typangabe weist darauf hin woher die entsprechenden Datensätze stammen.

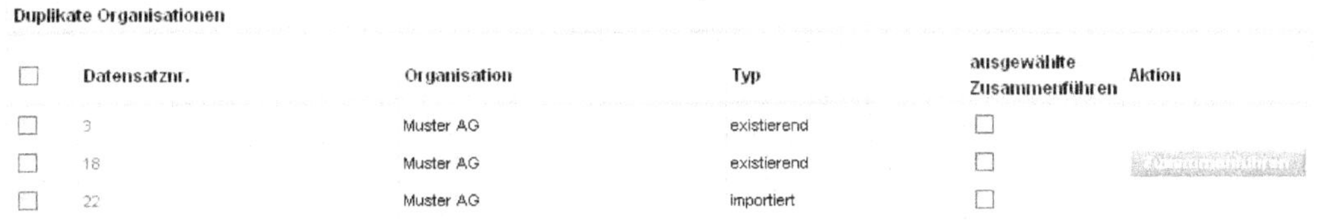

Mit dem CRM arbeiten

	Datensatznr.	Organisation	Typ	ausgewählte Zusammenführen	Aktion
☐	3	Muster AG	existierend	☐	
☐	18	Muster AG	existierend	☐	[Zusammenführen]
☐	22	Muster AG	importiert	☐	

Duplikate Organisationen

Abbildung 3-11: Suchergebnis für Duplikate

Markieren Sie die Datensätze, die Sie näher untersuchen wollen und klicken Sie auf **[Zusammenführen]**. In dem danach angezeigten Eingabemenü, siehe Abbildung 3-12, werden die Feldinhalte Ihrer Datensätze gelistet. Sie müssen zuerst Ihren primären Datensatz auswählen. Das ist der, welcher im CRM nach dem Entfernen der Dubletten erhalten bleibt. Danach können Sie von den anderen Datensätzen noch einzelne Felder markieren um ggf. auch deren Informationen in den primären Datensatz zu übernehmen.

Achten Sie auf jeden Fall auf das Feld mit dem Namen **zuständig**, was den Eigentümer eines Datensatzes bestimmt. Stellen Sie sicher, dass Sie den richtigen Eigentümer in den primären Datensatz übernehmen.

Klicken Sie auf den **[Zusammenführen]** Button um den Prozess abzuschließen. Ihr primärer Datensatz wird aktualisiert und die anderen Datensätze werden in den Papierkorb verschoben.

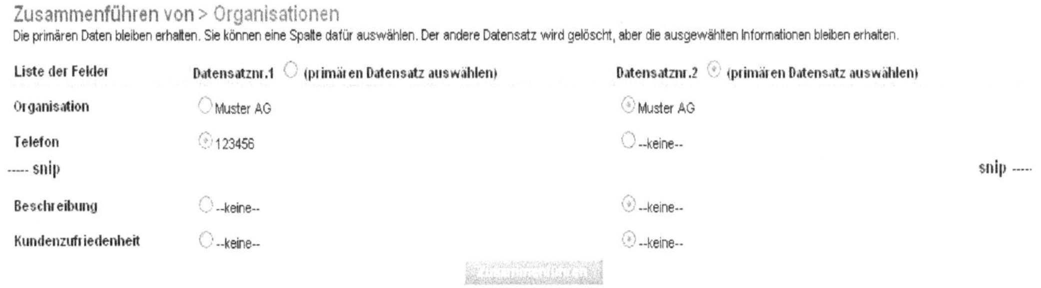

Zusammenführen von > Organisationen
Die primären Daten bleiben erhalten. Sie können eine Spalte dafür auswählen. Der andere Datensatz wird gelöscht, aber die ausgewählten Informationen bleiben erhalten.

Liste der Felder	Datensatznr.1 (primären Datensatz auswählen)	Datensatznr.2 (primären Datensatz auswählen)
Organisation	○ Muster AG	⊙ Muster AG
Telefon	⊙ 123456	○ --keine--
----- snip		snip -----
Beschreibung	○ --keine--	⊙ --keine--
Kundenzufriedenheit	○ --keine--	⊙ --keine--

[Zusammenführen]

Abbildung 3-12: Duplikate zusammenführen

3.1.4 Kalendererinnerungs-Popup

Jeder Nutzer kann eine Erinnerungsfunktion für Aktivitäten aktivieren, indem das Erinnerungsintervall im **[Meine Einstellungen]** Menü entsprechend einstellt. Wenn aktiviert, wird jedes Mal wenn eine Aktivität fällig ist im Browser ein Popup Fenster angezeigt. Dieses Fenster zeigt die Zeit, den Status und den Betreff der Aktivität an. Sie

Mit dem CRM arbeiten

können die Benachrichtigung auf einen späteren Zeitpunkt verschieben und noch einmal erhalten oder diese schließen.

3.1.5 Chat Funktionen

Chat (aus dem Englischen übersetzt als „plaudern, unterhalten") ist die Bezeichnung für eine schriftliche Kommunikation zwischen zwei oder mehreren Personen in Echtzeit. Es handelt sich also hierbei um eine Art Computerkonferenz, welche ohne Bilder und Sprache auskommt.
Das CRM System stellt Ihnen sowohl öffentliche als auch private Chat-Möglichkeiten zur Verfügung. In einem öffentlichen Chat können alle im CRM System eingeloggten Nutzern die Kommunikation verfolgen und sich auch daran beteiligen. Bei einem privaten Chat werden Nachrichten zwischen zwei CRM Nutzern ausgetauscht, ohne dass andere CRM Nutzer daran teilnehmen oder die ausgetauschten Nachrichten einsehen können.
Um eine Chat Funktion aufzurufen, klicken Sie auf das **[Chat]** Icon, welches Ihnen in jeder Listenansicht zur Verfügung steht. Es öffnet sich das in der Abbildung 3-13 gezeigte neue Browserfenster.

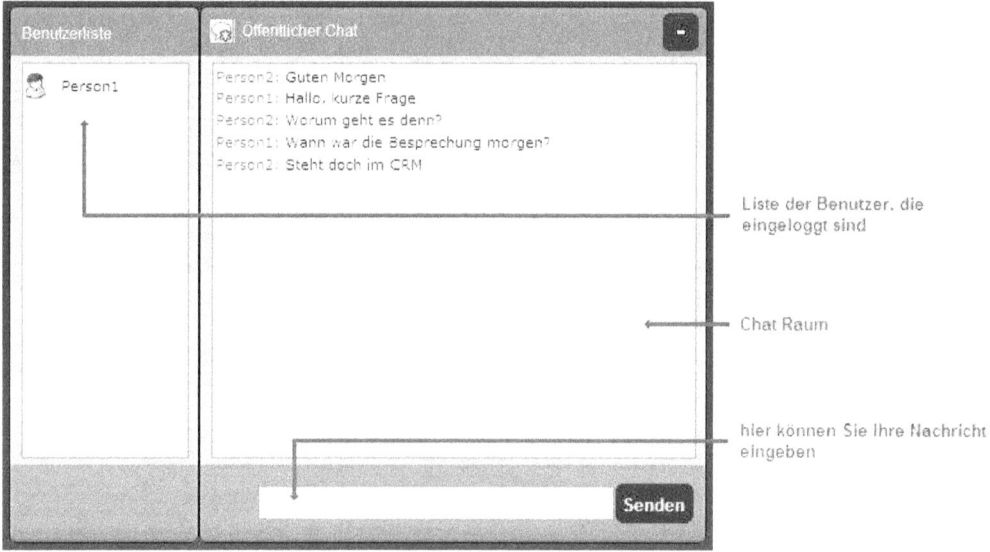

Abbildung 3-13: Chat Ansicht

Wenn Sie eine Nachricht übermitteln wollen, so tragen Sie diese Nachricht in das vorgesehene Eingabefeld ein und klicken Sie auf senden. Ihre Nachricht wird dann in dem sogenannten Chat Raum angezeigt, zu dem jeder andere Nutzer ebenfalls Zugang hat.

In dem Chat Browser Fenster sehen Sie links des Chat Raumes eine Liste der Nutzer, die das CRM System gegenwärtig nutzen. Wenn Sie einen privaten Chat durchführen wollen, klicken Sie auf den Namen des Nutzers, mit dem Sie kommunizieren wollen. Danach öffnet sich ein weiterer privater Chat Raum, den Sie dann nutzen können, ohne dass andere Nutzer die übermittelten Nachrichten sehen.

Sie können auch das Chat Browserfenster ständig offen lassen, wenn Sie mit dem CRM System arbeiten.

3.1.6 Werkzeuge

Das CRM bietet Ihnen eine Reihe von Werkzeugen, die sich in der praktischen Arbeit als sinnvoll erwiesen haben.

3.1.6.1 RSS

RSS ist ein plattformunabhängiges Format und wurde entwickelt, um Nachrichten und andere Web-Inhalte unkompliziert auszutauschen. Die Abkürzung RSS steht dabei für „Really Simple Syndication". Mit einem RSS-Newsfeed können Sie Webseiten schnell und effektiv auf aktuelle Inhalte prüfen, ohne diese mitsamt Grafiken und Bannern direkt besuchen zu müssen. Der RSS-Reader im CRM liest die abonnierten Newsfeeds und meldet Ihnen neue Einträge. So haben Sie alle Aktualisierungen einer Webseite jederzeit im Überblick.

Der im **[Werkzeuge] > [RSS]** Menü integrierte RSS Reader stellt Ihnen die Überschriften und Kurztexte der neuesten Inhalte zur Verfügung und Hyperlinks führen zu den Volltexten der Meldungen. Interessiert Sie ein neuer Artikel, klicken Sie ihn einfach an, um ihn im Browser zu öffnen.

Eine Webrecherche unter dem Stichwort „RSS" führt Sie schnell zu einer großen Anzahl von Sammlungen und Übersichten über Feeds, Reader und praktischen Tipps zur Nutzung von RSS-Nachrichten.

Jeder Feed hat eine eigene Adresse, ähnlich der einer Internetseite. Diese Adresse müssen Sie in Ihren RSS Reader im CRM eintragen. Die Adressen der Feeds können Sie in der Regel bequem kopieren: Klicken Sie mit der rechten Maustaste auf das XML-Symbol Ihres Wunschfeeds. In der darauf folgenden Auswahl gehen Sie auf **[Verknüpfung kopieren]**. In Ihrem RSS-Reader im CRM fügen Sie die Adresse dann an entsprechender Stelle ein (**[Strg+V]**, auf einigen Tastaturen auch **[Ctrl+V]** für Windows Computer). Sie haben nun den Feed abonniert und sehen ihn in der CRM RSS Übersicht.

3.1.6.2 Meine Seiten

Das CRM Portal gibt Ihnen im **[Werkzeuge] > [Meine Seiten]** Menü die Möglichkeit Webseiten, die von allgemeinen Interesse für das Unternehmen sind, im CRM zu erfassen. Nutzen Sie das z.B. um Ihre Kunden oder Mitbewerber zu beobachten oder mit Ihrem Lieferanten oder Ihrer Spedition zu kommunizieren.

Um eine Webseite zu sehen, müssen Sie zuerst ein Lesezeichen anlegen. Klicken Sie dazu auf den **[Seiteneinstellungen** bearbeiten]. Mit Hilfe des Buttons **[Neues Lesezeichen]** können Sie dann eine Webadresse und eine Bezeichnung dafür eintragen. Klicken Sie dann auf **[Meine Seiten]** um die Webseiten zu sehen.

3.1.6.3 Dokumente

Unter dem Begriff Dokumente werden im CRM alle digitale Dateien oder Notizen verstanden, die Sie im CRM in Referenz zu anderen Einträgen ablegen möchten.

Abbildung 3-14: Dokumente Standardverzeichnis

Sie können ein Dokument über das **Schnell-Menü** oder dem ▼ Icon in der Listenansicht vom **[Werkzeuge] > [Dokumente]** Menü erzeugen. Sie können außerdem Dokumente in der Listenansicht von verschiedenen CRM Modulen hinzufügen.

Wie in Abbildung 3-14 gezeigt, wird das CRM mit einem Standardverzeichnis ausgeliefert. Um Ihre Dokumente zu sortieren können und sollten Sie weitere Verzeichnisse hinzufügen. Diese Verzeichnisse werden dann genutzt um Ihre Dokumente nach Inhalten zu sortieren. So z.B. ist es sicher sinnvoll ein Verzeichnis für Angebote, oder ein Verzeichnis für Firmendokumente zu haben. Leere Verzeichnisse werden in der Ansicht verborgen.

Um ein neues Dokument, wie in der Abbildung 3-15 zu erzeugen, klicken Sie z.B. im **[Werkzeuge] > [Dokumente]** Menü auf das ▼ Icon. Sie müssen jedem Dokument einen eindeutigen Namen geben und das Verzeichnis auswähle in dem das Dokument gespeichert werden soll. Beim Erzeugen können Sie zwischen 3 verschiedenen Dokumententypen wählen:

- **einfache Texteingabe:** Nutzen Sie das **Beschreibung** Feld um Textinformationen einzugeben.
- **Datei:** Im Auswahlfeld **Download Typ** wählen Sie **Internal**. Danach können Sie von Ihrem Computer oder Netzwerk eine Datei auswählen, welche Sie im CRM speichern möchten. Diese Datei steht Ihnen nach dem Speichern zum Download aus dem CRM zur Verfügung, wenn die Checkbox **[aktiv]** markiert worden ist.
- **Externe Quelle:** Im Auswahlfeld **Download Typ** wählen Sie **External**. Geben Sie danach die Web oder LAN URL für einen Dokumentenzugang in das Feld **Dateiname** ein.

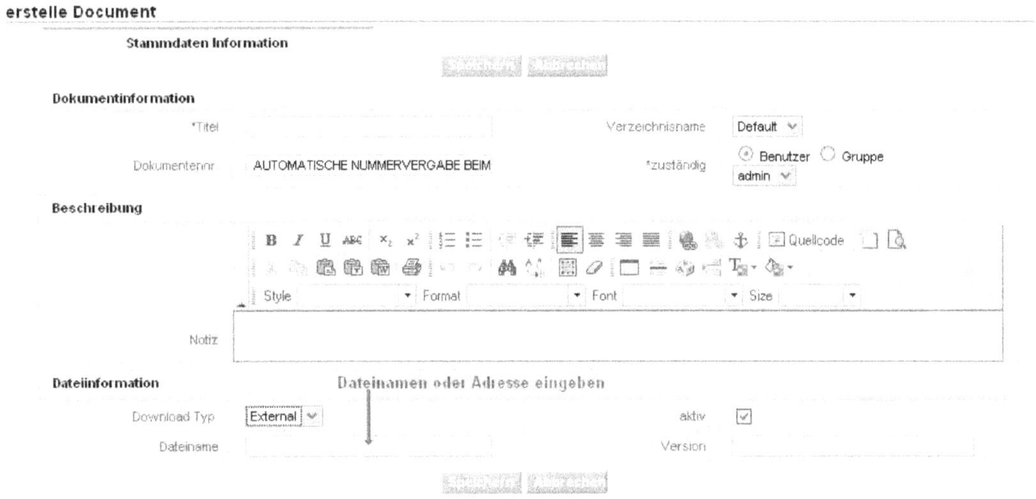

Abbildung 3-15: Dokumente Bearbeitungsansicht

3.1.6.4 Papierkorb

In den meisten Fällen empfiehlt es sich nicht, Daten aus dem CRM zu löschen. Schließlich hatten Sie viel Mühe gehabt die Daten zu erfassen und man kann ja nie wissen, ob und wann man diese nochmal braucht. Löschen Sie Daten aus Versehen oder mit Absicht, so steht Ihnen im CRM ein Papierkorb, ähnlich wie der auf Ihrem Computer, zur Verfügung. Öffnen Sie dazu das **[Werkzeuge]>[Papierkorb]** Menü und wählen Sie das CRM Modul aus dem die Daten stammen, die Sie gelöscht hatten. Alle gelöschten Einträge werden angezeigt. Beispielsweise sehen Sie in der Abbildung 3-16 einen gelöschten Kalendereintrag. Einige der Einträge können eine Farbkodierung besitzen, die auf Abhängigkeiten der Daten im CRM hinweisen und in der nachfolgenden Tabelle erklärt sind.

Mit dem CRM arbeiten

Tabelle 3-1: Papierkorb Farbkodierung

Betreff Farbe	Bedeutung
rot:	Der Datensatz, den Sie wiederherstellen wollen, hat einen Inhalt, der sich auf einen anderen übergeordneten Datensatz bezieht, der ebenfalls gelöscht wurde. Der andere Datensatz sollte deshalb zuerst wiederhergestellt werden. Z.B. Sie versuchen ein Verkaufspotential mit einem Bezug auf eine Organisation wiederherzustellen, die ebenfalls gelöscht wurde.
grün:	Der Datensatz, den Sie wiederherstellen wollen, hat einen Inhalt, der sich auf einen anderen übergeordneten Datensatz bezieht. Dieser andere Datensatz wurde bereits wiederhergestellt oder war nie gelöscht worden. Sie können Ihren Datensatz wieder herstellen und die Beziehung zu dem anderen Datensatz bleibt erhalten.
blau:	Der Datensatz, den Sie wiederherstellen wollen, hat einen Inhalt, der sich auf einen anderen untergeordneten Datensatz bezieht. Sie können Ihren Datensatz wieder herstellen.

Abbildung 3-16: Papierkorb Listenansicht

Unabhängig davon, sollte der Inhalt des Papierkorbes von CRM Administrator regelmäßig geprüft werden. Gibt es zu viele Daten im Papierkorb, kann es u.U. schwierig sein, einen Eintrag zu finden. Der Administrator hat deshalb die Möglichkeit den Inhalt des Papierkorbes zu löschen.

Löschen Sie Daten aus dem Papierkorb, so werden diese endgültig aus dem CRM entfernt. Beim Löschen, werden immer alle Daten aus dem Papierkorb gelöscht.

3.1.7 Sende und Empfange E-Mails

Das CRM bietet Ihnen eine Vielzahl von Möglichkeiten, E-Mails in Ihre Arbeit mit Kunden, Kollegen, Lieferanten oder anderen Kontakten einzubinden. Sie können:

- **E-Mails direkt aus dem CRM versenden:** Diese Funktion ist im nachfolgenden Kapitel 3.1.7.1 und im Kapitel 3.1.7.2 erläutert.
- **E-Mails, die Sie in Ihrer Büroumgebung oder zu Hause empfangen haben, im CRM ablegen:** Zusätzlich zu dem CRM System stehen Ihnen ein Outlook Plugin und eine Thunderbird/Mozilla E-Mail Client Erweiterung zur Verfügung. Diese zusätzlichen Programme können auf Ihrem Computer installiert werden.
- **E-Mails direkt im CRM empfangen:** Diese Funktion ist im Kapitel 3.1.7.3 erläutert.

Zu diesem Zweck müssen Sie sowohl den Zugang für einen Mailserver für alle ausgehenden E-Mails konfiguriert haben, als auch die individuellen Zugänge der einzelnen Nutzer für Ihre empfangende Mailbox konfigurieren. Die Einrichtung des Zuganges für ausgehende E-Mails wird vom Administrator vorgenommen, wie im Kapitel 4.2.4.4 erläutert ist. Die Zugänge für die empfangenden E-Mail Server müssen und können für jeden Nutzer individuell eingerichtet werden.

3.1.7.1 E-Mails versenden

Für den E-Mail Versand aus dem CRM haben Sie prinzipiell zwei Herangehensweisen:

a. Sie können die im CRM System aus den Detailansichten von Personen, Organisationen oder Leads E-Mails direkt versenden. Auf diesem Weg stellen Sie sicher, dass die versendeten E-Mails dann auch in Referenz zu den Kontakteinträgen stehen. Sie finden solche Einträge dann in der Detailansicht eines Kontaktes, wie es in der Abbildung 3-16: E-Mail Anzeige in der Personen Detailansicht am Beispiel einer Person gezeigt wird.

Abbildung 3-17: E-Mail Anzeige in der Personen - Detailansicht

Mit dem CRM arbeiten

b. Sie können eine E-Mail direkt im **Webmail Modul** oder **E-Mail Manager** erzeugen, wie es die Abbildung 3-18 beispielhaft für Webmail zeigt. Hier müssen Sie dann die Referenzen zu existierenden Personen, Organisationen, Leads oder Benutzern selbst herstellen. Gehen Sie dazu auf **[Startseite] > [Webmail]** und klicken Sie auf den **[Neu]** Button.

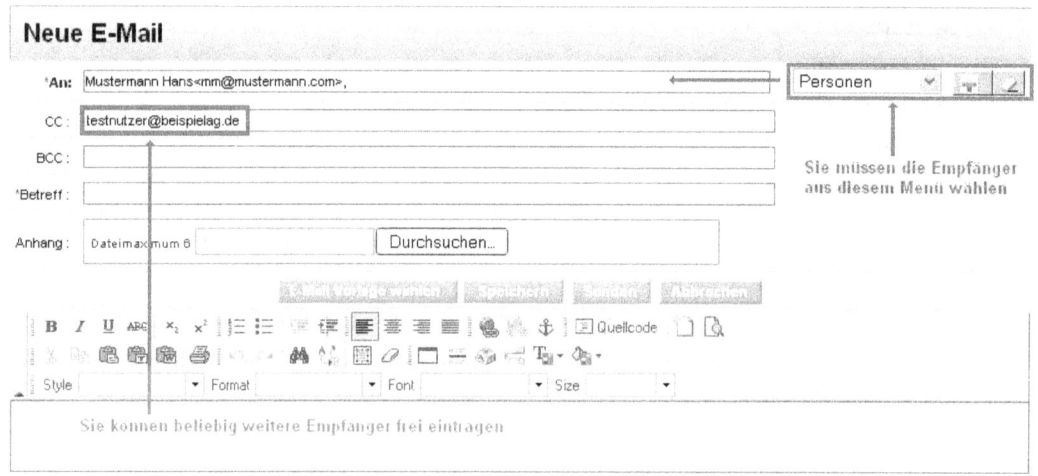

Abbildung 3-18: Neue E-Mail Menü

Zu einer neuen E-Mail können Sie folgende Angaben machen:

Tabelle 3-2: E-Mail Angaben

Eingabefeld	Verwendung
An:	Hier wählen Sie die E-Mail Adressen der Empfänger aus den im CRM System angelegten Kontakten. Beachten Sie, dass das CRM sich anders verhält als Ihr eigenes E-Mail Programm. **Im CRM erhält jeder Empfänger seine eigene E-Mail, ohne dass er sieht an wen diese E-Mail noch ging.**
CC:	„CC" ist eine Abkürzung für Carbon Copy. Hier geben Sie die Empfänger an, die eine Kopie erhalten sollen. Sie können hier auch E-Mail Adressen angeben, die nicht im CRM System abgelegt sind.
BCC:	„BCC" ist eine Abkürzung für Blind Carbon Copy. Diese Empfänger sind für die anderen Adressaten nicht sichtbar. Sie können hier auch E-Mail Adressen angeben, die nicht im CRM System abgelegt sind.

Eingabefeld	Verwendung
Betreff:	Sie müssen einen Betreff für eine E-Mail angeben.
Anhang:	Sie können eine Datei als Anhang zur E-Mail hinzufügen. Die Anzahl der Anhänge zu einer E-Mail ist auf 6 begrenzt.

Die Buttons im unteren Bereich haben folgende Funktionen:

Tabelle 3-3: Weitere E-Mail Angaben

Button	Verwendung
E-Mail Vorlage wählen:	Das CRM bietet die Möglichkeit, mit E-Mail Vorlagen zu arbeiten. Solche Vorlagen müssen jedoch zuvor erstellt werden wie es in Kapitel 4.2.3.3 E-Mail Vorlagen erklärt wird.
Speichern:	Sie können eine E-Mail im CRM System speichern, ohne dass diese gesendet wird. Die E-Mail können Sie dann im Menü **[Startseite] > [E-Mails]** finden.
Senden:	Die E-Mail wird versandt. Eine Unterschrift wurde automatisch angefügt, wenn diese vorher definiert wurde. Der CRM Nutzer, der die E-Mail versendet, wird auch der Eigentümer dieser E-Mail und erhält automatisch eine Kopie zugesendet.
Abbrechen:	Sie können hier den Vorgang abbrechen. Alle Änderungen gehen verloren.

3.1.7.2 Massen E-Mails

Das CRM System bietet Ihnen die Möglichkeit, mehreren Kontakten bzw. Personen gleichzeitig die gleiche, aber individualisierte, E-Mail zu senden. Sie können diese Funktion für Massen E-Mails verwenden. Es wird empfohlen, solche Mails aus der Listenansicht Ihrer Kontakte oder noch besser aus einer Kampagne zu generieren. Nachfolgend sind die Schritte für eine Mail aus der Listenansicht erläutert.

- Erzeugen Sie eine individuelle Liste Ihrer Leads, Personen oder Organisationen, wie im Kapitel: Individuelle Listen erstellen beschrieben. Nutzen Sie die Filterfunktionen, um die Empfänger auszusortieren.
- Speichern Sie die Liste.
- Lassen Sie sich die Liste anzeigen und nehmen Sie wenn nötig erneut eine Auswahl Ihrer Empfänger vor.

Klicken Sie auf den **[E-Mail senden]** Button, wie in der Abbildung 3-19 zu sehen.

Mit dem CRM arbeiten

Abbildung 3-19: Massen-Mail Auswahl

Das Fenster zur Erstellung von E-Mails öffnet sich mit den E-Mail Adressen der ausgewählten Kontakte, wie beispielhaft in der Abbildung 3-18 gezeigt wird. Erstellen Sie Ihre E-Mail. Sie können auch noch weitere E-Mail Empfänger direkt eintragen.

Klicken Sie auf den **[Senden]** Button für einen sofortigen Versand oder den **[Speichern]** Button um die E-Mail für einen späteren Versand zu speichern.

In der Detailansicht der von Ihnen ausgewählten Kontakte wird eine Referenz zu der E-Mail automatisch erstellt.

3.1.7.3 E-Mails empfangen

Zur Übertragung von E-Mails aus Ihren Büroanwendungen stehen Ihnen Programme sowohl für MS Outlook als auch Thunderbird/Mozilla zur Verfügung. Weitere Informationen dazu finden Sie im Kapitel *Synchronisierung des CRM in der Büroumgebung*.

Im CRM selbst werden Ihnen mit dieser Version 2 Menüs angeboten, mit denen Sie E-Mails empfangen können. Das Menü **Webmail** wurde aus den vorhergehenden Versionen übernommen. Das Menü **E-Mail Manger** ist eine Neuentwicklung. Für welches Sie sich letztlich entscheiden, bleibt Ihnen überlassen. Nachfolgend werden die Funktionen für beide erläutert.

Das CRM empfängt E-Mails ungeschützt, d.h. dass die E-Mails nicht auf Viren oder andere Schädlinge aus dem Internet überprüft werden. Auch wenn diese keinen Schaden im CRM anrichten können, ist es doch ratsam, dass Sie in Ihrer Büroumgebung oder auf dem Server Schutzmaßnahmen treffen. Insbesondere benötigen Sie diese, wenn Sie E-Mails oder Anhänge zu E-Mails aus dem CRM auf Ihren Computer übertragen.

Webmail

Bevor Sie E-Mails in Ihrem CRM empfangen können, müssen Sie den Zugang zu Ihrem E-Mail Server konfigurieren. Dazu benötigen Sie keine Administratorrechte. Um diesen Zugang zu konfigurieren gehen Sie zu dem **[Startseite] > [WebMail]** Menü. Rufen Sie das E-Mail Modul direkt auf. Sie sehen dann die Anzeige des E-Mail Clients, wie in der Abbildung 3-20 gezeigt.

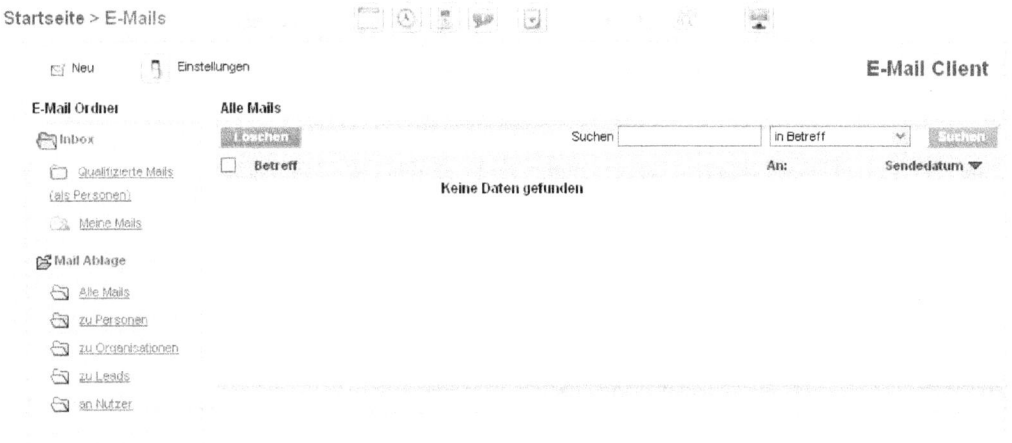

Abbildung 3-20: Webmail Menü - Client

Klicken Sie auf das **[Einstellungen]** Icon, um das Konfigurationsmenü für Ihren Mailserver zu öffnen, wie es in der Abbildung 3-21 zu sehen ist.

Abbildung 3-21: Webmail Menü – Server Einstellungen

CRM Administration

Geben Sie alle notwendigen Daten ein. Diese können in der Regel von Ihrem Dienstleister, der Ihnen den Mailserver bereitstellt, bezogen werden.

Tabelle 3-4: Eingehende E-Mail Servereinstellungen - Menüteil E-Mail Adresse

Eingabefeld	Verwendung
Angezeigter Name:	Sie sollten Ihrem E-Mail Zugang einen eindeutigen Namen geben.
E-Mail Adresse:	Sie müssen die E-Mail Adresse angeben, die von Ihnen für den empfangenden E-Mail Server benutzt wird.

Tabelle 3-5: Eingehende E-Mail Servereinstellungen - Menüteil Servereinstellungen

Eingabefeld	Verwendung
Mailserver Name oder IP:	Sie müssen hier die Zugangsadressdaten für Ihren E-Mail Server eintragen. Es wird ausschließlich das **IMAP Protokoll** unterstützt.
Benutzer- und Passwort:	Hier werden das Kennwort und das Passwort für Ihren E-Mail Server angegeben.
Mail-Protokoll:	Sie können zwischen verschiedenen Protokollen zur Kommunikation mit Ihrem E-Mail Server wählen. In den meisten Fällen wird IMAP4 unterstützt. Auch wenn Sie das POP Protokoll auswählen, muss der E-Mail Server IMAP fähig sein.
Server SSL Optionen:	Hier können Sie auswählen, ob die Kommunikation verschlüsselt ablaufen soll.
Server Zertifikatsvalidierung:	Wenn Sie verschlüsselte E-Mails benutzen, können Sie hier entscheiden, ob das Zertifikat Ihres E-Mail Servers überprüft werden soll.
Server Refresh Timeout:	Hier wird festgelegt, wie oft der E-Mail Client nach neuen E-Mails auf Ihrem Server nachschauen soll.
E-Mails pro Seite:	Hier wird festgelegt, wie viele E-Mails Ihnen auf einer Seite angezeigt werden.

Klicken Sie auf **[Speichern]**, um den Zugang zu dem Mail Server zu konfigurieren.

Alle Ihre E-Mails werden in dem Menü **[Startseite] > [Webmail]** angezeigt, wie in Abbildung 3-20 dargestellt.

Die Buttons im oberen Bereich des Menüs haben folgende Funktionen:

Tabelle 3-6: Webmail Buttons

Button	Verwendung
Neu:	Dieser Button öffnet ein neues Fenster, in dem Sie eine neue E-Mail verfassen können.
Einstellungen:	Mit diesem Button öffnen Sie ein Fenster, in dem Sie die Einstellungen für den E-Mail Server vornehmen können, der Ihre E-Mails empfängt.

Im CRM sind die Ablagen für Ihre E-Mails bereits vorkonfiguriert:

Tabelle 3-7: E-Mail Ablagen

Verzeichnis	Verwendung
Inbox:	Diese Ablage listet alle empfangenen E-Mails. Für qualifizierte E-Mails werden die folgenden Fälle unterschieden: • Wenn eine eingehende E-Mail einen Absender hat, der mit einem Kontakt im CRM übereinstimmt und nicht aus einer Kampagne stammt, wird diese E-Mail in die Ablage für **Qualifizierte Mails** automatisch verschoben und zu dem Kontakt referenziert. • Wenn eine eingehende E-Mail einen Absender hat, der mit keinem Kontakt im CRM übereinstimmt, wird ein neuer Kontakt erzeugt und die E-Mail zu diesem referenziert. • Wenn eine eingehende E-Mail einen Absender hat, der aus einem Lead stammt, welcher in einer Kampagne benutzt wird, so wird der Lead in einen Kontakt umgewandelt. • Wenn eine eingehende E-Mail einen Absender hat, der aus einem Kontakt stammt, der in einer Kampagne benutzt wird, so wird die E-Mail zu diesem Kontakt referenziert.
Mail Ablage:	Diese E-Mail Ablage listet alle über das CRM versendeten E-Mails, sortiert nach dem Kontakttyp.

Sie können Ihre E-Mails nach der E-Mail Adresse oder dem Betreff durchsuchen.

CRM Administration

E-Mail Manager

Für den Empfang von E-Mails über das E-Mail Manger Menü müssen Sie zuerst die Zugangsdaten für den Posteingangsserver konfigurieren. Klicken Sie dazu auf Einstellungen, um das in der Abbildung 3-22 gezeigte Menü zu erreichen.

Abbildung 3-22: E-Mail Manager – Server Einstellungen

In der nachfolgenden Tabelle werden die Einstellmöglichkeiten erläutert. I.d.R. erhalten Sie die Vorgaben von Ihrem E-Mail Dienstleister.

Tabelle 3-8: E-Mail Manager - Server Einstellungen

Eingabefeld	Verwendung
Kontotyp auswählen:	Für häufig verwendete Servertypen, steht in diesem Menü eine Auswahl zur Verfügung. Wenn Sie nicht wissen welcher Servertyp für Sie zutreffend ist, wählen Sie „Anderer".
E-Mail Server Name:	Sie müssen hier die Zugangsadressdaten für Ihren E-Mail Server eintragen. Es wird ausschließlich das **IMAP Protokoll** unterstützt.
Benutzername:	Geben Sie Ihren Benutzernamen ein.
Passwort:	Geben Sie Ihr Passwort ein..
Protokoll:	Sie können zwischen verschiedenen Protokollen zur Kommunikation mit Ihrem E-Mail Server wählen. In den meisten Fällen wird IMAP4 unterstützt.
Server SSL Optionen:	Hier können Sie auswählen, ob die Kommunikation verschlüsselt ablaufen soll.
Zertifikatsüberprüfung:	Wenn Sie verschlüsselte E-Mails benutzen, können Sie hier entscheiden, ob das Zertifikat Ihres E-Mail Servers überprüft werden soll.
Aktualisierungszeit:	Hier wird festgelegt, wie oft der E-Mail Client nach neuen E-Mails auf Ihrem Server nachschauen soll.

Füllen Sie die Felder mit Ihren Angaben aus und klicken Sie auf [Speichern]. Danach werden Ihnen alle Ihre Postfächer, wie in Abbildung 3-23 zu sehen, angezeigt.

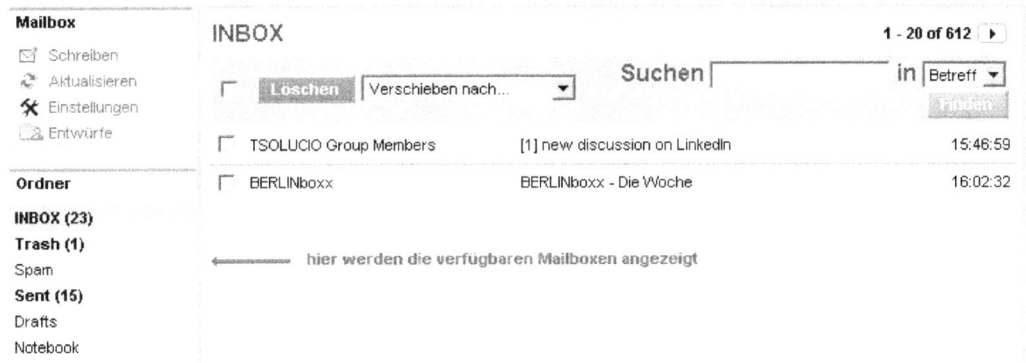

Abbildung 3-23: E-Mail Manager - Listenansicht der Mails

Die weitere Bedienung zum Lesen oder Schreiben ist denkbar einfach, wie Sie es sicher bereits von anderen webbasierenden E-Mail Clients kennen.

Eine Besonderheit gibt es jedoch. Sie können eine E-Mail im CRM weiterarbeiten, wenn Sie die Detailansicht einer E-Mail sind, wie in der nachfolgenden Abbildung illustriert.

Abbildung 3-24: E-Mail Manager - Weiterverarbeitung von Mails

Wie in der Abbildung zu sehen gibt es auf der rechten Seite ein Menü, was Ihnen anzeigt, ob die Absenderdaten der E-Mail bereits im CRM erfasst sind oder nicht. Sind Sie erfasst, wird Ihnen ein Link zu dem entsprechenden Dateneintrag mit angezeigt.

Als Aktion können Sie in Bezug zu dieser E-Mail einen neuen Eintrag für Leads, Personen, Organisationen, Trouble Tickets oder Aufgaben erzeugen. Die dementsprechenden Menüs, die bei einer Auswahl aufgerufen werden, entsprechen den Angaben aus dem Schnellmenü und können mit Hilfe des Modulmanagers modifiziert werden.

3.2 Mit dem Verkaufsprozess arbeiten

Das CRM System unterstützt Sie dabei, die Entwicklung eines Leads zu einem Geschäft nachzuvollziehen, indem alle für den Verkaufsprozess relevanten Daten zu jeder Phase eines Verkaufsprozesses erfasst und effektiv zur Arbeit herangezogen werden können.

Verkaufsprozesse werden in jedem Unternehmen in der Regel anders definiert. Es gibt aber gemeinsame Grundsätze für den Ablauf, die das CRM System abbildet. Daraus ergibt sich ein möglicher Verkaufsprozess, der wie folgt abläuft:

1. Beim ersten Kundenkontakt wird ein Lead angelegt. Wenn z.B. bekannt ist, welches Unternehmen als potentieller Kunde auftritt, aber noch kein Kontakt zu einer Person bekannt ist, wird in dem dazu vorgesehenen Feld der Text „Unbekannt" eingetragen. Zu diesem Zeitpunkt wissen Sie noch nicht, ob das Interesse ernsthaft besteht, oder ob es zu einem Geschäft kommen kann. Auf jeden Fall erfassen Sie so viele Informationen zu einem Lead als möglich.

2. Der Lead wird dann durch das Vertriebspersonal bearbeitet. Beispielsweise wird ein Treffen vereinbart, oder ein Anruf getätigt. Auf dieser Basis wird dann entschieden, ob der Lead sich zu einem Geschäft entwickeln und an welchen Produkten oder Dienstleistungen der mögliche Kunde Interesse haben könnte.

3. Wenn der Lead nicht zu einem Geschäft führt, wird er im CRM System als „Verloren" oder „Kalt" gekennzeichnet. Wenn es sich um einen potentiellen Kunden handelt, wird der Lead „Umgewandelt", d.h. dass die Kontaktdaten automatisch in die Liste der Personen und Organisationen übernommen werden und ein Verkaufspotential generiert wird.

4. Ein Verkaufspotential wird durch eine Verkaufsstufe gekennzeichnet. In der weiteren Arbeit mit dem Kunden, wird der Fortschritt, durch eine Änderung der Verkaufsstufen protokolliert.

Die im Verkaufsprozess durch die Umwandlung entstandenen Listen von Personen und Organisationen ist die Basis für Sie und Ihre Mitarbeiter für die Arbeit mit einem potentiellen Kunden. Anhand dieser Listen können Sie oder Ihre Mitarbeiter Aktivitäten steuern, Aufgaben verteilen, erwartete Umsätze prognostizieren, die Kaufentscheidung eines Kunden nachvollziehen und vieles andere mehr.

3.2.1 Mit Leads arbeiten

Leads repräsentieren die erste Stufe des Verkaufsprozesses und sind deshalb der Ausgangspunkt für viele Aktivitäten. Damit Sie damit effektiv arbeiten und diese den Leads zuordnen können, gibt Ihnen das CRM System eine Reihe von Hilfsmitteln in die Hand.

Leads Listenansicht

Im Menü [**Vertrieb**] > [**Leads**], wie in der Abbildung 3-25 zu sehen, wird Ihnen eine Liste der Leads im CRM angezeigt, welche den Kriterien zur Anzeige, z.B. durch Filter, entsprechen.

Abbildung 3-25: Lead Listenansicht

In dieser Listenansicht können Sie:

- **Leads Löschen:** Markieren Sie die Leads, die gelöscht werden sollen und klicken Sie auf den [**Löschen**] Button.
- **Sende E-Mails zu Lead Kontakten:** Markieren Sie die Leads, denen Sie eine E-Mail senden wollen und klicken Sie auf den [**E-Mail senden**] Button. Folgen Sie den Erläuterungen, die im Kapitel: E-Mails versenden gemacht wurden.
- **Den Inhalt von mehreren Leads auf einmal ändern:** Markieren Sie die Leads, bei denen Sie den Inhalt ändern wollen. Klicken Sie dann auf [Massenbearbeitung]. Folgen Sie den Erklärungen aus dem Kapitel: Massenbearbeitung in Listen.
- **Erzeuge, ändere oder benutze Anzeigefilter:** Wie im Kapitel: Individuelle Listen erstellen erklärt, können Sie den Inhalt der angezeigten Liste weitestgehend selbst bestimmen.
- **Verbinde Lead Informationen mit Vorlagen:** Markieren Sie die Leads, die Sie mit einer Vorlage verknüpfen wollen, wählen Sie die Vorlage und klicken Sie auf den [**Zusammenführen**] Button. Weitere Informationen zum Erstellen von Vorlagen finden Sie im Kapitel: Textvorlagen.

Leads mit anderen CRM Einträgen verbinden

Sie können jeden Lead mit weiteren Aktivitäten (Anrufe, Aufgaben oder Besprechungen), E-Mails, Anhängen und Notizen oder Produkten verknüpfen. Die Verknüpfung kann auf zwei verschiedenen Wegen hergestellt werden:

CRM Administration

1. In der Lead Detailansicht

    Öffnen Sie dazu die Detailansicht eines Leads. Kreieren Sie ihre neuen Einträge aus dieser Detailansicht. Die neuen Einträge werden automatisch dem Lead zugeordnet.

2. Durch eine direkte Eingabe

    Kreieren oder wählen Sie eine Aktivität, E-Mail, Produkt oder Notiz. Geben Sie den gewünschten Lead als Referenz an. Die Informationen werden dann mit dem Lead verbunden und sind in der Detailansicht eines Leads zu sehen.

Alle Links sind auch nach der Umwandlung eines Leads in einem Verkaufspotential verfügbar, wie im Kapitel: Verkaufspotentiale aus einem Lead erzeugen erläutert.

3.2.2 Mit Verkaufspotentialen arbeiten

Verkaufspotentiale sind der im Verkaufsprozess logische Nachfolger eines Leads. Sie sollten deshalb nach Möglichkeit ein Verkaufspotential immer automatisch durch das CRM System erzeugen lassen, wie im nachfolgenden Kapitel erläutert.

Alle Informationen, die für einen Lead vorliegen, werden durch diese automatische Funktion in das neue Verkaufspotential übernommen. Haben Sie z.B. zu einem Lead Notizen gemacht, finden Sie diese auch in dem neuen Verkaufspotential wieder. Sie können aber auch selbst ein Verkaufspotential direkt erzeugen (siehe Kapitel *Direkte Eingabe von Verkaufspotentialen*). Die folgenden Kapitel erklären Ihnen wie Sie mit einem Verkaufspotential arbeiten können.

Verkaufspotentiale aus einem Lead erzeugen

Um ein Verkaufspotential aus einem Lead zu erzeugen, gehen Sie zur Detailansicht eines Leads, wie in der Abbildung 3-26 zu sehen.

Abbildung 3-26: Lead Detailansicht - Stammdaten

Klicken Sie auf das [**Lead umwandeln**] Icon. Es öffnet sich das in der Abbildung 3-27 gezeigte Fenster.

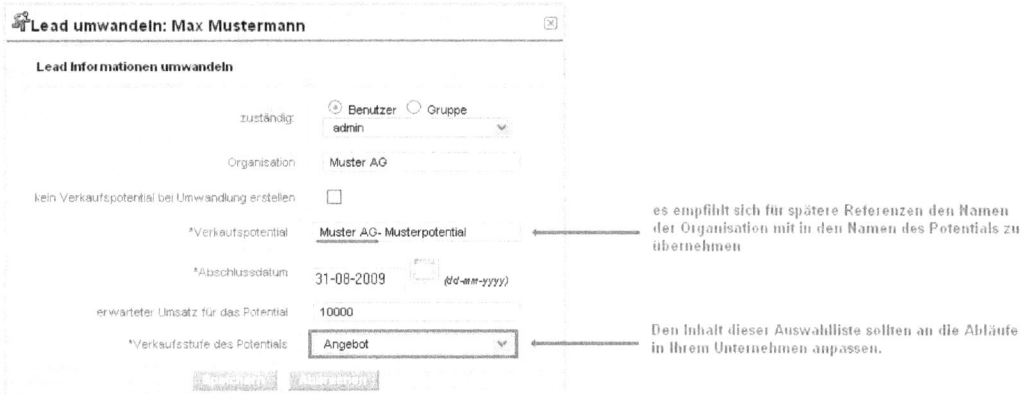

Abbildung 3-27: Lead Umwandeln

Während der Lead Umwandlung werden folgende Operationen automatisch im CRM ausgeführt:

1. Es wird ein Verkaufspotential angelegt.
2. Aus dem Lead werden die entsprechenden Daten entnommen dem Verkaufspotential zugeordnet und neue Einträge für eine Organisation und eine Person im CRM angelegt.
3. Der Lead wird gelöscht.

Eine Lead-Umwandlung kann nicht mehr rückgängig gemacht werden.

Die in der Abbildung 3-27 zu sehenden Eingabefelder haben die folgende Bedeutung:

Tabelle 3-9: Eingabefelder zur Leadumwandlung

Eingabefeld	Verwendung
Zuständig:	Hier geben Sie den Eigentümer der neu zu erzeugenden Einträge für das Verkaufspotential, der Organisation und der Person an.
Organisation:	Hier wird Ihnen der Name der zu erstellenden Organisation angezeigt. Die Information dazu kommt aus den Leadangaben.
Kein Verkaufspotential vor Umwandlung erstellen:	Sie können auch einen Lead in Einträge für Personen und Organisationen umwandeln, ohne dass ein Verkaufspotential erzeugt wird. Markieren Sie dafür die Checkbox „Kein Verkaufspotential vor Umwandlung erstellen". Das ist z.B. nützlich, wenn Sie nur Kontakte erfassen wollen, ohne das damit ein Geschäft verbunden ist.

CRM Administration

Eingabefeld	Verwendung
Verkaufspotential:	Hier geben Sie den Namen Ihres Verkaufspotentials an. Es ist sinnvoll, wenn dieser Name den Namen der Organisation enthält.
Abschlussdatum:	Geben Sie ein Datum an, zu dem das Verkaufspotential vermutlich zu einem Geschäft führt. Sie können das später ändern. Diese Angabe kann dann z.B. genutzt im CRM System genutzt werden, um einen Forecast zu erstellen.
Potential Betrag:	Hier können Sie den möglichen Umsatz für das kommende Geschäft vermerken.
Potential Verkaufsstufe:	Hier legen Sie die Verkaufsstufe fest, die für das neue Verkaufspotential gültig ist. Die Verkaufsstufen werden durch Ihren CRM Systemadministrator festgelegt.

Klicken Sie auf [**Speichern**], um die Umwandlung durchzuführen.

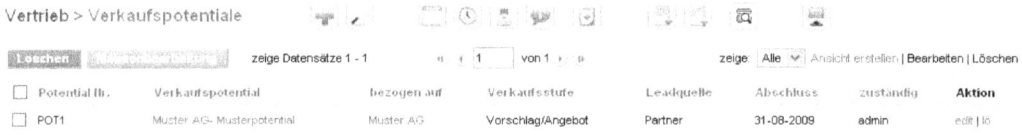

Abbildung 3-28: Verkaufspotentiale - Listenansicht

Danach öffnet sich das Eingabefenster der Organisation, der dieses Verkaufspotential zugeordnet wurde. Darin finden Sie jetzt unter dem [**Mehr Informationen**] Tab die entsprechenden Einträge mit einem Bezug auf die neuen Einträge im CRM für eine Person und dem Verkaufspotential.

Ihr neues Verkaufspotential ist dann ebenfalls in der Listenansicht der Verkaufspotentiale zu sehen, wie in Abbildung 3-28 dargestellt. Der Inhalt der Listenansicht ist frei konfigurierbar. Zusätzlich können diese Listen automatisch vom CRM System ausgewertet werden. Weitere Informationen dazu finden Sie im Kapitel *Mit Listen arbeiten*.

Listenansicht von Verkaufspotentialen verändern

Die Listenansicht der Verkaufspotentiale wird Ihnen im Menü [**Vertrieb**] > [**Verkaufspotentiale**] angeboten, wie in der Abbildung 3-28 gezeigt. Dieses Menü können Sie auch dazu nutzen, folgende Operationen auszuführen:

- **Verkaufspotentiale Löschen:** Markieren Sie die Verkaufspotentiale, die gelöscht werden sollen, und klicken Sie auf den [**Löschen**] Button.
- **Den Inhalt von mehreren Potentialen auf einmal ändern:** Markieren Sie die Verkaufspotentiale, bei denen Sie den Inhalt ändern wollen. Klicken Sie dann auf

[**Massenbearbeitung**]. Folgen Sie den Erklärungen aus dem Kapitel *Massenbearbeitung in Listen*.

- **Erzeuge, Ändere oder benutze Anzeigefilter:** Wie im Kapitel 3.1.1 *Mit Listen arbeiten* beschrieben, können Sie die Listenansicht selbst nach Ihren Anforderungen verändern.
- **Listen durchsuchen:** Wie im Kapitel 3.1.1 *Mit Listen arbeiten* erklärt, haben Sie auch vielfältige Möglichkeiten, Ihre Liste zu durchsuchen und dadurch die Anzahl der angezeigten Verkaufspotentiale zu reduzieren.

Detailansicht von Verkaufspotentialen nutzen

Sie können die Detailansicht von Verkaufspotentialen nutzen, um diese mit anderen CRM Einträgen zu verbinden. Klicken Sie dazu in der Detailansicht auf den Tab [**mehr Informationen**].

In diesem Menü können Sie:

- **Aktivitäten zum Verkaufspotential hinzufügen:** Sie können jede Aktivität einem Verkaufspotential hinzufügen.
- **Personen zum Verkaufspotential hinzufügen:** Sie können jede Person, die Sie im CRM angelegt haben, einem Verkaufspotential als Kontakt hinzufügen.
- **Produkte zum Verkaufspotential hinzufügen:** Sie können jedes Produkt oder Dienstleistung, die Sie im Produktkatalog erfasst haben, einem Verkaufspotential zuordnen.
- **Verkaufshistorie:** Das CRM zeigt Ihnen den Verlauf der Verkaufsstufen an.
- **Dokumente zum Verkaufspotential hinzufügen:** Hier können Sie jede Art von Datei zu einem Verkaufspotential im CRM ablegen.
- **Angebote:** Alle Angebote, die sich auf dieses Verkaufspotential beziehen, werden angezeigt. Sie können ebenfalls neue Angebote erstellen.
- **Kundenbestellungen:** Alle Kundenbestellungen, die sich auf dieses Verkaufs-potential beziehen, werden angezeigt. Sie können ebenfalls neue Bestellungen erfassen.
- **Aktivitätenhistorie:** Hier sehen Sie alle abgeschlossenen Aktivitäten in Bezug auf ein Verkaufspotential.

Darüber hinaus kann es noch weitere Menüs geben, wenn Ihr Systemadministrator Zusatzmodule installiert hat.

Sende E-Mails zu Personen in Bezug auf Verkaufspotentiale

Um eine E-Mail an eine Person zu senden, die unter der Detailansicht von Verkaufspotentialen gelistet worden ist, klicken Sie auf den Personennamen. Daraufhin öffnet sich die Detailansicht der Person. Verfahren Sie weiter, wie im Kapitel *E-Mails versenden* beschrieben.

CRM Administration

Sie können eine E-Mail auch an mehrere Empfänger gleichzeitig senden, indem Sie die Massen E-Mail Funktion benutzen, welche im Kapitel *Massen E-Mails* beschrieben worden ist.

Verbinde Verkaufspotentiale mit anderen CRM Angaben

Sie können Verkaufspotentiale mit anderen Einträgen im CRM verbinden. Dazu zählen z.B. Anrufe, Besprechungen, Aufgaben, Personen, Produkte, Anhänge, Bestellungen oder Angebote. Um eine solche logische Verbindung herzustellen, haben Sie im Prinzip zwei Wege:

1. Über die Detailansicht eines Verkaufspotentials:

Öffnen Sie die Detailansicht eines Verkaufspotentials und folgen Sie den Hinweisen aus dem Kapitel *Detailansicht von Verkaufspotentialen* nutzen.

2. Durch eine direkte Eingabe:

Klicken Sie auf [**Neues Ereignis**], [**Neue Aufgabe**], [**Neue Notiz**], [**Neues Angebot**] oder [**Neue Verkaufsbestellung**] im Eingabebereich des CRM Systems. Wählen Sie im Eingabefenster das entsprechende Verkaufspotential als Referenz. Die Information wird dadurch mit dem Verkaufspotential verbunden und ist dann auch in der Detailansicht eines Verkaufspotentials zu sehen.

3.2.3 Mit dem Support arbeiten

Das CRM System bietet Ihnen komfortable Möglichkeiten, Ihre Kundenbeziehung oder den erfolgreichen Abschluss eines Geschäftes über das **Support** Menü zu dokumentieren. Folgende Ziele können Sie mit dem Einsatz des **Support** Menüs erreichen:

- Tickets sind vor allem dazu da, Kundenwünsche, Anfragen, Störungen, Probleme, Meldungen usw. standardisiert zu erfassen, die eine Reaktion von Ihnen oder Ihrem Unternehmen erfordern. Sie können die aber auch für die Steuerung von Prozessen in Ihrem eigenem Unternehmen nutzen, um 'permanente' Aufgaben zu erfassen, die irgendwann mal erledigt werden müssen.
- Die Nutzer des CRM Systems können sich jederzeit und laufend über den Bearbeitungsstatus einer Anfrage erkundigen.
- Mitarbeiter verfügen über ein neues Hilfsmittel, um Anfragen und die Lösungsfindung zweckmäßig und rasch erledigen zu können.
- Die Anwender erhalten eine lückenlose Dokumentation und Übersicht aller erfassten Aktionen.
- Darüber hinaus können Sie häufig gestellte Fragen zu Ihrem Unternehmen, zu Ihren Produkten und Dienstleistungen oder zu anderen Belangen erfassen und standardisierte Antworten verfassen und bereitstellen.

Das **Support** Menü bietet Ihnen die Möglichkeit, für einzelne Servicefälle Tickets anzulegen und zu bearbeiten und verfügt über eine Wissensbasis für die Hinterlegung von Standardantworten und Standardlösungen oder Beschreibungen für Vorgänge oder Produkte.

Trouble Tickets

Ein Ticket ermöglicht Ihnen und Ihren Mitarbeitern, Wünsche, Störmeldungen oder sonstige Anfragen in einfacher und standardisierter Form abzugeben. Tickets werden im [**Support**] > [**Trouble Tickets**] Menü gelistet.

Ein Ticket ist so etwas wie eine „permanente Aufgabe" die erledigt werden muss, ohne das es dazu einen konkreten Zeitplan gibt. Folglich können Sie diese Ticket Funktion auch nutzen, um Ihre eigenen zeitlich unkonkreten Vorhaben zu erfassen.

Neue Tickets eingeben

Um ein neues Ticket anzulegen, öffnen Sie das [**Support**] > [**Trouble Tickets**] Menü, wie in Abbildung 3-29 gezeigt.

CRM Administration

Abbildung 3-29: Tickets - Listenansicht

Diese Listenansicht hat hier bereits zwei Beispieleinträge. Sie können auf das [**Lupen**] Icon klicken, um die Liste zu durchsuchen. Sie können in diesem Menü auch den Eigentümer eines Tickets ändern, Tickets löschen, die Ansicht durch eine Filterfunktion verändern oder die Ticket Informationen mit Vorlagen verbinden. Die entsprechenden Funktionen sind im Kapitel 3.1.1 *Mit Listen arbeiten* erläutert.

Klicken auf das ⁘ Icon, um ein neues Ticket anzulegen, wie in Abbildung 3-30 zu sehen.

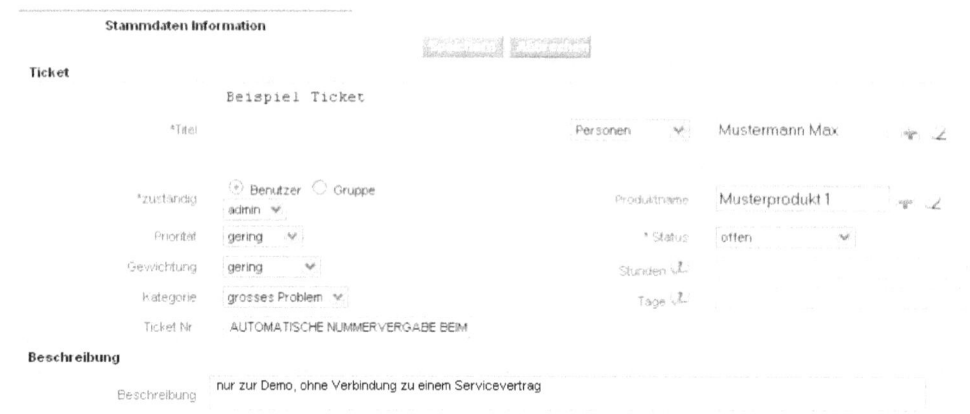

Abbildung 3-30: Ticket - Bearbeitungsansicht

Erfassen Sie so viele Informationen als möglich und gewichten Sie das Ticket nach Prioritäten, Status und Kategorien. Ihr CRM Systemadministrator kann zu einem Ticket weitere Eingabefelder hinzufügen oder den Inhalt der Auswahllisten ändern.

Im Einzelnen sollten Sie folgende Angaben machen:

Tabelle 3-10: Spezielle Standardangaben zu einem Ticket

Eingabefeld	Verwendung
zuständiger Benutzer:	Ordnen Sie das Ticket einem bestimmten Benutzer oder einer Gruppe zu.
Priorität, Schwierigkeitsgrad und Kategorie:	Ordnen Sie dem Ticket die entsprechenden Angaben zu. Das hilft Ihnen, z.B. die Reihenfolge der anstehenden Arbeiten festzulegen oder das Management zu informieren.
Titel:	Geben Sie dem Ticket eine eindeutige Bezeichnung.

CRM Administration

Eingabefeld	Verwendung
Personen, Organisationen:	Ordnen Sie das Ticket einer Person oder Organisation aus Ihren im CRM System erfassten Kontaktlisten zu.
Produktname:	Sie können ein Ticket direkt mit einer Dienstleistung oder einem Produkt aus Ihrem Katalog verbinden.
Status:	Ordnen Sie dem Ticket einen Status zu. Das ist eine Pflichtangabe, die z.B. im Kundenportal genutzt wird, um Tickets zu sortieren.
Stunden, Tage:	Diese Informationen werden durch das CRM automatisch ausgewertet, wenn Sie ein Ticket mit einem Servicevertrag verbinden. Entsprechend des hier vermerkten Zeitaufwandes, wird dann beim Servicevertrag die benötigte Gesamtzeit berechnet.

Wenn Sie das Kundenportal des CRM Systems benutzen wollen, müssen Sie darauf achten, welche Informationen im Portal angezeigt werden. Nur so können Sie sicher stellen, dass interne Informationen nicht zu Ihren Kunden gelangen.

Mit Tickets arbeiten

In der Abbildung 3-29 ist bereits ein Beispielticket eingetragen. Um mit diesen Tickets zu arbeiten, klicken Sie auf den Titel des Tickets. Es öffnet sich die Detailansicht des Tickets, wie in Abbildung 3-31 dargestellt.

Wenn Sie Tickets einer Person oder Organisation zuordnen, erzeugt das CRM automatisch eine E-Mail und sendet die Ticket Informationen zu der Kontaktadresse. Damit wird also Ihr Kontakt über dieses Ticket informiert. Das sollte bei der Formulierung des Ticket-Eintrages berücksichtigt werden, um zu vermeiden, dass interne Informationen ausgesendet werden. Um die Aussendung der E-Mail an den Kontakt zu unterbinden, können Sie bei einer Person oder einer Organisation die Versendung sperren. Aktivieren Sie dazu in der Bearbeitungsansicht einer Person oder Organisation das Eingabefeld "E-Mail Opt aus".

CRM Administration

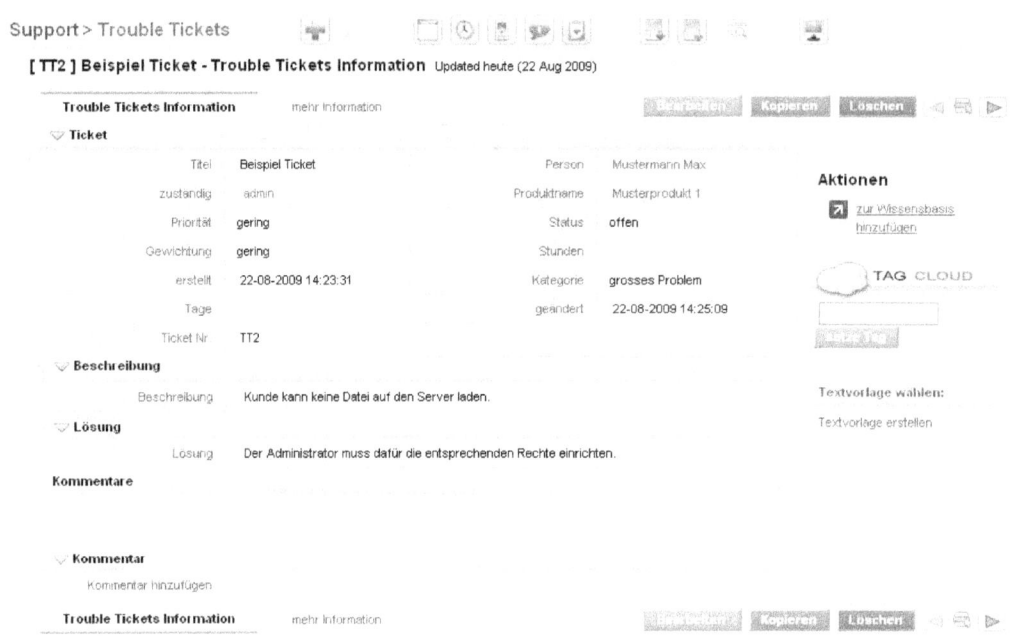

Abbildung 3-31: Ticket - Detailansicht - Stammdaten

In diesem Menü können Sie:

- **Tickets bearbeiten, kopieren oder löschen:** In der Bearbeitungsansicht können Sie oder Ihre Kollegen die Ticket Angaben verändern, Kommentare hinzufügen bzw. eine Lösung eintragen. Aber auch ohne die Bearbeitungsansicht können Sie das direkt in der Detailansicht tun. Bewegen Sie einfach Ihre Maus über das entsprechende Feld und klicken Sie auf die dann erscheinende Ausschrift [**Bearbeiten**].

Mit der Kopierfunktion erzeugen Sie eine identische Kopie eines Tickets. Das ist z.B. sinnvoll, wenn Sie ein Ticket in mehrere Tickets aufteilen wollen. Nutzen Sie die Löschfunktion nach Möglichkeit nur selten. In den meisten Fällen ist es sinnvoller, den Status eines Tickets zu verändern und das Ticket im CRM System zu behalten. Sie können dann später noch einmal darauf zurückgreifen.

- **Ticket zur Wissensbasis hinzufügen:** Mitunter bekommen Sie zahlreiche Kundenanfragen zu einem gleichen Thema. Diese Funktion erlaubt es Ihnen, ein Ticket in einen Eintrag in die Wissensbasis umzuwandeln, welche im nächsten Kapitel erläutert wird.
- **Tag hinzufügen:** Sie können diese Funktion benutzen, um z.B. um Ihre eigenen Prioritäten zu setzen.
  Weitere Informationen dazu finden Sie im Kapitel 3.1.2 *Tag Wolken*.
- **Ticket Information mit Vorlagen zusammenführen:** Sie können diese Funktion benutzen, um Ticket Informationen mit den vom CRM Administrator bereitgestellten Word Vorlagen zu verknüpfen.

Jedes Ticket kann durch mehrere Bearbeitungsschritte gehen und wird früher oder später geschlossen. Damit ist dann das Ticket erledigt und es sind keine weiteren Arbeitsschritte mehr nötig. Das CRM unterstützt Sie in diesem Prozess, indem die Arbeitsschritte als auch die Veränderungen nachvollziehbar bleiben.

In dem Kommentarbereich kann jeder CRM Nutzer mit der entsprechenden Berechtigung einen Kommentar zum Ticket ablegen. Das können z.B. Hinweise auf notwendige Bearbeitungsschritte oder interne Informationen sein. Diese Kommentare werden durch das CRM in ihrem zeitlichen Ablauf sortiert. Am Ende der „Lebensdauer" eines Tickets wird dann eine Lösung präsentiert.

Alle Veränderungen zu einem Ticket werden in der Ticket Historie wiedergegeben. Mit diesen Informationen können Sie herausfinden:

- Wer veränderte die Ticket Informationen?
- Welche Veränderungen wurden durchgeführt?
- Wann wurden diese Veränderungen gemacht?

Klicken Sie auf den [**Mehr Informationen**] Tab um die zu einem Ticket gehörenden Aktivitäten, Notizen oder Anhänge zu sehen oder zu verändern.

Wissensbasis (FAQ)

Eine Wissensbasis (FAQ) basiert auf einer einfachen Frage-Antwort Zusammenstellung. Diese können verschiedenen Kategorien zugeordnet werden. Nutzen Sie diese Möglichkeit, um z.B.

- Standardantworten für Service Fragen zu formulieren,
- Informationen über Ihre internen Geschäftsabläufe zu hinterlegen,
- Hinweise für Ihr Produkt oder Dienstleistungsangebot zu geben, u.v.a.m.

Die FAQ können Sie sowohl ausschließlich intern im CRM verwenden oder Teile davon freigeschalteten Kontakten im Kundenportal zur Ansicht anbieten. Sie finden die Wissensbasis im [**Support**] > [**Wissensbasis**] Menü. Klicken Sie auf das ▼ Icon oberhalb der Listenansicht, um einen neuen Eintrag in die Wissensbasis vorzunehmen. In der Abbildung 1-1 sehen Sie die Bearbeitungsansicht. Geben Sie hier eine Frage und eine Antwort dazu ein.

CRM Administration

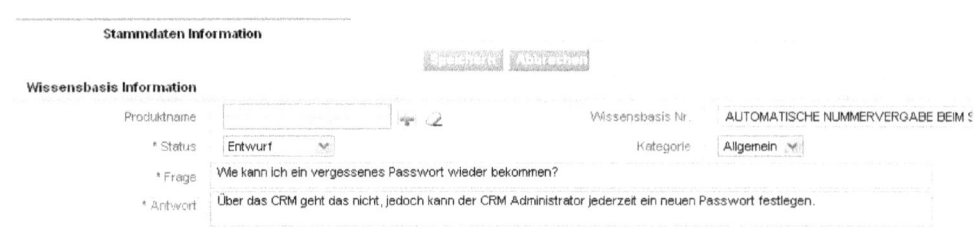

Abbildung 3-32: Neue Wissensbasis - Bearbeitungsansicht

Zusätzlich können Sie:

- die Wissensbasis mit einem Produkt oder einer Dienstleistung aus Ihrem Katalog verknüpfen,
- eine Kategorie zuordnen,
- den Status für einen Eintrag festlegen.

Die Wissensbasis wird auch im Kundenportal gezeigt. Sie können mit Hilfe des Status festlegen, welche Einträge aus der Wissensbasis im Kundenportal gezeigt werden. Nur Einträge mit dem Status „Veröffentlicht" werden im Kundenportal angezeigt.

CRM Administration

3.2.4 Berichte und Analysen

Im CRM System stehen mehrere Möglichkeiten bereit, Ihre Daten nach bestimmten Kriterien auszuwerten:

- **Cockpit:** Im sogenannten Cockpit werden automatisch Vertriebsdaten in ausgewählten Zeiträumen nach vorgegeben Kriterien zusammengefasst und graphisch dargestellt.
- **Berichte:** Unter Berichte können Zusammenfassungen von Informationen aus dem CRM System an Hand von vor- oder selbstdefinierten Vorlagen erzeugt werden.

Nutzen Sie diese Fähigkeiten des CRM Systems um sich schnell einen Überblick über die vorhandenen Daten zu verschaffen und daraus Schlussfolgerungen für die weitere Arbeit mit Kunden abzuleiten, Mailinglisten zusammen zu stellen, oder die CRM Arbeit der Mitarbeiter zu kontrollieren.

3.2.4.1 Cockpit

Das Cockpit erreichen Sie im **[Auswertung] > [Cockpit]** Menü. Das Cockpit zeigt Ihnen eine graphische Interpretation Ihrer Daten nach bestimmten Kriterien, wie in der Abbildung 3-33 zu sehen.

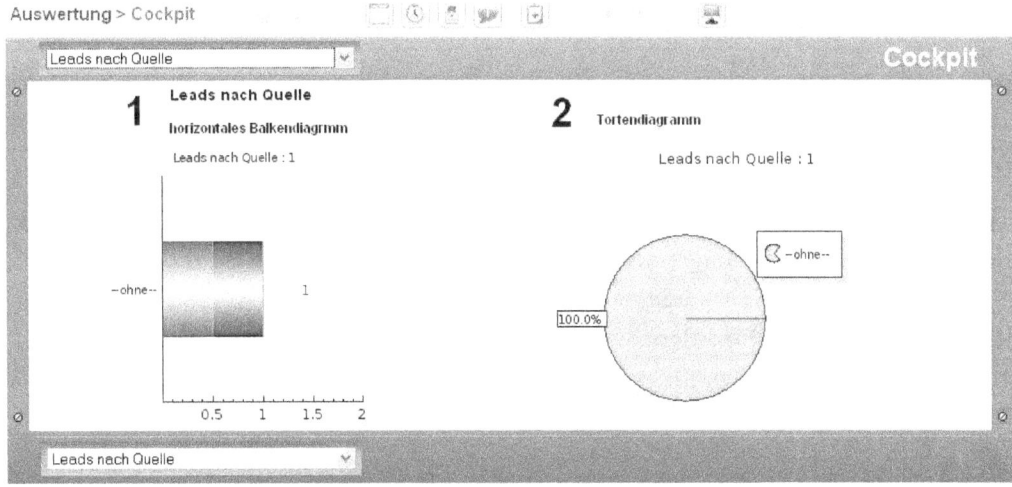

Abbildung 3-33: Cockpit

Sie können die Anzeige von **Cockpit Home** Ihren Bedürfnissen anpassen, indem Sie den Zeitraum als auch die Datentypen auswählen. Klicken Sie auf den Button [**Ändern**], um einen neuen Zeitraum oder neue Daten auszuwählen. Halten Sie die „Strg" bzw. „Ctrl" Taste auf Ihrer Tastatur gedrückt, um mehrere Datentypen gemeinsam auszuwählen.

CRM Administration

Bitte beachten Sie, dass die Anzeige von Ihnen initialisiert werden muss! Es werden immer nur die Daten angezeigt, die bei der letzten Aktualisierung im CRM System vorhanden waren. Klicken Sie auf [**Aktualisieren**], um die neuesten Daten anzuzeigen.

Der CRM Administrator kann die Verkaufsstufen, die Statusanzeigen als auch die Informationen zu Quellen Ihren Bedürfnissen anpassen.

3.2.4.2 Berichte

Unter dem Begriff „Berichte" werden Datensammlungen aller Art zusammengefasst, die aus den im CRM System gespeicherten Daten erstellt werden können. Sie sehen die Berichte im Menü [**Auswertung**] > [**Berichte**], wie in der Abbildung 3-16 zu sehen ist.

Abbildung 3-34: Berichte - Übersichtsseite

Berichte können Sie nutzen, um Geschäftdaten zusammen zu stellen, zu sehen was Sie oder Ihre Kollegen im CRM gemacht haben der auch um Mailinglisten oder Etiketten zu erstellen. Die Möglichkeiten sind fast unbegrenzt.
Sie können die vorhandenen Berichte nutzen, diese nach Ihren Bedürfnissen anpassen und neue Berichte erstellen. Das CRM System bietet Ihnen dafür einen Berichtsgenerator und einen Berichtsdesigner an.

Berichtsgenerator:

Mit Hilfe des Berichtsgenerators können Sie schnell und komfortabel Daten mit Hilfe vorgegebener Vorlagen zusammenfassen und als Bericht im PDF oder im Excel Format ausgeben. Diese können Sie dann ausdrucken oder auf Ihren Computer weiter verarbeiten.

Berichtsdesigner:

Der Berichtsdesigner erlaubt es Ihnen, selbst die Daten für Berichte zusammenzustellen, die Darstellung zu verändern und neue Vorlagen für den Berichtsgenerator zu erzeugen.

Das CRM System stellt schon eine große Auswahl von Berichtsvorlagen bereit, wie in der vorhergehenden Abbildung zu sehen ist. Jeder dieser Berichte ist in zwei Typen verfügbar:

Tabellarischer Bericht:
> Der tabellarische Bericht ist der einfachste und schnellste Weg, Ihre Daten zusammenfassend darzustellen.

Zusammenfassender Bericht:
> Im zusammenfassenden Bericht können Sie Summen aus Zahlenwerten in Ihrem Bericht bilden.

Im Folgenden wird erläutert, wie Sie vom CRM System vorgegebene Berichte an Ihre Anforderungen anpassen können oder wie Sie selbst neue Berichtsordner erstellen können.

Bearbeite Berichte

Um einen vorhandenen Bericht zu verändern, klicken Sie auf einen **Berichtsnamen**. Ein neues Fenster öffnet sich, welches die Details zu diesem Bericht anzeigt und Ihnen die Möglichkeit gibt, die Kriterien zur Berichtserstellung zu verändern.

Permanente Berichtsänderungen
Wenn Sie auf den Button **[Bericht anpassen]** klicken, wie in der Abbildung 3-35 als I gezeigt, können Sie einen Bericht ändern und diese Änderungen werden dauerhaft gespeichert.

Sie können folgende Parameter in einem Bericht ändern:

- Welche Module sollen Daten für einen Bericht liefern?
- Soll eine tabellarischer oder ein zusammenfassender Bericht erstellt werden?
- Welche Daten sollen in den einzelnen Spalten im Bericht vorhanden sein?
- Sollen Daten in Gruppen zusammengefasst werden?
- Sollen Berechnungen mit Zahlenangaben durchgeführt werden?
- Welche Filter soll es für die Daten geben?
- Welcher CRM Nutzer darf diesen Bericht sehen?
- Wollen Sie eine automatische Berichtserstellung und Versendung per E-Mail?

Die Möglichkeiten werden nachfolgend noch näher an einem Beispiel erläutert.

CRM Administration

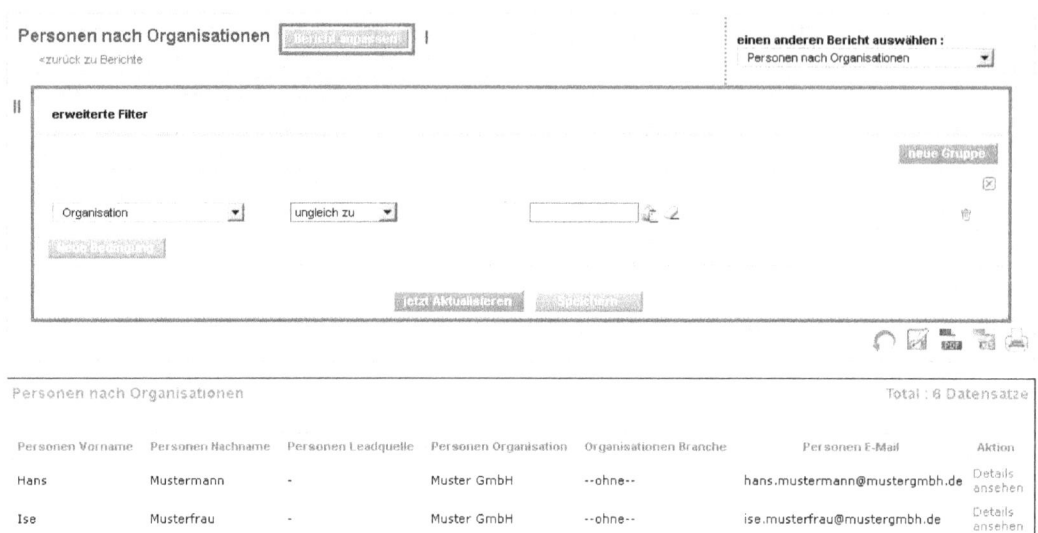

Abbildung 3-35: Bericht - Detailansicht

Temporäre Berichtsänderungen

Wenn Sie einen Bericht nicht permanent ändern wollen, aber für einen vorhandenen Bericht andere Filterkriterien setzen wollen, so können sie das in dem Menü aus der Abbildung 3-35 in dem Bereich der durch II gekennzeichnet wurde machen.

In diesem Menübereich, können Sie logische Bedingungen als Filter setzen und diese mit einer logischen UND oder ODER Verknüpfung verbinden.

Darüber hinaus, können Sie Gruppen von Bedingungen erzeugen und die ebenfalls mit einer logischen UND oder ODER Verknüpfung verbinden. Die nachfolgende Abbildung 3-36 soll das demonstrieren.

Abbildung 3-36: Bericht - Filterbeispiel

In der Abbildung wurde der Filter so eingestellt, dass im Ergebnis nur die Personen angezeigt werden, die als Organisationsnamen *die Muster GmbH* oder die *Muster AG* eingetragen haben. Zusätzlich werden in der Muster GmbH nur die Personen ausgewählt, welche als Funktion *Geschäftsführer* eingetragen haben. Aus der Muster AG werden alle Personen gelistet.

Klicken Sie **[Aktualisieren]**, um den Bericht mit Ihren neuen Filtern neu zu erstellen. Wollen Sie die neuen Filterkriterien permanent für Ihren Bericht setzen, klicken Sie **[Speichern]**.

Erstelle Berichte

Die Anpassung eines Berichts kann eine relativ komplexe Aufgabe sein, wenn viele Kriterien und Filter benutzt werden sollen. Es ist deshalb zweckmäßig, mit einem einfachen Bericht zu beginnen. Schrittweise sollten dann zusätzliche Kriterien eingeführt und systematisch die Zwischenergebnisse überprüft werden, bis der gewünschte Inhalt in einem Bericht angezeigt wird.

An Hand eines Beispiels werden im Folgenden die verschiedenen Möglichkeiten für einen speziellen Bericht erläutert. Sinngemäß können diese auch für andere Berichte angewendet werden.

Um einen neuen Bericht zu erzeugen, klicken Sie auf das ▼ Icon, wie in der Abbildung 3-34 zu sehen.

Das sich öffnende Eingabefenster zeigt Ihnen die Anweisungen für die nächsten Schritte, wie in der Abbildung 3-37 zu sehen. Folgen Sie diesen Anweisungen.

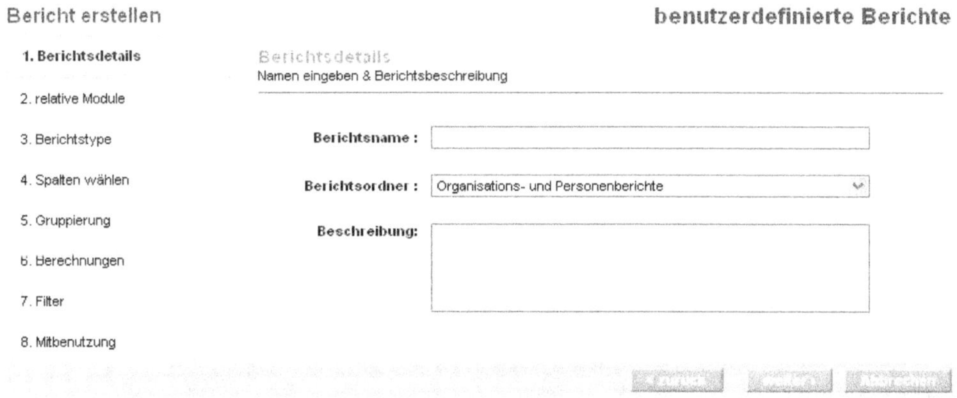

Abbildung 3-37: Neuer Bericht - Details

Als Erstes werden Sie nach dem CRM Modul gefragt, für das Sie den Bericht erzeugen wollen. Basierend auf Ihrer Auswahl werden dann alle Felder angezeigt, die für einen solchen Bericht zur Verfügung stehen.

Nachdem Sie Ihren Bericht zusammengestellt haben, klicken Sie auf **[Weiter]** um Ihre Angaben zu sichern und den Berichtsgenerator aufzurufen. Daraufhin

- sehen Sie die Berichtsergebnisse auf dem Bildschirm,
- können Sie den Bericht als Excel oder PDF Datei exportieren und
- können Sie den Bericht ausdrucken.

Berichtsordner erstellen

Um einen neuen Ordner zu erstellen, in dem Sie Berichte ablegen können, klicken Sie auf das Icon **[Berichtsordner erstellen]**, welches in der Abbildung 3-34 zu sehen ist. In dem sich öffnenden Fenster geben Sie dem Ordner einen Namen und fügen unbedingt eine kurze Beschreibung hinzu.

Klicken Sie auf **[Speichern]**, um den Ordner im CRM anzulegen. Sie sollten so einen selbst erzeugten Berichtsordner z.B. dafür nutzen, um angepasste Berichte abzuspeichern. Der neue Ordner wird im **[Auswertung] > [Berichte]** Menü angezeigt.

Das CRM System kontrolliert ggw. noch nicht, ob für Ihre PDF Ausgabe genügend Platz vorhanden ist. Wenn Sie für Ihren Bericht zu viele Spalten auswählen, kann es vorkommen, dass der PDF Export nicht zufriedenstellend ist.

Sie können jeden Bericht in Ihrem eigenen Ordner ablegen. Erzeugen Sie dazu einen neuen Bericht und wählen Sie im ersten Schritt Ihren Ordner als Zielordner für den Bericht aus.

Im **[Auswertung] > [Berichte]** Menü können Sie Ihren eigenen Bericht auch löschen oder verschieben, indem Sie auf die entsprechenden Buttons oder Icons klicken.

3.2.5 Synchronisierung des CRM in der Büroumgebung

Das CRM System unterstützt eine ganze Reihe von Programmen, welche die Funktionalität Ihrer Büroumgebung verbessern, indem Ihr Rechner mit dem CRM verbunden wird.

Thunderbird Erweiterung

Der E-Mail Client Thunderbird ist ein Programm zum Verwalten von E-Mails und Adressbeständen, welches auf verschiedenen Computerbetriebssystemen läuft. Wenn Sie diesen E-Mail Client benutzen, können Sie mit Hilfe des zur Verfügung gestellten Erweiterungsmoduls die dort verwalteten E-Mails und Adressen mit dem CRM System synchronisieren:

- Sie können in Thunderbird vorhandene E-Mails an das CRM System übertragen und dort personenbezogen abspeichern. Zuvor können diese von Ihnen bei Bedarf noch bearbeitet werden.
- Sie können Kontakte aus dem Thunderbird Adressbuch an das CRM übertragen.
- Sie können Kontakte aus dem CRM System in das Thunderbird Adressbuch übernehmen.

Voraussetzung ist, dass Sie die Thunderbird Erweiterung auf Ihrem Computer installieren. Weitere Informationen finden Sie im speziellen Handbuch zur Thunderbird Erweiterung, siehe Anhang B.

Outlook Plugin

Die im CRM System gespeicherten Daten können mit Ihren MS Outlook Dateien synchronisiert werden:

- Sie können in Outlook vorhandene E-Mails an das CRM System übertragen und personenbezogen abspeichern.
- Sie können alle Kontaktdaten zwischen Outlook und dem CRM System synchronisieren.
- Sie können Kalendereinträge zwischen Outlook und dem CRM System synchronisieren.
- Sie können Aufgaben zwischen Outlook und dem CRM System synchronisieren.
- Sie können Notizen zwischen Outlook und dem CRM System synchronisieren.

Voraussetzung ist, dass Sie das Outlook Plugin auf Ihrem Computer installieren. Weitere Informationen finden Sie im speziellen Handbuch zum Outlook Plugin, siehe Anhang B.

3.3 Häufig gestellte Fragen von CRM Nutzern

In diesem Kapitel werden Fragen beantwortet, welche von CRM Nutzern häufig gestellt werden und die sich nicht einem bestimmten Thema aus diesem Handbuch zuordnen lassen.

Warum sollte ich mit Browser Tabs in den Listenansichten arbeiten?

In der Regel werden im Laufe der Zeit die Listen von Kontakten, Terminen usw. im CRM immer länger. Lässt man sich dann eine Liste anzeigen und geht auf Seite 3 um dort einen Eintrag zu bearbeiten, so sollte man die Möglichkeiten des Browsers nutzen mit Tabs zu arbeiten. Ein rechter Mausklick auf den Eintrag gibt Ihnen die Möglichkeit diesen Eintrag in einem neuen Tab (Registerkarte) zu öffnen und zu bearbeiten. Wenn man fertig ist, schließt man den Tab und man ist zurück in der Liste an der Stelle, wo man den Tab geöffnet hatte und kann dort weiter arbeiten. Das liest sich komplizierter als es ist, probieren Sie es einfach mal.

Warum ist es wichtig, zwischen Ereignissen und Aufgaben zu unterscheiden?

Das CRM unterscheidet zwischen Ereignissen (Anruf, Meeting, bzw. Ihre eigenen Ereignistypen) und Aufgaben. Beide Typen werden durch unterschiedliche Funktionen unterstützt. So sieht man Aufgaben z.B. nicht in der Standardkalenderansicht. Auch wenn Sie der Meinung sind, dass Sie die Aufgabe haben jemanden anzurufen, so ist das für das CRM keine Aufgabe. Ein geplanter Anruf sollte deshalb immer auch als Anruf in das CRM eingetragen werden.

Welche HTML Tags sind für E-Mail Vorlagen geeignet?

Sie können jeden HTML Tag benutzen. Zur Erstellung einer Vorlage können Sie praktisch jeden HTML Editor nutzen. Jedoch ist der HTML Code, den Sie nach der Verwendung von MS Word erhalten nicht geeignet, sobald Sie Formatierungen vornehmen, die vom HTML Editor des CRM Systems nicht unterstützt werden.

Warum sollten Nutzer keine Administratorrechte bekommen?

Im CRM können Nutzern auch Administrator Rechte zugewiesen werden. Das scheint eine bequeme Lösung zu sein, wenn man öfter mal die Einstellungen im CRM ändern möchte. Jedoch ist für die tägliche Arbeit davon abzuraten. Ein Nutzer mit Administrator Rechten sieht immer alles. Das bezieht sich auch auf Eingabefelder oder Auswahllisteneinträge die Sie ausgeblendet haben wollen. Das CRM verhält sich also für einen Nutzer ohne Administrator Rechten anders. Um schnell zwischen Administrator und Nutzer umschalten zu können, benutzen Sie am besten zwei Browser, einen für den admin und einen für den Nutzerzugang.

Welches ist das beste Format für Fax- oder Telefonnummernangaben im CRM?

In den CRM Eingabefeldern für Telefonnummern kann man eine beliebige Zeichenfolge eintragen, aber es ist zu empfehlen, sich an Standards zu halten, um ggf. auch eine Synchronisation mit Endgeräten (wie z.B. Handy) oder eine automatische Wahl (z.B. über Skype) ausführen zu können. Es wird empfohlen folgende Hinweise zu beachten:

- Geben Sie alle Telefonnummern in einem einheitlichen Format an. Schreiben Sie keinen Text in die Eingabefelder für Telefonnummern.
- Die Schreibweise von Telefonnummern regelt in Deutschland die DIN 5008. Demnach werden Telefonnummern nicht mehr (wie es bis 2001 vorgeschrieben war) in Blöcken zu je zwei Ziffern notiert, auch Klammern und Schrägstriche zur Abtrennung der Telefonvorwahl sind nicht mehr vorgesehen. Stattdessen werden Telefonnummern funktionsbezogen durch Leerzeichen gegliedert. Bei Anlagenanschlüssen wird die Durchwahl durch einen Bindestrich abgesetzt, die internationale Telefonvorwahl beginnt stets mit einem Pluszeichen (siehe nächsten Punkt).
- Geben Sie internationale Nummern mit führenden Nullen (also OO) an und benutzen Sie nicht das + Zeichen, wenn Sie Ihre Kontakte mit mobilen Endgeräten z.B. über Outlook synchronisieren wollen. Es könnte sonst u.U. (abhängig vom Typ bzw. Modell Ihres mobilen Endgerätes) zum Verlust des + Zeichens bei der Synchronisation kommen, wodurch eine automatische Wahl nicht mehr möglich ist. Dieses Problem wurde von einigen Kunden berichtet und wird durch die Synchronisationssoftware der mobilen Endgeräte, welche sich nicht an die DIN Norm halten verursacht.

Wie kann ich jemanden bequem über einen bestimmten CRM Eintrag informieren?

Eine häufig nicht erkannte CRM Funktion ist das Weiterleiten von Links in E-Mail oder Chats. Da jeder CRM Eintrag eine eigene URL hat, braucht man nur diesen Eintrag im CRM in der Detailansicht öffnen und die URL aus dem Browser kopieren um einen eindeutigen Verweis auf einen Datensatz zu bekommen. Dann sind z.B. folgende E-Mails möglich:

> Lieber Klaus,
> schau Dir das <URL zum CRM Eintrag> mal an und lasse mich wissen, wie es Dir gefällt.

Der Empfänger braucht dann nur auf den URL Link klicken um zu dem CRM Eintrag zu kommen und muss dazu natürlich als CRM Nutzer in das CRM eingeloggt sein.

CRM Administration

Wie kann ich eine Preisliste ausdrucken?

Einige CRM Nutzer möchten aus Ihren hinterlegten Produkten gerne druckbare Preislisten generieren. Nachfolgend mal ein möglicher Ansatz dazu:

- Man erweiterte seine Produkt-Daten um ein benutzerdefiniertes Feld, der Name könnte „Produktliste" lauten.
- Das Feld könnte vom Typ „Multi-Auswahl Box" sein, damit man die Preislisten nach Bereichen selektieren kann, aber ein Produkt auch in mehreren Preislisten auftauchen kann. Anschließend können die gewünschten Artikel in eine oder mehrere Produktlisten aufgenommen werden.
- Hat man diese Vorarbeit geleistet, kann man über **[Auswertung] > [Berichte]** nun die zu druckenden Preislisten generieren.
- Bei der Definition der Berichte muss man nun lediglich die Filter-Regel passend setzen, damit nur die entsprechenden Produkte auf der Liste landen.
- Die generierten Berichte können – wie immer – angezeigt, exportiert (PDF, Excel) oder gedruckt werden.

Ich habe meine Logindaten vergessen. Wie kann ich mein Passwort wieder bekommen?

Das geht nicht! Alle Passwörter werden verschlüsselt gespeichert und können nicht wieder hergestellt werden. Ein CRM Administrator kann aber neue Zugangsdaten für die anderen CRM Nutzer vergeben.

Wie kann ich meine E-Mail Signatur gestalten?

Sie können HTML Tags benutzen. Wenn Sie ein Logo in Ihrer Signatur haben wollen, können Sie ein Bild einbinden. Dieses muss im Internet über die angegebene URL erreichbar sein.

Warum sollten Rechnungen nie gelöscht werden?

In Deutschland verlangt das Finanzamt, dass Rechnungen fortlaufend nummeriert sind. Auch wenn das CRM Ihnen erlaubt Rechnungen zu löschen, sollten Sie das aber nur in Ausnahmefällen tun. Das CRM erlaubt Ihnen nämlich nicht, die Rechnungsnummer für die gelöschte Rechnung noch einmal zu verwenden. An Stelle des Löschens sollten Sie deshalb für den Kunden eine Gutschrift in Höhe der Rechnung erstellen. Das hat noch den angenehmen Nebeneffekt, dass die Anzahl der Artikel in Ihrer Lagerhaltung entsprechend korrigiert wird.

Wie kann das Sekretariat einen Kalendereintrag in den Kalender des Chefs machen?

In der Regel wird das Sekretariat in der Rollenhierarchie dem Chef untergeordnet. Folglich kann das Sekretariat keinen direkten Eintrag in den Kalender des Chefs machen. Um das trotzdem zu ermöglichen, empfiehlt sich folgende Vorgehensweise:

- Erzeugen Sie eine Gruppe, z.B. 'SekAnChef' mit den Sekretariatsnutzern und dem Chef als Mitglied.
- Wenn das Sekretariat nun einen Eintrag für den Chef in dessen Kalender machen will, wird in der Bearbeitungsansicht des Kalendereintrages dieser Eintrag der Gruppe zugeordnet. Danach wird der Eintrag im Kalender des Sekretariats und des Chefs zu sehen sein.

Wie kann ich Etiketten ausdrucken?

Für den Druck von Etiketten für Adresslabels, Namensschilder o.ä. nutzt mach am besten Standardvorlagen, wie sie z.B. von der Firma Avery für MS Word bereitgestellt werden. Dazu gibt es auch kostenlose Programme, die z.B. aus einer Excel Datei diese Vorlagen für den Druck füllen können.

Im CRM erstellt man die Excel Datei im Menü Berichte indem man einen neuen Bericht verfasst, der alle Adressinformationen enthält. Alternativ kann auch die kommerzielle CRM Word Connector Erweiterung benutzt werden, siehe Anhang B.

4 Administrative Aufgaben

Dieser Teil befasst sich mit der Konfiguration und der Anpassung des CRM Systems an die betrieblichen Bedürfnisse. Die angebotenen Funktionen stehen nur Nutzern zur Verfügung, denen Administratorrechte zugeordnet worden sind.

Es ist natürlich wichtig, dass ein CRM Systemadministrator in der Lage ist, das CRM System so zu konfigurieren, dass es die beabsichtigten Funktionen in Übereinstimmung mit den Geschäftsabläufen im Unternehmen bereitstellt. Jeder erfahrene CRM Administrator weiß, dass es notwendig ist, dazu die Funktionen des CRM genau zu kennen, es aber genauso wichtig ist, Kenntnisse über die grundlegenden Prinzipien zu haben. Aus diesem Grund werden in den folgenden Kapiteln nicht nur die CRM Funktionen zur Administration erläutert, sondern auch kurze Einführungen in das Prinzip der rollenbasierten Rechtevergabe und anderen administratorspezifischen Grundlagen gegeben.

4.1 Grundlagen zur rollenbasierten Rechteverwaltung

Mit der neuesten CRM Version wurde eine rollenbasierte Rechteverwaltung (role based security) eingeführt. Mit Hilfe dieser Rechteverwaltung werden die Rechte der einzelnen Nutzer für den Zugang zu Daten, als auch für die Möglichkeit, Daten zu verändern oder zu löschen, gesteuert und kontrolliert. Das ist eine signifikante Verbesserung, die das CRM System flexibler macht und hervorragende Möglichkeiten schafft, es effektiv sowohl in kleinen als auch größeren Unternehmen einzusetzen.

Dieses Kapitel erläutert die Grundlagen für die Rechtevergabe im CRM System. Es erklärt die notwendigen Überlegungen, die ein CRM Administrator machen sollte, bevor mit dem Einrichten von Nutzern des CRM Systems begonnen wird.

Die nachfolgenden Kapitel erklären das Prinzip der rollenbasierten Rechteverwaltung, wie es im CRM System implementiert wurde und berücksichtigen die Abhängigkeiten zu anderen Sicherheitseinstellungen.

4.1.1 Einführung zur Rechteverwaltung

Das CRM System basiert auf einer modernen Rechteverwaltung, welche das Prinzip von Rollen benutzt, wie es auch zur Rechteverwaltung in heutigen fortgeschrittenen Computer Betriebssystemen zum Einsatz kommt.

> Rollenbasierte Rechteverwaltung dient der Beschreibung und der Durchsetzung einer unternehmensweiten Rechteverwaltung, die sich harmonisch in die Unternehmensstruktur einfügen kann.

Die rollenbasierte Rechteverwaltung (auch häufig als rollenbasierte Zugangskontrolle bezeichnet) baut auf der Voraussetzung auf, dass Nutzer authentifiziert d.h. eindeutig identifiziert werden. Nach einer Authentifizierung werden Nutzern Rollen und damit verbundene Rechte zugewiesen.
Rollenbasierte Rechteverwaltung ist heutzutage das dominierende Prinzip zur Zugangskontrolle in vielen Computersystemen und -anwendungen, da es die Komplexität und die Kosten der Administration von Rechten bedeutend verringert.

Auch wenn es für kleinste und kleine Unternehmen nicht unbedingt erforderlich ist, kann eine Abbildung von komplexen Unternehmensstrukturen mit einer fein abgestuften Rechtevergabe vorgenommen werden. Das ist z.B. vorteilhaft, wenn mehrere Vertriebsteams im Einsatz sind, in denen die verschiedenen Personen mit unterschiedlichen Zugangsrechten zu den CRM Daten ausgestattet werden sollen.
Rollenbasierte Rechteverwaltung im CRM ist vor allem für solche Unternehmen vorteilhaft anzuwenden, die:

- eine größere Anzahl von Nutzern gleichzeitig mit dem CRM System arbeiten lassen wollen,
- Nutzerrechte für den Zugang auf Daten beschränken wollen oder
- eine hierarchische Unternehmensstruktur im CRM System abgebildet haben wollen.

Obwohl rollenbasierte Sicherheit nicht in erster Linie dazu entwickelt wurde, um firmeninterne Informationen gegen einen unberechtigten Zugang zu schützen, hat dieses Prinzip sich doch als Hilfsmittel bewährt, um unternehmensweit Richtlinien zum Umgang mit vertraulichen Informationen durchzusetzen.

4.1.2 Begriffsdefinitionen für die Rechteverwaltung

Benutzertypen

Das CRM unterscheidet zwei Benutzertypen:

- Standardnutzer
- Administratoren

CRM Administration

Die Rechte der Standardnutzer sind im CRM darauf beschränkt, Datensätze anzulegen, zu verändern und zu löschen und nutzerspezifische Einstellungen vorzunehmen.

Administratoren haben die Möglichkeit, die gesamte CRM Software zu managen. Dazu zählt:

- das Management der Standardnutzer, der Nutzergruppen und deren Rechte.
- die unternehmensweite Anpassung der CRM Bedienoberfläche.
- die Möglichkeit, Vorlagen zu erzeugen und vorzugeben.
- die Möglichkeit, unternehmensweite Vorgaben zu setzen.
- die Berechtigung, Nutzer auszuschließen, Zugangsdaten von Nutzern zu ändern und die Login Historie einzusehen.
- die Berechtigung, alle nutzerspezifischen Einträge zu sehen oder zu verändern.

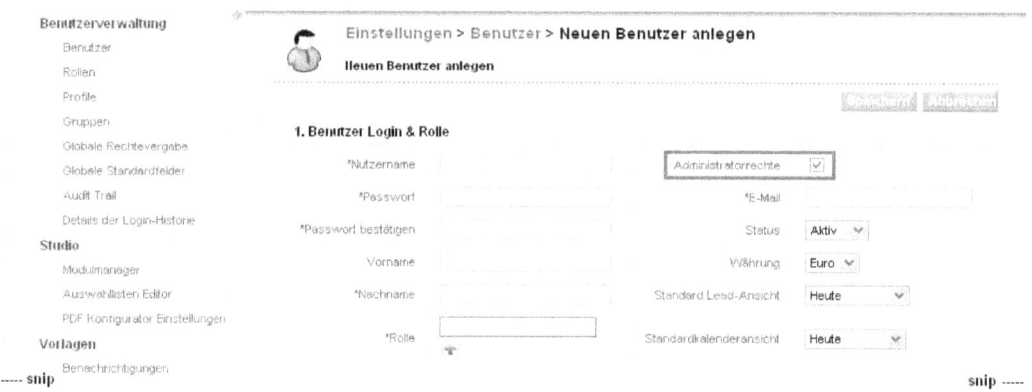

Abbildung 4-1: Administrator Funktion für Nutzer freischalten

In der Abbildung 4-1 sehen Sie die Bearbeitungsansicht von Nutzerdaten, wie diese im CRM durch die Managementfunktionen bereitgestellt wird. Durch das Markieren der **Administratorrechte** Checkbox kann jedem Nutzer die Privilegien eines Administrators zugewiesen werden.

Nutzer mit Administratorrechten haben immer uneingeschränkte Rechte im CRM System. Sie dürfen auf alle Datensätze zugreifen und sehen auch Eingabefelder, die für andere Nutzer verborgen bleiben sollen. Sie sollten deshalb Nutzern nur in Ausnahmefällen Administratorrechte geben.

Definition von Rollen

Das Prinzip der rollenbasierten Sicherheit beruht darauf, dass alle Privilegien in Rollen zusammengefasst werden, die dann einem Standardnutzer zugewiesen werden. Jede Rolle basiert auf einem oder mehreren Profilen. Man könnte Rollen auch als Arbeitsaufgaben in einem Unternehmen auffassen, die den einzelnen CRM Nutzern zugewiesen werden.

Die auf Rollen basierte Administration der Rechtevergabe im CRM hat die Aufgabe festzulegen, welche Rechte für die Ausführung einer bestimmten Arbeitsaufgabe notwendig sind und muss diese dann einem oder mehreren Nutzern zuweisen.
Üblicher Weise werden mehrere Rollen hierarchisch in Übereinstimmung mit der Unternehmensstruktur definiert. Dadurch ist es möglich, die Komplexität der Beziehungen in einem Unternehmen und die damit verbundenen unterschiedlichen Anforderungen an die Rechtevergabe überschaubar zu administrieren.

Durch unterschiedliche Rollen kann man die Rechte eines CRM Nutzers schnell anderen Arbeitsaufgaben anpassen, da die Privilegien nicht einer Person gegeben werden, sondern bezogen auf eine Arbeitsaufgabe festgelegt sind. Ändern sich Arbeitsabläufe im Unternehmen, werden Rollen neu definiert, ohne dass man die individuellen Rechte der einzelnen Nutzer managen muss.

Jedem CRM Nutzer muss eine Rolle zugewiesen werden. Jede Rolle basiert auf wenigstens einem Profil.

Darüber hinaus kann man individuellen Personen durchaus mehrere Rollen zuordnen. Das ist z.B. sinnvoll, wenn eine Person mehrere Funktionen im Unternehmen hat. Beispielsweise könnte ein „Herr Müller" gleichzeitig der Leiter des Vertriebes sein, und auch den Job des CRM Systemadministrators übernommen haben. Um einer Person mehrere Rollen zu geben, muss für jede dieser Rollen ein Nutzer angelegt werden. Wenn dann „Herr Müller" für den Vertrieb arbeitet, loggt er sich als Leiter des Vertriebes ein, wenn er das CRM System betreuen will, loggt er sich als Administrator ein. Dabei ist es durchaus möglich, für beide Logins das gleiche Passwort zu benutzen.

Definition von Profilen

Profile geben den Rollen Privilegien. Diese sind notwendig, um bestimmte CRM Funktionen auszuführen. Das geschieht unabhängig von konkreten Nutzern. Funktional bedeutet das, dass die Profile die Aktionen repräsentieren, die mit Rollen verbunden sind, die dann wiederum bestimmten Nutzern zugeordnet werden.

Die Beziehungen zwischen Nutzern, Rollen und Profilen ist in der Abbildung 4-2 dargestellt. Wie zu sehen ist, sind diese Beziehungen vielfältig miteinander verknüpft. So kann z.B. eine Person über mehrere Logins verschiedene Rollen innehaben, eine Rolle

CRM Administration

wiederum kann mehreren Nutzern zugewiesen werden. Rollen können für verschiedene Arbeitsaufgaben im Unternehmen stehen. So kann z.B. eine vertriebsbezogene Rolle zu einem Vertriebsmitarbeiter und eine andere Rolle zu seinem Assistenten definiert werden.

Die Profile, die einer Rolle zugeordnet sind, geben dem Inhaber der Rolle bestimmte Möglichkeiten das CRM zu nutzen. Das könnte z.B. heißen, dass ein Vertriebsmitarbeiter neue Stammdatensätze anlegen, diese verändern und auch löschen kann. Der Assistent hat jedoch nur die Möglichkeit sich die im CRM vorliegenden Vertriebsinformationen anzusehen.

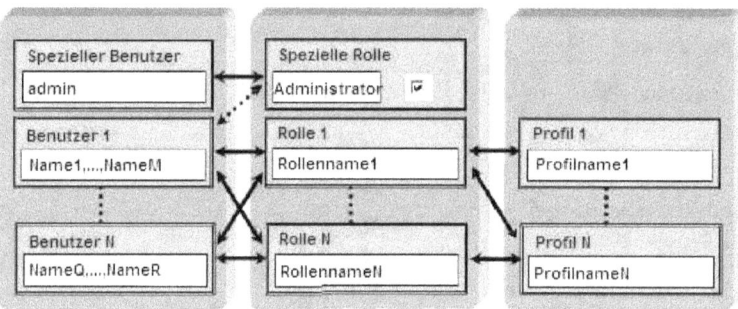

Abbildung 4-2: Beziehungen zwischen Benutzer, Rollen und Profile

Die Verbindung von Profilen und Rollen in einem Unternehmen kann in Übereinstimmung mit selbst auferlegten Regeln erfolgen. Profile können dafür so definiert werden, dass sie firmeninterne Regeln demonstrieren und deren Einhaltung durchsetzen. Z.B. können Assistenten davon abgehalten werden, selbst die Stammdaten von Kunden zu verändern, da das im Unternehmen nicht üblich ist.

Die auf Profilen beruhenden Privilegien werden durch den CRM Administrator festgelegt. Das CRM System unterscheidet zwischen den folgenden Privilegien das Recht:

- ✓ bestimmte CRM Module zu benutzen.
- ✓ Daten in bestimmten CRM Modulen zu sehen.
- ✓ Daten in bestimmten CRM Modulen zu verändern oder Einträge zu erzeugen.
- ✓ Daten in bestimmten CRM Modulen zu löschen.
- ✓ Daten in bestimmten CRM Modulen zu exportieren.
- ✓ Daten in bestimmten CRM Modulen zu importieren.

Das CRM System überwacht diese Privilegien und stellt sicher, dass nur solche Operationen ausgeführt werden können, für die ein Nutzer auch die Rechte zugewiesen bekommen hat.

CRM Administration

Bitte beachten Sie die folgenden Regeln:

- Spezielle Privilegien sind globalen oder allgemeinen Privilegien übergeordnet.
- Der Entzug von Privilegien überschreibt immer schon erteilte Privilegien
- Darüber hinaus gibt es weitere Regeln, die im Folgenden beschrieben werden.

Dabei unterscheidet das CRM System folgende Privilegientypen:

Tabelle 4-1: Privilegientypen

Privilegientyp	Bedeutung
Übergeordnete Nutzerprivilegien:	Wenn Sie ein Profil erzeugen, gestatten diese globalen Privilegien, zu entscheiden, ob das allgemeine Privileg, alle Daten und CRM Module zu sehen und zu editieren, vergeben werden soll. • **Alle ansehen:** Ein Nutzer mit einer Rolle, die auf diesem Profil beruht kann alle Daten in der Organisation sehen. • **Alle Bearbeiten:** Ein Nutzer mit einer Rolle, die auf diesem Profil beruht kann alle Daten in der Organisation bearbeiten. Übergeordnete Nutzerprivilegien in einem Profil überschreiben die Rechte, die individuelle Privilegien vergeben. Wenn z.B. der Zugang zu den Verkaufspotentialen durch die individuellen Tab/Modul Privilegien gesperrt worden ist, kann ein Nutzer trotzdem die Verkaufspotentiale sehen, wenn in dem Profil die Ansicht in den Einstellungen zu den übergeordneten Nutzerprivilegien zugelassen wurde.
Tab/Modul Privilegien:	Mit den Tab/Modul Privilegien legen Sie fest, welche CRM Module angezeigt werden. Dazu zeigt Ihnen das CRM alle zur Verfügung stehenden Module an.
Standard Privilegien:	Mit diesen Privilegien legen Sie fest, ob Nutzer Datensätze Erzeugen/ Bearbeiten, Ansehen oder Löschen dürfen. Dazu zeigt Ihnen das CRM alle zur Verfügung stehenden Module an.

Privilegientyp	Bedeutung
Feld Privilegien:	In Bezug auf die Felder für die Stammdaten, werden mit diesen Privilegien festgelegt, welche Felder in den einzelnen CRM Modulen angezeigt werden. Benutzerdefinierte Felder werden ebenfalls mit berücksichtigt. Sie sollten deshalb bei Bedarf zuerst die benutzerdefinierten Felder anlegen und dann die Feld Privilegien konfigurieren.
Privilegien für Werkzeuge:	Einige CRM Module sind mit speziellen Dienstprogrammen (Werkzeugen) ausgestattet, wie z.B. Export, Import oder die Umwandlung von Leads. Mit der Konfigurierung der Privilegien legen Sie fest, welche Dienstprogramme verfügbar gemacht werden.

Privilegien, die durch Profile vergeben werden, überschreiben **meist** Privilegien, die durch die Konfigurierung der Globalen Rechtevergabe auf Module vergeben werden (siehe Kapitel *Globale Rechtevergabe*). Dies **trifft nicht zu**, wenn die **Übergeordneten Nutzerprivilegien** aktiviert sind oder diese zumindest zum Teil deaktiviert sind und Tab/Modul Privilegien deaktiviert sind. Lesen Sie dazu mehr im Kapitel *Administration FAQ*.

Wenn z.B. in den Einstellungen für die Globale Rechtevergabe der Zugang für alle CRM Nutzer zu den Verkaufspotentialen gewährt wird, kann dieser Zugang durch entsprechende Einstellungen in einem Profil entzogen werden.

CRM Administration

Definition von Gruppen

Das CRM gestattet Ihnen, Benutzer, Rollen, Rollen mit Unterstellten als auch bereits definierte Gruppen zu neuen Gruppen zusammenzufassen. Gruppen sind ein Hilfsmittel, um das System besser managen zu können, werden aber nicht zur Rechtevergabe benutzt. Einer solchen Gruppe können z.B. Einträge im CRM zugewiesen werden.

Benutzergruppen

Benutzergruppen, manchmal auch als Team bezeichnet, werden aus einem oder mehreren Benutzern gebildet. Sie können im CRM System eine unbeschränkte Anzahl von Benutzern auswählen, die Mitglied in einer Benutzergruppe sein sollen und dieser Gruppe einen Namen geben. Ein Beispiel für eine Benutzergruppe zeigt die Abbildung 4-3.

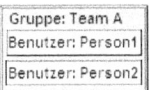

Abbildung 4-3: Beispiel für eine Benutzergruppe

Gruppe aus Rollen

Sie können ebenfalls Gruppen bilden, deren Mitglieder zuvor definierte Rollen sind. Das ist z.B. hilfreich, wenn Sie die individuellen Nutzer und deren Aufgabe im Unternehmen nicht kennen. Ein Beispiel wird in der Abbildung 4-4: Beispiel für eine Gruppe aus Rollen: Beispiel für eine Gruppe aus Rollen gezeigt.

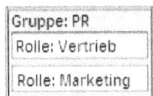

Abbildung 4-4: Beispiel für eine Gruppe aus Rollen

In diesem Beispiel sind alle Nutzer, welche die Rollen „Vertrieb" und „Marketing" haben Mitglieder dieser Gruppe. Wenn Sie dann z.B. einen Datensatz dieser Gruppe zuordnen, werden alle Nutzer mit den Rollen „Vertrieb" und „Marketing" Eigentümer dieses Datensatzes.

> Bitte beachten Sie, dass die Einstellungen für Gruppen den Einstellungen für Profile übergeordnet sind. Gruppenprivilegien können durch die Globale Rechtevergabe eingeschränkt werden. Die Privilegien der Gruppenmitglieder ergeben sich aus einer logischen ODER Verknüpfung der Privilegien, die den einzelnen Nutzern zugeordnet worden sind.

Gruppe aus Rollen mit Untergebenen

Zusätzlich zu den Gruppen aus Rollen, können Sie Untergebene in den Gruppen einbinden, wie es sich aus einer Unternehmenshierarchie ergibt.

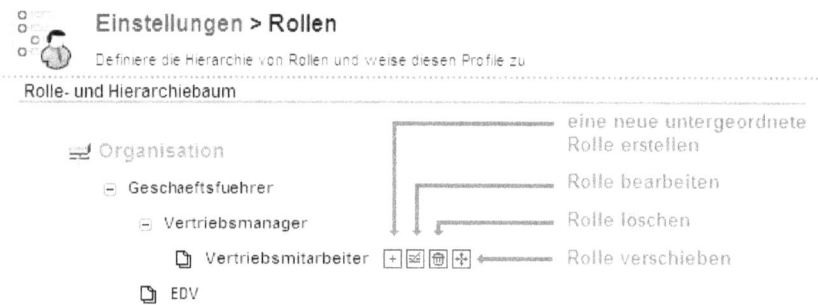

Abbildung 4-5: Hierarchiebeispiel

Dies bedeutet, dass Nutzer mit Rollen eingebunden werden, die hierarchisch unter einer bestimmten Rolle liegen. Die Abbildung 4-5 zeigt Ihnen beispielhaft eine solche hierarchische Rollenstruktur.

In dieser Abbildung hat die Rolle „Vertriebsmanager" eine untergeordnete Rolle, die „Vertriebsmitarbeiter" genannt wurde. Genau so könnte man eine Rolle „Marketing" anlegen, die eine untergeordnete Rolle „Marketing Assistent" hat. Wenn Sie jetzt eine Gruppe bilden, wie es in der Abbildung 4-6: Beispiel für eine Gruppe aus Rollen mit Untergebenen dargestellt ist, werden alle vertriebs- und marketingbezogenen Nutzer Mitglieder dieser Gruppe.

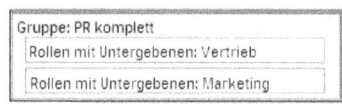

Abbildung 4-6: Beispiel für eine Gruppe aus Rollen mit Untergebenen

Gruppen aus Gruppen

Sie können auch Gruppen bilden, bei denen die Mitglieder ebenfalls Gruppen sind, d.h., dass alle Mitglieder von ausgewählten Gruppen auch Mitglied der neuen Gruppe werden. Wenn Sie z.B. eine Gruppe aus Vertriebsteams bilden wollen, wie in der Abbildung 4-7 gezeigt, fassen Sie die Gruppen „Team A" und „Team B" in einer neuen Gruppe, hier „Vertrieb" genannt, zusammen. In diesem Beispiel sind die Mitglieder der Gruppen „Team A" und „Team B" Nutzer des CRM Systems.

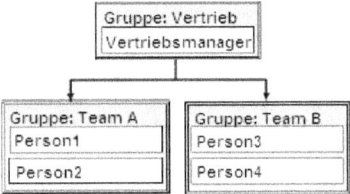

Abbildung 4-7: Beispielhierarchie für Gruppen

Wenn Sie jetzt einen CRM Eintrag der Gruppe „Vertrieb" zuweisen, werden die Personen 1 bis 4 Eigentümer dieses Eintrags.

4.2 CRM Administration

Dieses Kapitel behandelt die Aufgaben eines CRM Administrators, die dieser durchführen muss, um das CRM System zu konfigurieren und den Bedürfnissen des Unternehmens anzupassen. Es beschreibt:

- die Benutzeradministration und die Einstellungen zu den rollenbasierten Sicherheitsfunktionen,
- die Konfigurierung von Standardeingabefeldern und die Erzeugung von kundenangepassten Feldern,
- die Bereitstellung von Vorlagen und die Konfigurierung von anderen Voreinstellungen,
- die grundlegenden Systemkonfigurationen.

Benutzer, welche die Rechte eines Administrators bekommen haben, sehen im Navigationsbereich ein zusätzlichen Icon **[Einstellungen]**, wie in der Abbildung 4-8 gezeigt. Wenn man auf dieses Icon klickt, bekommt man Zugang zum „CRM Einstellungen" Menü, welches nur CRM Nutzern mit Administrator Privilegien zur Verfügung steht.

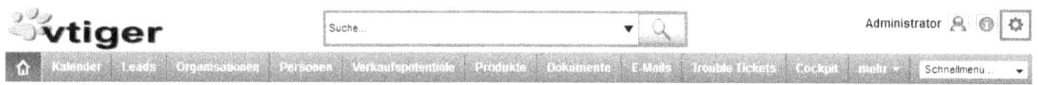

Abbildung 4-8: Zusätzlicher Einstellungs-Icon

4.2.1 Benutzerverwaltung

Die Managementfunktionen für die Benutzer bilden den Kern der Sicherheitseinstellungen im CRM System. Sie kontrollieren, basierend auf den vergebenen Rechten, den Zugang der einzelnen Benutzer zu dem CRM System. Die nachfolgenden Kapitel erklären im Detail, welche Funktionen zur Verfügung stehen und zu welchem Zweck sie benutzt werden können. Zusätzlich sind im Anhang: Administrationsbeispiele praktische und einfache Beispiele zur weiteren Erläuterung zu finden.

Grundlagen der Benutzerverwaltung

In der Benutzerverwaltung werden Rechte vergeben oder entzogen. Die Rechtevergabe hängt im Wesentlichen von der Anzahl der Nutzer und ihrer Unternehmensstruktur ab. Eine geringe Anzahl von Nutzern in kleinen Unternehmen resultiert in einer geringeren Anforderung an die Rechteverwaltung. Mit einer zunehmenden Anzahl von Nutzern steigt die Komplexität der Beziehungen im Unternehmen und es entsteht in der Regel das Bedürfnis, unterschiedliche Rechte zu vergeben und zu verwalten.

Die im CRM System vergebenen unterschiedlichen Rechte können einfach beschrieben werden:

- Wem werden bestimmte Daten angezeigt?
- Wer kann bestimmte Daten verändern?
- Wer kann bestimmte Daten löschen?
- Wer kann bestimmte Daten erzeugen?

Rechtevergabe heißt im CRM System in erster Linie der Entzug von Rechten. Der Entzug von Rechten ist in der praktischen Arbeit mitunter hilfreich und notwendig. Hier ein paar Beispiele:

- Ein Vertriebsmitarbeiter würde es sicher als unangenehm empfinden, wenn jemand anderes die Vertriebsdaten von seinen Kunden ohne sein Wissen ändert.
- Persönliche Informationen bleiben nur dann vertraulich, wenn für andere Mitarbeiter der Zugang gesperrt ist.
- Das Management möchte nicht, das Mitarbeiter die Gesamtumsätze sehen können.
- Der Produkt- oder Dienstleistungskatalog des Unternehmens wird nur von einer Person verändert.

Es sollten deshalb von vornherein immer nur solche Rechte vergeben werden, die auch wirklich notwendig sind. Inwieweit die Möglichkeiten des CRM Systems zur Rechtevergabe genutzt werden, hängt von den Bedürfnissen Ihres Unternehmens ab. Das kann z.B. so aussehen:

- Nur der Nutzer „Produktmanager" kann Produkte in der Produktliste Einfügen, Ändern oder Löschen.
- Jeder Nutzer aus dem „Vertrieb" kann die Kontaktdaten einsehen.
- Nur das Management hat Zugang zum Gesamtumsatz.
- Das Sekretariat darf keine Vertriebsdaten verändern.
- Kein Vertriebspersonal darf Kontaktdaten aus dem CRM exportieren.

In den meisten Fällen ist es zweckmäßig, die Rechtevergabe im CRM System in der folgenden Reihenfolge vorzunehmen:

Tabelle 4-2: Arbeitsschritt

Arbeitsschritt	Beschreibung
1. Setzen der Globalen Rechtevergabe:	Unternehmensweit gültige Privilegien sollten zuerst festgelegt werden. Sie sind die Basis für alle Rechtezuweisungen an die zu erzeugenden Benutzer.

Arbeitsschritt	Beschreibung
2. Erzeugen von Profilen:	Profile sind der Ausgangspunkt zur Rechtevergabe für einzelne Nutzer. In einer Organisation gibt es in der Regel unterschiedliche Arbeitsaufgaben, wie Vertrieb, Service, Sekretariat oder CRM Administrator. Alle CRM Funktionen und Eingabefelder können in Abhängigkeit von den angestrebten Nutzerrechten zugelassen oder
3. Definition der Hierarchie und der damit verbundenen Rollen:	Rollen basieren auf Profile und definieren die Rechte eines einzelnen Nutzers basierend auf seiner Stellung in der hierarchischen Struktur im Unternehmen.
4. Definition der Gruppen:	Vor allem größere Unternehmen können Gruppen verwenden, um die Bedienung und das Management des CRM Systems zu erleichtern.
5. Anlegen von Benutzern:	Legen Sie Benutzer an und weisen Sie denen eine Rolle zu.

Einzelnutzer brauchen keine Rechte verwalten. Sie haben und brauchen alle Rechte an den im CRM System eingegebenen Daten. Trotzdem ist es zweckmäßig die Möglichkeiten der Rechtevergabe in den Grundzügen zu kennen. Das wird mitunter dann benötigt, wenn später weitere Mitarbeiter mit dem CRM System arbeiten sollen.

Sie sollten niemals den "Administrator" Nutzer für Ihre Arbeit mit dem CRM System benutzen. Es ist besser, für Administratoraufgaben einen speziellen Nutzer anzulegen. Später können Sie dann die Rechte dieses Nutzers an einen anderen Nutzer übertragen.

Eine geringe Anzahl von Nutzern, die das CRM System gemeinsam unter einer Lizenz nutzen, sollten mit den einfachen Lösungen vertraut sein, welche die Rechtevergabe Ihnen bietet. Dazu zählen insbesondere:

- **Verhindern, dass andere Mitarbeiter Informationen ansehen können:** Damit lässt sich innerhalb des CRM Systems eine Privatsphäre aufbauen, in der ggf. persönliche Kontakte oder andere Informationen abgelegt werden.
- **Verhindern, dass andere Mitarbeiter Informationen löschen oder verändern:** Damit wird gewährleistet, dass der Eigentümer von Daten die Daten auch schützen kann.

Diese Art des Entzugs von Rechten kann durch jeden Nutzer individuell festgelegt werden. In der Regel gibt es zwischen diesen Mitarbeitern keine ausgeprägte Hierarchie, so dass eine komplexe Rechteverwaltung nicht aufgebaut werden muss. Sollte es jedoch erforderlich sein, Rechte an Daten feiner zu granulieren, sollte mit der Nutzung von Profilen begonnen werden. Jeder einzelne Nutzer kann damit mit bestimmten Rechten ausgestattet werden.

Will man eine größere Anzahl von Nutzern mit unterschiedlichen Nutzerrechten ausstatten, ist eine klare Struktur der Rechtevergabe notwendig. Sinnvoller Weise verbindet man darin Nutzerrechte mit der Stellung oder der Aufgabe im Unternehmen. Eine Zusammenfassung von individuellen Nutzern unter Profilen mit identischen Rechten erleichtert den Aufbau einer strukturierten Rechtevergabe sowie deren Verwaltung. Je nach Komplexität empfiehlt es sich, vor der Einführung von Rechten einen Plan zur Rechtevergabe zu erstellen und diesen mit den Nutzern abzustimmen.

Benutzer- und Zugangsmanagement

In den folgenden Kapiteln wird das Management von Nutzern in der Reihenfolge beschrieben, wie es im Einstellungsmenü angeboten wird. Bitte beachten Sie, dass eine vollständige Konfigurierung der Nutzerrechte mehrere Schritte in einer bestimmten Reihenfolge umfassen kann, wie im vorhergehenden Kapitel erklärt wurde.

4.2.1.1 Benutzer

Um neue Nutzer zu erzeugen oder vorhandene Nutzer zu managen, öffnen Sie die Listenansicht, wie in der Abbildung 4-9 gezeigt, durch Klicken auf das **[Benutzer]** Menü.

Abbildung 4-9: Benutzer - Listenansicht

Diese Liste enthält die Namen der Benutzer, den Login Namen, die E-Mail Adresse und andere Benutzerdetails. Die Liste enthält alle eingerichteten Benutzer, unabhängig davon, ob diese aktiv sind. In der Ansicht können Sie Nutzer bearbeiten oder löschen. Wenn Sie Nutzer löschen wollen, klicken Sie in der entsprechenden Zeile auf das „Abfalleimer" Icon.

CRM Administration

Die Lösch-Funktion löscht einen Benutzer, jedoch nicht die Daten des Benutzers. Sie werden beim Löschen gefragt, an welchen vorhandenen Benutzer die Daten des zu löschenden Benutzers übergeben werden sollen. Sie können den admin Nutzer, der durch das CRM System vorgegeben wurden, nicht löschen.

Klicken Sie auf einen Benutzernamen um in die Detailansicht der Daten für einen Benutzer zu wechseln, wie in der Abbildung 4-10 beispielhaft und ausschnittsweise gezeigt wird. Diese Ansicht zeigt die Stammdaten des Benutzers zusammen mit den Login Daten und der Rollenzuordnung.

Die Benutzerrechte werden nicht angezeigt. Diese werden u.a. über die Rollen und Nutzerprofile festgelegt, was in den folgenden Kapiteln erklärt wird.

Individuelle Nutzer können die meisten von diesen Angaben ggf. im Menü **Meine Einstellungen** ändern.

1. Benutzer Login & Rolle

Nutzername	Beispielnutzer	Administratorrechte	nein
Passwort	Passwort ändern	E-Mail	beispielnutzer@crm-now.de
Status	Aktiv	Vorname	Max
Nachname	Mustermann	Standard Lead-Ansicht	Letzte Woche
Rolle	Unternehmensleitung	Standardkalenderansicht	Diese Woche

2. Währungseinstellungen

Währung	Euro : €	Muster für Zahlengruppierungen	123456,789
Dezimaltrennzeichen	.	Trennzeichen für Zahlengruppierungen	,
Position des Währungssymbols	$1.0		

3. Mehr Informationen

Funktion		Fax	
Abteilung		andere E-Mail	
Telefon Büro		weitere E-Mail	
Mobil		Berichtet an	
Telefon privat		Weiteres Telefon	
Datumsformat	dd-mm-yyyy	E-Mail Signatur	
Notizen		Zeitzone	(UTC+01:00) Amsterdam, Berlin, Bern, Rome, Stockholm, Wien
internes E-Mail Programm	ja	Oberfläche	softed
Sprache	DE Deutsch		

Abbildung 4-10: Benutzer - Detailansicht (Ausschnitt)

Mit den vorhandenen Buttons, können Sie folgende Aufgaben ausführen:

Tabelle 4-3: Liste der Angaben zu Benutzer Details I

Button	Beschreibung
Audit Trail ansehen:	Klicken Sie auf diesen Button, um zu sehen, wer sich wann in das System eingeloggt bzw. ausgeloggt hat. Bitte beachten Sie die Hinweise im Kapitel *Audit Trail*.
Kopieren:	Hier können Sie die Angaben zu einem Benutzer kopieren. Das ist ein praktisches Hilfsmittel wenn Sie schnell mehrere Benutzer anlegen wollen.
Bearbeiten:	Mit diesem Button erreichen Sie die Bearbeitungsansicht und können die Stammdaten eines Benutzers verändern.
Löschen:	Mit diesem Button können Sie einen Benutzer löschen. Beachten Sie, dass dabei nicht die Daten eines Nutzers gelöscht werden.

Die Eingabefelder „1. Benutzer Login & Rolle" in der Abbildung 4-10 haben die folgende Bedeutung:

Tabelle 4-4: Liste der Angaben zu Benutzer - Details I

Eingabefeld	Verwendung
Nutzername:	Jeder Nutzer des CRM Systems bekommt einen eindeutigen Nutzernamen, der mindestens 8 Zeichen lang sein sollte. Nutzernamen können später nicht mehr verändert werden. Jeder Nutzer hat das Recht und die Möglichkeit, das eigene Passwort zu verändern. Wenn Sie einen Nutzernamen ändern wollen oder müssen, so können Sie das erreichen, indem Sie einen neuen Benutzer anlegen. Löschen Sie den alten Nutzer und übertragen Sie die Daten an den neuen Nutzer.
Passwort:	Hier können und müssen Sie einem Nutzer ein Passwort für den Zugang zum CRM System zuweisen. Nutzernamen und Passwörter bestehen aus einer Kombination aus Buchstaben und Zahlen mit einer empfohlenen Länge von mindestens 8 Zeichen. Benutzen Sie Zahlen und Buchstaben (groß, klein) gut gemischt. Je mehr Zeichen Ihre Angaben haben, umso sicherer ist ihr Zugang. Die Nutzung von Umlauten (ä, ö, ü, ß), sowie anderen Sonderzeichen, mit Ausnahme des „-" Zeichens, ist nicht erlaubt.

CRM Administration

Eingabefeld	Verwendung
E-Mail:	Die E-Mail Adresse des Benutzers können Sie in diesem Feld eingeben. Diese kann als Absenderadresse für alle aus dem CRM versendeten E-Mails verwendet werden.
Administratorrechte:	Mit dieser Checkbox können Sie einem Nutzer Administratorrechte zuweisen. Damit erhält ein Nutzer unabhängig von seiner Rolle uneingeschränkte Rechte im CRM System. Das ist praktisch in der Anfangsphase wenn man das CRM für sich einrichtet, aber für die tägliche Arbeit nicht zu empfehlen.
Status:	Sie können einen angelegten Nutzer inaktiv schalten, bzw. wieder aktivieren. Inaktive Nutzer können keinen Zugang zum CRM erlangen.
Vor- und Nachname:	Geben Sie Vor- und Nachnamen des Nutzers an. Der Vorname wird in der Begrüßungsnachricht im CRM angezeigt.
Währung:	Sie können für einen Benutzer individuell eine Währung auswählen, die Sie zuvor in dem Einstellungsmenü für Währungen definiert haben.
Standard Lead-Ansicht:	Hier können Sie festlegen, wie die Aktivitäten für einen Lead auf der Startseite dargestellt werden.
Rolle:	Hier wird dem Nutzer eine spezielle Rolle zugeordnet, welche die Aufgabe im Unternehmen definiert. Dazu müssen Sie zuvor entsprechende Rollen festgelegt haben. Näheres dazu finden Sie im Kapitel *Rollen*.
Standardkalenderansicht:	Hier können Sie festlegen, wie die Aktivitäten für einen Benutzer im Kalendermenü dargestellt werden.

Die Eingaben zur im CRM verwendeten Währung für den einzelnen Nutzer im nächsten Eingabeblock sind vor allem für die Währungsangaben in Angeboten, Bestellungen und Rechnungen wichtig und umfassen folgende Informationen:

Tabelle 4-5: Liste der Angaben zu Benutzer - Details II

Eingabefeld	Verwendung

Eingabefeld	Verwendung
Währung:	Sie können für einen Benutzer individuell eine Währung auswählen, die Sie zuvor in dem Einstellungsmenü für Währungen definiert haben. Diese Währung wird dann als Standardwährungen für alle Angebote, Bestellungen und Rechnungen genutzt.
Muster für Zahlengruppierungen:	Größere Zahlen kann man zur besseren Lesbarkeit mit Trennzeichen gruppieren. In dem Menü können Sie das gewünschte Format auswählen.
Trennzeichen der Zahlengruppierungen:	Hier können Sie das in den größeren Zahlen verwendete Trennzeichen festlegen.
Dezimaltrennzeichen:	Hier bestimmen Sie das Trennzeichen für die „Kommastelle" für Zahlen. In Europa ist das i.d.R. auch ein Komma.
Position des Währungssymbols:	Währungssymbole können vor und hinter einer Zahlenangabe platziert werden. In Europa wird i.d.R. die Angabe hinter der Zahl gemacht.

Durch die Eingabefelder „3. Mehr Informationen" in der Abbildung 4-10 können Sie folgende Informationen hinzufügen:

Tabelle 4-6: Liste der Angaben zu Benutzer - Details III

Eingabefeld	Verwendung
Funktion, Abteilung:	Hier können Sie angeben, welche Position die Person im Unternehmen bekleidet.
Telefon Büro, Mobil, Weiteres Telefon, Telefon privat und Fax:	Sie können hier weitere Kontaktmöglichkeiten zu dem Nutzer eintragen.
weitere E-Mail:	Hier können Sie eine weitere E-Mail Adresse hinterlegen.
andere E-Mail:	Das ist noch ein weiteres Eingabefeld für eine andere E-Mail Adresse.
Berichtet an:	Sie können hier eine Beziehung zu einem anderen vorgesetzten Nutzer vermerken. Hier wird nur die Beziehung gezeigt, ohne dass es einen Einfluss auf die Rechtevergabe im CRM hat.
Datumsformat:	Sie können zwischen verschiedenen Formaten für die Anzeige des Datums wählen. Diese gelten dann für alle Datumsangaben im CRM sowohl für die Anzeige als auch für die Bearbeitung.

CRM Administration

Eingabefeld	Verwendung
E-Mail Signatur:	Hier können Sie festlegen, wie eine elektronische Unterschrift des Nutzers aussieht. Diese Unterschrift wird dann automatisch an jede ausgehende E-Mail angefügt. Das Format der Unterschrift können Sie selbst mit HTML Tags gestalten. Entsprechende Hinweise finden Sie im Kapitel 3.3 *Häufig gestellte Fragen von CRM Nutzern*.
Notizen:	Hier kann der Administrator bei Bedarf zusätzliche Angaben zu einem Nutzer notieren.
Internes E-Mail Programm:	Für das Versenden von E-Mails bietet Ihnen das CRM ein eigenes Web basierten E-Mail Programm an. I.d.R. ist es vorteilhaft, dieses auch zu nutzen um auch Zugang zu den abgelegten E-Mail Vorlagen zu haben und um E-Mails direkt im CRM abzulegen. Bei Bedarf können Sie das aber auch ausschalten und den auf Ihrem Computer verwendeten E-Mail Client zum Versand von E-Mails nutzen.
Oberfläche:	Für das CRM stehen verschiedene Bedienoberflächen zur Verfügung. Alle sind von der Funktion her identisch unterscheiden sich aber in der optischen Repräsentation.
Sprache:	Hier kann die Sprache des jeweiligen Benutzers festgelegt werden.

Zusätzlich können Sie unter „4. Adressinformation" weitere Angaben über die Adresse des Nutzers erfassen. Unter „5. Benutzerbild" kann ein Foto des Benutzers hochgeladen werden. Die Eingabefelder sind selbsterklärend. Achten Sie darauf, dass das Foto in der Originalgröße dargestellt wird.

Tabelle 4-7: Liste der Angaben zu Benutzer - Details IV

Eingabefeld	Verwendung
erweiterte Optionen Erinnerungsintervall:	Hier können Sie angeben, wie oft Sie durch ein automatisches CRM Browser - Popup an Termine erinnert werden wollen.
erweiterte Optionen Zugangsschlüssel:	Für einige CRM Erweiterungen wird dieser Zugangsschlüssel zum Login in das CRM genutzt. Wann das der Fall ist, finden Sie in den entsprechenden Beschreibungen für die CRM Erweiterungen.
Asterisk Konfiguration- Asterisk Erweiterung:	Hier können Sie tragen Sie die Telefonnummer für einen Zugang zur Asterisk Telefonanlage ein.
Asterisk Konfiguration- empfange eingehende Anrufe:	Mit dieser Checkbox schalten Sie die Asterisk Erweiterung für Ihr CRM ein.

In dem Block „8. Startseitenbestandteile" und „9. Tag Cloud Anzeige" wird entschieden, welche Informationen auf der Startseite des individuellen Benutzers zu sehen sind. Markieren Sie die entsprechenden Checkboxen.
Die Angaben unter „10. Meine Gruppen" und „11. Login Historie" können nicht bearbeitet werden. Sie dienen ausschließlich der Information. „Meine Gruppen" zeigt an, in welchen Gruppen der Nutzer Mitglied ist. Die „Login Historie" informiert über die Zeit von allen CRM Logins eines Nutzers.

Um einen neuen Benutzer anzulegen, klicken Sie auf den **[Neuer Benutzer]** Button, der in der Abbildung 4-9 gezeigt wird. Damit öffnen Sie die Bearbeitungsansicht und Sie können die oben beschriebenen Angaben machen.

Nutzerinformationen werden
anderen Nutzern nicht angezeigt.

4.2.1.2 Rollen

Im Kapitel 4.1.2 wurde bereits erklärt, was im CRM System unter Rollen zu verstehen ist. Klicken Sie auf das **[Rollen]** Menü, um die hierarchische Rollenansicht zu öffnen, wie es beispielhaft in der Abbildung 4-11 gezeigt wird.

Abbildung 4-11: Beispiel für eine Unternehmenshierarchie

In dem Menü können Sie Rollen hinzufügen, bearbeiten, löschen oder verschieben. Bewegen Sie Ihre Computer Maus über den Namen einer Rolle. Dann sehen Sie eine Anzahl von Icons, mit denen Sie diese Operationen ausführen können.

Nutzer mit einer bestimmten Rolle, können immer die Daten von Nutzern aus einer untergeordneten Rolle sehen, verändern oder löschen.

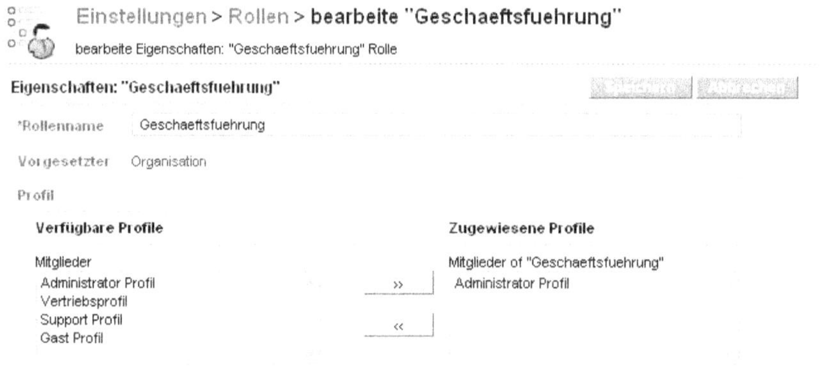

Wenn Sie eine neue Rolle hinzufügen, so wird diese hierarchisch unter einer existierenden Rolle erzeugt. In der Abbildung 4-12 sehen Sie beispielhaft die Bearbeitungsansicht für eine neue, bzw. eine existierende Rolle. Hier können Sie der Rolle einen Namen geben und entscheiden, welche Profile zu einer Rolle gehören. Außerdem wird Ihnen angezeigt, welche Rolle übergeordnet ist.

Abbildung 4-12: Rolle Bearbeitungsansicht

4.2.1.3 Profile

Alle Rollen basieren auf Profilen, wie bereits im Grundlagenkapitel 4.1 erläutert wurde. Mit Hilfe der Profile definieren Sie die Privilegien Daten anzusehen, zu verändern oder zu löschen.

Dabei kann eine Rolle durchaus auch mehrere Profile haben, die sich dann gegenseitig in Ihren Rechten über eine logische ODER Funktion in der Bearbeitungsansicht von Rollen verknüpft sind.

Klicken Sie auf das **[Profile]** Menü, um eine Liste der bereits eingerichteten Profile zu sehen. Beispielhaft ist eine solche Liste in der Abbildung 4-13 dargestellt. Mit dem CRM wird bereits u. U. eine Reihe von Profilen mitgeliefert, die von Ihnen verändert oder gelöscht werden können.

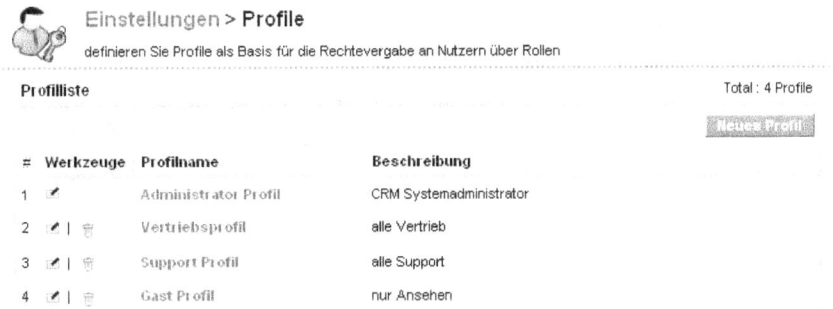

Abbildung 4-13: Profile Listenansicht

Klicken Sie auf den Namen eines Profils, um in die Detailansicht zu wechseln. Die Bedeutung der Privilegien und der Eingabefelder ist ebenfalls im Grundlagenkapitel 4.1 erklärt. Wenn Sie ein Profil verändern wollen, klicken Sie auf den **[Bearbeiten]** Button.

Um ein neues Profil anzulegen, klicken Sie auf den **[Neues Profil]** Button in der Listenansicht. Folgen Sie den Anweisungen:

1. Schritt:

Geben Sie dem Profil einen eindeutigen Namen und beschreiben Sie den Zweck des Profils. Wie in der Abbildung 4-14 zu sehen, müssen Sie dann auswählen, ob Sie ein existierendes Profil als Vorlage benutzen, oder ob Sie ein Profil vollkommen selbständig erstellen wollen.

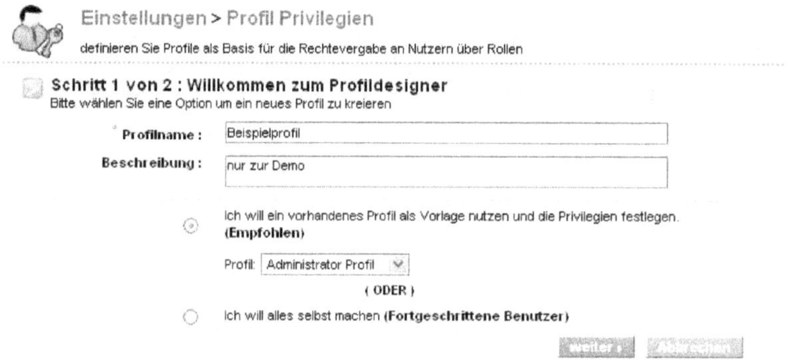

CRM Administration

Abbildung 4-14: Neues Profil anlegen - Schritt 1

Treffen Sie Ihre Wahl und klicken Sie auf **[weiter]**.

2. Schritt:

Im 2. Schritt setzen Sie als erstes die übergeordneten Nutzerprivilegien, welche festlegen, ob die Daten in allen Modulen nur angesehen werden oder auch bearbeitet werden können. In der Regel sollten die für Nutzer nicht erlaubt werden. In der Abbildung 4-15 ist das Menü dargestellt.

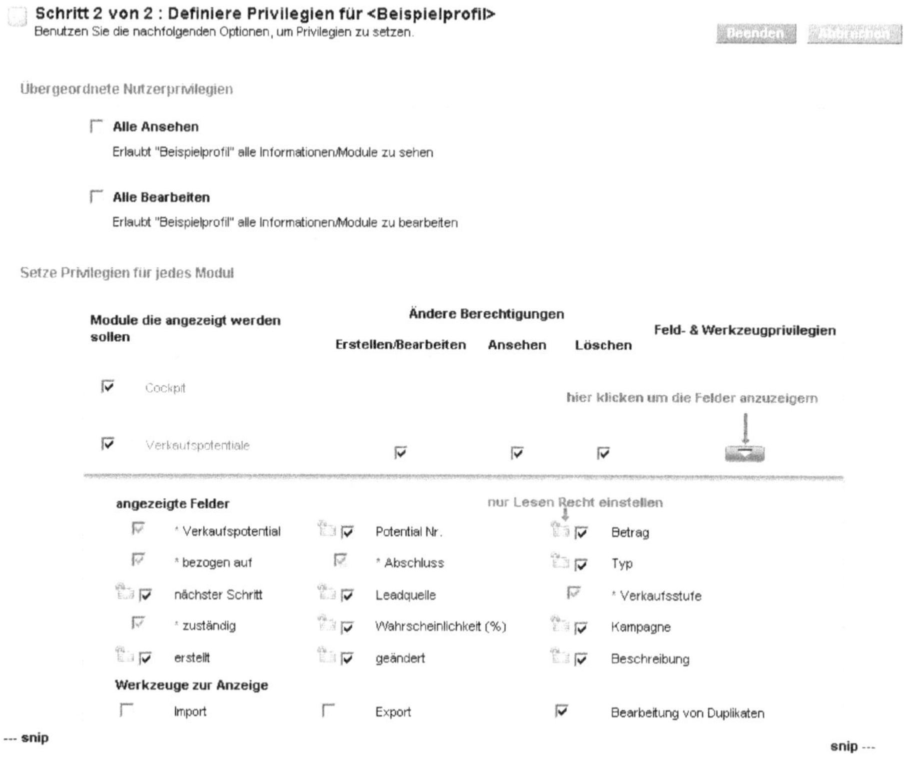

Abbildung 4-15: Neues Profil anlegen - Schritt 2

CRM Administration

Darüber hinaus können Sie festlegen, welche Privilegien bezogen auf die CRM Module dem Profil zugeordnet werden. Dabei können Sie entscheiden

- welche Module durch das Profil einem Nutzer zur Verfügung gestellt werden,
- welche Berechtigungen innerhalb eines Moduls zur Anwendung kommen sollen,
- welche Felder innerhalb eines Moduls bereitgestellt werden und
- welche Felder nur mit einer Leseberechtigung ausgestattet werden sollen und damit nur in einer Detailansicht sichtbar sind.

Sie setzen die jeweiligen Rechte, indem Sie die entsprechenden Checkboxen bedienen.

Bitte beachten Sie, dass die Auswahl in den **Übergeordneten Nutzerprivilegien**, den modulbezogenen Einstellungen übergeordnet sind.

Klicken Sie auf **[Beenden]** um Ihr Profil im CRM System abzuspeichern. Im Anhang A *Administrationsbeispiele* finden Sie dazu Beispiele.

4.2.1.4 Gruppen

Gruppen sind ein sehr effektives Hilfsmittel, um Nutzer und Privilegien zusammenzufassen, wie es im Grundlagenkapitel 4.1 erläutert ist. Jede Art von Beziehungen kann genutzt werden, um Gruppen zu bilden, wie z.B.:

- Nutzer am selben Ort.
- Nutzer mit derselben Aufgabe.
- Nutzer einer Abteilung.
- Nutzer mit der gleichen Arbeitserfahrung, usw.

Klicken Sie auf das **[Gruppen]** Menü, um die Listenansicht zu öffnen, wie in der Abbildung 4-16 dargestellt.

Abbildung 4-16. Gruppen - Listenansicht

Klicken Sie auf den Namen einer Gruppe, um zu der Detailansicht zu gelangen. Ein Beispiel wird in der Abbildung 4-17 gezeigt. Die Detailansicht zeigt Ihnen den Namen der

Gruppe, die Beschreibung und die Nutzer. Sie können die Gruppe verändern, indem Sie auf den **[Bearbeiten]** Button klicken.

Abbildung 4-17: Gruppen - Detailansicht

Um eine neue Gruppe zu erzeugen, klicken Sie auf den **[Neue Gruppe]** Button in der Listenansicht. In dem sich öffnenden Eingabefenster, siehe Abbildung 4-18, können Sie die Gruppe definieren. Geben Sie der Gruppe zuerst einen eindeutigen Namen und ergänzen Sie diesen mit einer kurzen Beschreibung. Wählen Sie dann die Kriterien für die Mitgliedschaft in dieser Gruppe aus. Ihnen steht sowohl eine Filter als auch eine Suchfunktion zur Verfügung. Wie schon im Grundlagenkapitel 4.1 erläutert, können Sie die Mitglieder einer Gruppe aus Nutzern, aus Rollen, aus Rollen mit Untergebenen oder aus anderen Gruppen auswählen.

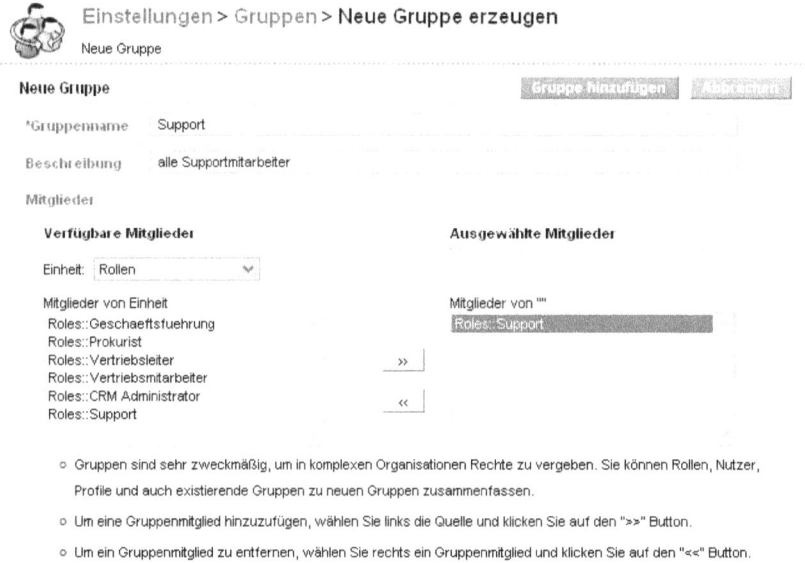

Abbildung 4-18: Gruppen - Bearbeitungsansicht

Klicken Sie auf **[Speichern]** um Ihre neue Gruppe im CRM System zu definieren.

Die Mitgliedschaft eines Nutzers in einer Gruppe wird in der Detailansicht eines Benutzers bzw. im Menü **Meine Einstellungen** unter dem Gruppennamen angezeigt.

4.2.1.5 Globale Rechtevergabe

Im CRM System können Sie Rechte vergeben, die unternehmensweit gültig sind. Mit deren Hilfe kann ein Administrator schnell verschiedene Sicherheitsstandards setzen, auf denen alle anderen Sicherheitseinstellungen beruhen. Deshalb sollte die Festlegung der globalen Zugangsregeln immer zuerst erfolgen.

Die Globale Rechtevergabe setzt sich aus **Globalen Zugangsregeln** und **Benutzerdefinierte Zugangsregeln** zusammen.

Standardmäßig ist der Zugang zu allen Modulen für alle Nutzer freigeschaltet. D.h. jeder Nutzer hat Zugang zu allen Daten im CRM. In vielen Fällen, vor allem für kleine Unternehmen, braucht das auch nicht verändert werden. Wenn es jedoch notwendig ist, kann der Zugang zu den Modulen eingeschränkt werden.

In dem Menü **Globale Rechtevergabe** erhalten Sie eine Übersicht über die vorhandenen Einstellungen. Wie in der Abbildung 4-19 beispielhaft gezeigt wird, sehen Sie eine Liste der globalen Zugangsprivilegien für Ihr gesamtes Unternehmen.

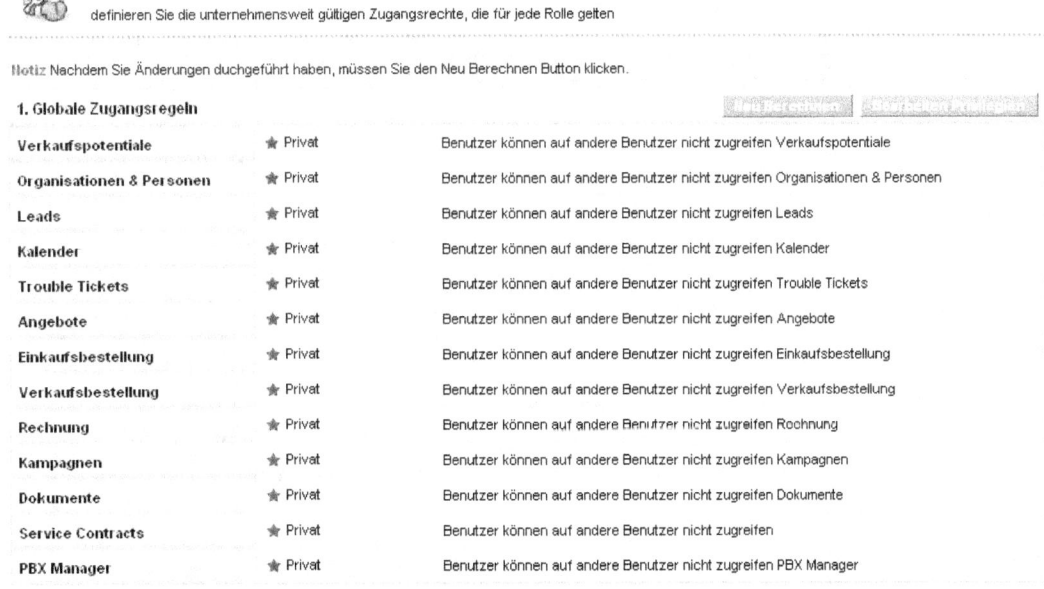

Abbildung 4-19: Globale Rechtevergabe - Listenansicht

Die nachfolgenden Typen der Zugangsprivilegien stehen zur Auswahl:

Tabelle 4-8: Typen der globalen Zugangsregeln

Privileg	Bedeutung
Öffentlich: Nur Lesen	Alle Nutzer können einen Datensatz ansehen und diesen in Berichten verwenden. Nur der Besitzer eines Datensatzes und ein Nutzer, dem in der hierarchischen Ordnung eine Rolle zugewiesen wurde, die über der Rolle des Nutzers liegt, können diesen Datensatz bearbeiten, ansehen oder löschen.
Öffentlich: Lesen, Erzeugen/Bearbeiten	Alle Nutzer können einen Datensatz ansehen, bearbeiten und diesen in Berichten verwenden. Nur der Besitzer eines Datensatzes und ein Nutzer, dem in der hierarchischen Ordnung eine Rolle zugewiesen wurde, die über der Rolle des Nutzers liegt, können diesen Datensatz löschen.
Öffentlich: Lesen, Erzeugen/Bearbeiten, Löschen	Die Nutzung ist nicht eingeschränkt. Alle Nutzer können einen Datensatz ansehen, bearbeiten und löschen.
Privat	Nur der Besitzer eines Datensatzes und ein Nutzer, dem in der hierarchischen Ordnung eine Rolle zugewiesen wurde, die über der Rolle des Nutzers liegt, können diesen Datensatz bearbeiten, ansehen, löschen oder in Berichte einbinden.

Bitte beachten Sie die folgenden **Regeln**:

- Privilegien, die durch globale Einstellungen gewährt werden, können durch Profile entzogen werden
- Die Privilegien für das Modul Kalender sind auf den Typ „Privat" gesetzt und können nicht verändert werden. Für die Kalendereinstellungen gibt es ein separates Menü im **Kalender** Modul.
- Unabhängig von den globalen Privilegien, können Nutzer mit einer Rolle, die hierarchisch übergeordnet ist, die Daten von Nutzern mit untergeordneten Rollen immer sehen und bearbeiten.
- Wenn die Privilegien für Organisationen & Personen auf „Privat" gesetzt werden, ist der Zugang auf darauf bezogene Verkaufspotentiale, Trouble Tickets, Angebote, Einkäufe, Verkäufe und Rechnung ebenfalls auf „Privat" gesetzt. Sie müssen mindestens eine Leseberechtigung haben, um Aktivitäten und andere bezogene Daten eingeben zu können.

Zusätzlich können Sie spezielle **Benutzerdefinierte Zugangsregeln** für einzelne CRM Module definieren. Damit wird es dem Administrator möglich, durch individuelle Regeln unternehmensweit festzulegen, welche Nutzer modulbezogen auf welche Daten zugreifen können. Folgende Kombinationen sind möglich:

- Von Rolle zu Rolle
- Von Rolle zu Rolle mit Unterstellten
- Von Rolle zu Gruppe
- Von Rolle mit Untergebenen zu Rolle
- Von Rolle mit Untergebenen zu Rolle mit Unterstellten
- Von Rolle mit Untergebenen zu Gruppe
- Von Gruppe zu Rolle
- Von Gruppe zu Rolle mit Unterstellten
- Von Gruppe zu Gruppe

Benutzerdefinierte Zugangsregeln können für die folgenden CRM Module aufgestellt werden:

Tabelle 4-9: Benutzerdefinierte Zugangsregeln für Module

Modul	Bedeutung
Leads:	Auf Leads, die einem Nutzer mit einer zugewiesenen Rolle bzw. Rolle mit Unterstellten/Gruppe gehören, kann durch andere Nutzer mit bestimmten zugewiesenen Rollen bzw. Rollen mit Unterstellten/Gruppen zugegriffen werden. Dabei kann bestimmt werden, ob es für diesen nur eine Leseberechtigung oder eine Lese- und Schreibberechtigung gibt. E-Mails, die sich auf einen Lead beziehen, werden dann ebenfalls mit nur einer Leseberechtigung oder einer Lese- und Schreibberechtigung versehen.
Organisationen & Personen:	Auf Organisationen, die einem Nutzer mit einer zugewiesenen Rolle bzw. Rolle mit Unterstellten/Gruppe gehören, kann durch andere Nutzer mit bestimmten zugewiesenen Rollen/Rollen mit Unterstellten/Gruppen zugegriffen werden. Dabei kann bestimmt werden, ob es für diesen nur eine Leseberechtigung oder eine Lese- und Schreibberechtigung gibt. E-Mails, die sich auf eine Organisation beziehen, werden dann ebenfalls mit nur einer Leseberechtigung oder einer Lese- und Schreibberechtigung versehen. Benutzerdefinierte Zugangsregeln, die für eine Organisation festgelegt werden, sind ebenfalls für Personen gültig.

CRM Administration

Modul	Bedeutung
Verkaufspotentiale:	Auf Verkaufspotentiale, die einem Nutzer mit einer zugewiesenen Rolle bzw. Rolle mit Unterstellten/Gruppe gehören, kann durch andere Nutzer mit bestimmten zugewiesenen Rollen bzw. Rollen mit Unterstellten/Gruppen zugegriffen werden. Dabei kann bestimmt werden, ob es für diesen nur eine Leseberechtigung oder eine Lese- und Schreibberechtigung gibt. Angebote und Verkaufsbestellungen, die sich auf ein Verkaufspotential beziehen, werden dann ebenfalls mit einer Leseberechtigung oder einer Lese- und Schreibberechtigung versehen.
Trouble Tickets:	Auf Tickets, die einem Nutzer mit einer zugewiesenen Rolle bzw. Rolle mit Unterstellten/Gruppe gehören, kann durch andere Nutzer mit bestimmten zugewiesenen Rollen/Rollen mit Unterstellten/Gruppen zugegriffen werden. Dabei kann bestimmt werden, ob es für diesen nur eine Leseberechtigung oder eine Lese- und Schreibberechtigung gibt.
Kampagnen:	Auf Kampagnen, die einem Nutzer mit einer zugewiesenen Rolle bzw. Rolle mit Unterstellten/Gruppe gehören, kann durch andere Nutzer mit bestimmten zugewiesenen Rollen/Rollen mit Unterstellten/Gruppen zugegriffen werden. Dabei kann bestimmt werden, ob es für diesen nur eine Leseberechtigung oder eine Lese- und Schreibberechtigung gibt.
Angebote:	Auf Angebote, die einem Nutzer mit einer zugewiesenen Rolle bzw. Rolle mit Unterstellten/Gruppe gehören, kann durch andere Nutzer mit bestimmten zugewiesenen Rollen oder Rollen mit Unterstellten/Gruppen zugegriffen werden. Dabei kann bestimmt werden, ob es für diesen nur eine Leseberechtigung oder eine Lese- und Schreibberechtigung gibt. Verkaufsbestellungen, die sich auf ein Angebot beziehen, werden dann ebenfalls mit einer Leseberechtigung oder einer Lese- und Schreibberechtigung versehen.
Einkäufe:	Auf Einkaufsbestellungen, die einem Nutzer mit einer zugewiesenen Rolle/Rolle mit Unterstellten/Gruppe gehören, kann durch andere Nutzer mit bestimmten zugewiesenen Rollen/Rollen mit Unterstellten/Gruppen zugegriffen werden. Dabei kann bestimmt werden, ob es für diesen nur eine Leseberechtigung oder eine Lese- und Schreibberechtigung gibt.

Modul	Bedeutung
Verkäufe:	Auf Verkaufsbestellungen, die einem Nutzer mit einer zugewiesenen Rolle bzw. Rolle mit Unterstellten/Gruppe gehören, kann durch andere Nutzer mit bestimmten zugewiesenen Rollen oder Rollen mit Unterstellten/Gruppen zugegriffen werden. Dabei kann bestimmt werden, ob es für diesen nur eine Leseberechtigung oder eine Lese- und Schreibberechtigung gibt. Rechnungen, die sich auf eine Verkaufsbestellung beziehen, werden dann ebenfalls mit einer Leseberechtigung oder einer Lese- und Schreibberechtigung versehen.
Rechnung:	Auf Verkaufsbestellungen, die einem Nutzer mit einer zugewiesenen Rolle bzw. Rolle mit Unterstellten/Gruppe gehören, kann durch andere Nutzer mit bestimmten zugewiesenen Rollen oder Rollen mit Unterstellten/Gruppen zugegriffen werden. Dabei kann bestimmt werden, ob es für diesen nur eine Leseberechtigung oder eine Lese- und Schreibberechtigung gibt.

Folgende **Regeln** müssen beachtet werden:

- Benutzerdefinierte Zugangsregeln können nur dazu genutzt werden, die Sichtbarkeit von Daten zu erhöhen.
- Benutzerdefinierte Zugangsregeln können nicht dazu genutzt werden, Daten zwischen zwei Nutzern auszutauschen (Im Anhang A Beispiel II ist beschrieben, wie es über einen Umweg trotzdem möglich ist.)
- Benutzerdefinierte Zugangsregeln werden bei Einführung auf alle existierenden und zukünftigen Daten angewendet.
- Die Anzahl der benutzerdefinierten Zugangsregeln, die für eine Rolle, eine Rolle mit Unterstellten und eine Gruppe definiert werden können, ist nicht begrenzt.

4.2.1.6 Globale Standardfelder

Im Menü **Globale Standardfelder** werden die in Ihrem Unternehmen zur Verfügung gestellten Standardfelder festgelegt. Sie entscheiden in diesem Menü, ob vorgegebene Felder genutzt oder nicht genutzt werden sollen.

Bei Auslieferung ist das CRM System standardmäßig so eingestellt, dass alle Felder verfügbar sind. Als ein Beispiel sehen Sie in der Abbildung 4-20 die Stammdatenfelder für Leads. Benutzerdefinierte Felder, so Sie diese zuvor definiert haben, stehen ebenfalls zur Auswahl.

CRM Administration

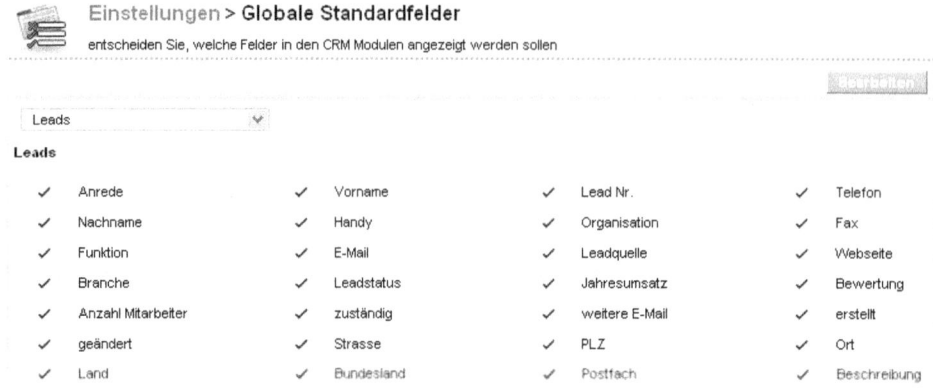

Abbildung 4-20: Globale Standardfelder

Bitte beachten Sie die folgenden **Regeln**:

- Es ist nicht möglich, Pflichtfelder zu verbergen.
- Die Einstellungen zu den Globalen Standardfeldern sind den Einstellungen in den Profilen übergeordnet.

Wenn Sie z.B. für Leads das Eingabefeld für eine Webseite in einem Profil für den Zugang zugelassen haben, diesen Zugang aber in den Einstellungen zu den globalen Standardfeldern gesperrt wurde, so steht das Eingabefeld bei Leads nicht zur Verfügung.

4.2.1.7 Audit Trail

Um zu ermitteln, welche Funktionen oder Daten ein bestimmter Nutzer im CRM System genutzt hat, wird eine sogenannte Audit Trail Funktion bereitgestellt. Gehen Sie dazu zum **Audit Trail** Menü.

Bevor Sie einen Audit Trail durchführen, sollten Sie überprüfen inwieweit diese Funktion in Ihrem Land rechtlich zulässig ist, bzw. welche Schritte Sie zusätzlich unternehmen müssen, um im Einklang mit den rechtlichen Bestimmungen zu operieren. In einigen Ländern ist es z.B. unzulässig, detaillierte Nutzerdaten zu verarbeiten, ohne die jeweiligen Nutzer darüber zu informieren.

In der Abbildung 4-21 sehen Sie die Konfigurationsmöglichkeiten.

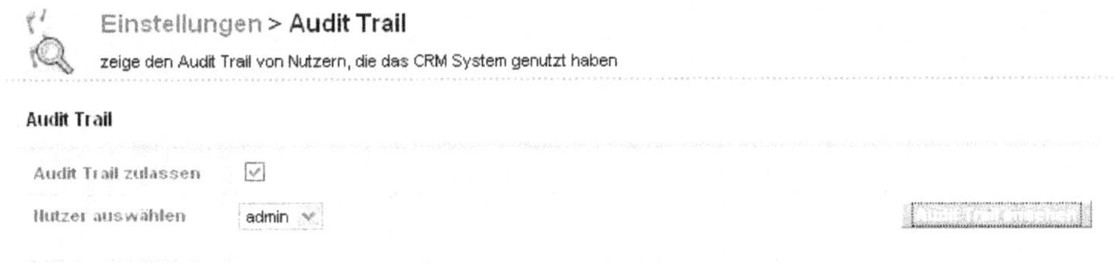

Abbildung 4-21: Audit Trail - Konfigurationsmenü

Um die Audit Trail Funktion für einen bestimmten Nutzer zu aktivieren, wählen Sie den Nutzer in der Auswahlliste aus und markieren Sie die Checkbox. Daraufhin sehen Sie sofort eine Nachricht, die darauf hinweist, dass die Audit Trail Funktion aktiviert wurde.

Um die aufgezeichneten Daten zu sehen, wählen Sie den Nutzernamen und klicken Sie auf den **[Audit Trail ansehen]** Button. In dem sich öffnenden neuen Browserfenster werden dann die aufgezeichneten Daten angezeigt, wie in der Abbildung 4-22 zu sehen.

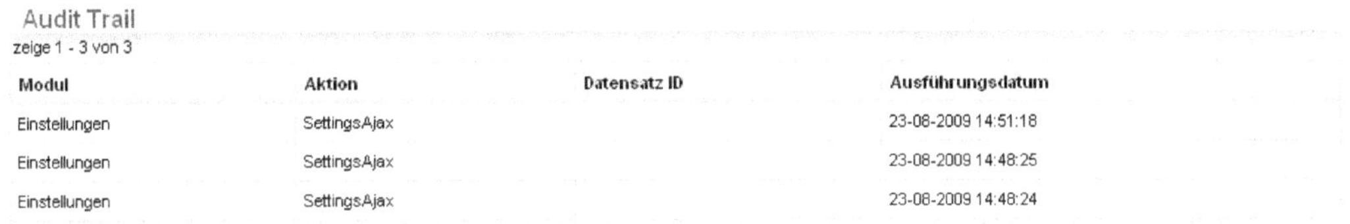
Audit Trail

zeige 1 - 3 von 3

Modul	Aktion	Datensatz ID	Ausführungsdatum
Einstellungen	SettingsAjax		23-08-2009 14:51:18
Einstellungen	SettingsAjax		23-08-2009 14:48:25
Einstellungen	SettingsAjax		23-08-2009 14:48:24

Abbildung 4-22: Audit Trail - Bericht

Sie können die Audit Trail Aufzeichnung stoppen, indem Sie die Markierung der Checkbox entfernen. Unmittelbar darauf wird Ihnen das mit einer Nachricht auf dem Bildschirm bestätigt.

Bitte beachten Sie, dass die Geschwindigkeit Ihres CRM Systems unter Umständen verringert wird, wenn Sie Audit Trails zulassen.

4.2.1.8 Details der Login-Historie

Hier haben Sie die Möglichkeit, sich die Login-Historie aller Nutzer anzeigen zu lassen. Wählen Sie dazu in der Auswahlliste den Nutzer aus, dessen Login-Historie Sie sehen wollen.

CRM Administration

4.2.2 Studio

Das Studio erlaubt Ihnen, die Module im CRM freizuschalten oder zu sperren, neue Funktionen oder Module dem CRM bereitzustellen, die Anzeigen der Stammdaten in den einzelnen Modulen zu verändern und den Inhalt der Auswahllisten festzulegen. In den folgenden Kapiteln werden diese Funktionen erläutert.

4.2.2.1 Modulmanager

Mit Hilfe des Modulmanagers können die Anzeige und die Struktur der Anzeige von Eingabefeldern im CRM selbst festlegen.

CRM Layout Editor

Mit Hilfe des Layout Editors können Sie im CRM benutzerdefinierte Felder erstellen und löschen, die Anordnung und Reihenfolge der Eingabefelder ändern, Pflichtfelder bestimmen als auch die Reihenfolge von den bezogenen Listen unter dem **Mehr Informationen** Tab in den Moduldetailansichten ändern. Um den Editor aufzurufen, klicken Sie den **Standardmodule** Tab (Registerkarte). Sie sehen dann eine Liste der CRM Module, die im Modulmanager zur Verfügung stehen und können den Layout Editor durch einen Klick auf das zu einem CRM Modul gehörende Icon, wie in Abbildung 4-23 gezeigt, aufrufen.

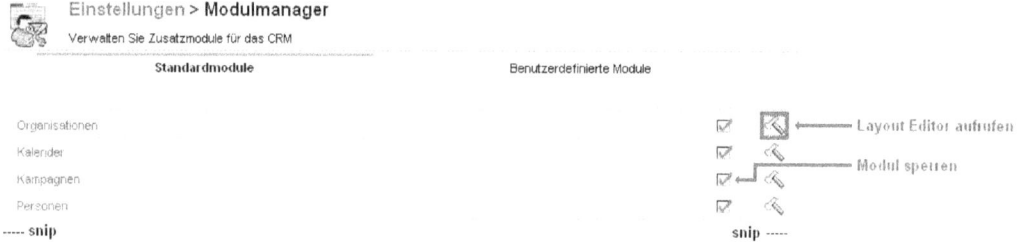

Abbildung 4-23: Modulmanager Standardmodule

In der Ansicht des Modulmanagers können Sie auch mit Hilfe der Checkboxen einzelne CRM Module aus dem angebotenen Funktionsumfang für die Nutzung ausschließen.

Alle CRM Informationen werden bei einer Anzeige in sogenannte Blöcke zusammengefasst. Jeder Block repräsentiert eine Informationseinheit. Der Zweck und der Inhalt eines Blocks sind konfigurierbar. Sie können zusätzliche benutzerdefinierte Blöcke zu Ihrem CRM hinzufügen. Die Blockstruktur und die damit verbundenen Funktionen zeigt die nachfolgende Abbildung 4-24.

CRM Administration

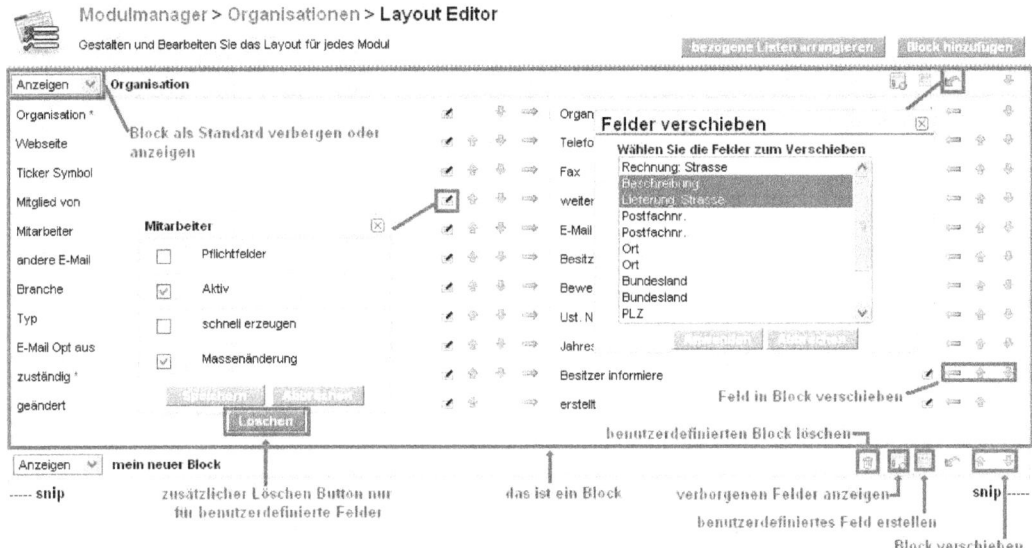

Abbildung 4-24: Layout Editor

In der folgenden Tabelle wird der angebotene Funktionsumfang erklärt.

Funktionstyp	Funktion	Beschreibung
Blockfunktion	Erstelle	Sie können einen eigenen benutzerdefinierten Block erstellen, indem Sie auf den **[Block hinzufügen]** Button klicken. Sie müssen diesem Block einen eindeutigen Namen geben und können entscheiden, wo der Block eingefügt werden soll. Nur benutzerdefinierte Blöcke können gelöscht werden.
Blockfunktion	Anzeige von verborgenen Feldern	Wie in der Abbildung zu sehen, können Sie die Eigenschaften eines Feldes verändern, hier z.B. für das Feld „Mitglied von". Wenn die Checkbox für **[Aktiv]** nicht markiert ist, wird das Feld in allen Anzeigen verborgen. Zur Anzeige von verborgenen Feldern eines Blockes klicken Sie auf das entsprechende Icon.
Blockfunktion	Blöcke verschieben	Durch Klicken auf das entsprechende Icon können Sie die Reihenfolge der Blöcke verändern.
Blockfunktion	Blöcke anzeigen und verbergen	Die **Anzeigen** und **Verbergen** Funktion legt die standardmäßige Anzeige des Blockes in einer Detailansicht fest. Die Überschrift von

CRM Administration

Funktionstyp	Funktion	Beschreibung
		verborgenen Blöcken wird jedoch immer angezeigt. Durch Klicken auf die Überschrift, kann man sich dann auch den verborgenen Block anzeigen lassen.
Feldfunktion	benutzerdefiniertes Feld erstellen	Innerhalb aller Blöcke können Sie benutzerdefinierte Eingabefelder durch Klicken auf das dafür vorgesehene Icon erstellen. Im nachfolgenden Abschnitt „Benutzerdefinierte Felder" wird der Prozess der Erstellung im Detail erläutert.
Feldfunktion	aktive und inaktive Felder	Klicken Sie auf das in der Abbildung („Mitglied von") markierte Icon. Wenn die Checkbox für **Aktiv** nicht markiert ist, wird das Feld in allen Anzeigen verborgen.
Feldfunktion	Feld löschen	Benutzerdefinierte Felder können gelöscht werden. Danach ist auch der Inhalt dieser Felder gelöscht. CRM Standardfelder können nicht gelöscht, aber verborgen werden. In der Abbildung ist der entsprechende **[Löschen]** Button zu sehen.
Feldfunktion	Feld in einem Block verschieben	Felder können innerhalb eines Blocks verschoben und somit neu angeordnet werden.
Feldfunktion	Felder zwischen Blöcken verschieben	Sie könne ein oder mehrere Felder gleichzeitig von einem Block in einen anderen Block verschieben. In der Abbildung ist das Eingabefenster mit der Liste der verschiebbaren Felder zu sehen, was aufgeht, wenn auf das entsprechende Icon geklickt wurde. Man kann mehrere Felder gleichzeitig mit Hilfe der **Strg** Taste auswählen.
Steuerung der Reihenfolge für die 'Mehr Informationen' Tabs	bezogene Listen arrangieren	Zu jeder Detailansicht gibt es im CRM auch einen **Mehr Informationen** Tab. Sie können die Reihenfolge der angezeigten Referenzen ändern, indem Sie auf den **[bezogene Listen arrangieren]** Button klicken.

CRM Administration

Benutzerdefinierte Felder

Sie können für die meisten CRM Module Ihre eigenen benutzerdefinierten Eingabefelder definieren. Klicken Sie dazu auf das entsprechende Icon in dem Block, für den Sie ein Feld anlegen wollen. Es öffnet sich ein neues Fenster, wie in der Abbildung 4-25 gezeigt.

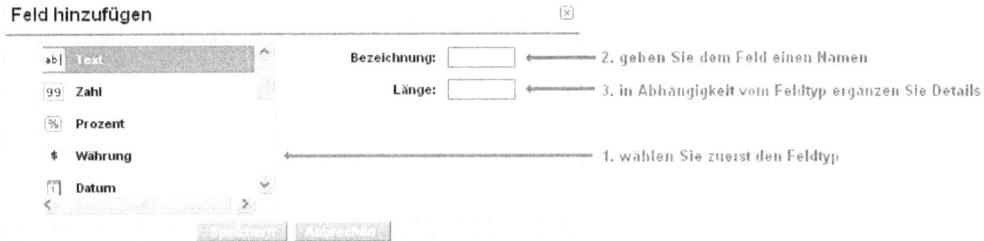

Abbildung 4-25: Benutzerdefinierte Felder anlegen

Wählen Sie zuerst Ihr Datenformat. Das CRM bietet Ihnen dazu die nachfolgend erklärten Möglichkeiten. Stellen Sie sicher, dass jedes Feld einen eindeutigen Namen erhält.

Datenformat (Typ)	Erklärung
Text	**Länge:** Geben Sie die maximale Anzahl von Zeichen an. Z.B. „10" für ein zehn Zeichen langes Eingabefeld.
Zahl	**Länge**: Geben Sie die maximale Anzahl von Stellen an. Z.B. „10" für zehn Stellen **Dezimalstellen**: Geben Sie die Anzahl der Dezimalstellen an, die Sie für das Zahlenformat haben wollen, z.B. „0" bedeutet ohne Dezimalstellen, „1" erzeugt eine Dezimalstelle, wie z.B. 55.4 usw.
Prozent	**Länge**: Geben Sie die maximale Anzahl von Stellen an. Z.B. „10" für zehn Stellen **Dezimalstellen**: Geben Sie die Anzahl der Dezimalstellen an, die Sie für das Zahlenformat haben wollen, z.B. „0" bedeutet ohne Dezimalstellen, „2" erzeugt zwei Dezimalstellen, wie z.B. 55.41 usw.
Währung	Die Angaben sind identisch zu den Angaben einer Zahl. Für die Anzeige im CRM wird dem Feldnamen in Klammern noch die Währung hinzugefügt.
Datum	Geben Sie dem Feld einen Namen. Das Datumsformat richtet sich nach den individuellen Nutzereinstellungen (Menü: **[Meine Einstellungen]**).

Datenformat (Typ)	Erklärung
E-Mail	Geben Sie dem Feld einen Namen. Eingaben für dieses Feld werden im CRM auf die Gültigkeit einer E-Mail Adresse geprüft.
Telefon	Geben Sie dem Feld einen Namen. Es findet keine Typprüfung bei Dateneingaben statt.
Auswahlliste (DropDown)	Sie können eine Liste erzeugen, indem Sie für jeden Begriff eine neue Zeile benutzen. Eine Auswahlliste wird im CRM immer wie ein Pflichtfeld verwendet. D.h. es gibt immer einen Eintrag zu einem Datensatz. Folglich ist es sinnvoll, als ersten Eintrag in eine Auswahlliste immer -- ohne—einzutragen, um eine bewusste Entscheidung eines Nutzers für einen Auswahllistenfeld zu veranlassen.
URL	Geben Sie dem Feld einen Namen. Eingaben für dieses Feld erfolgen ohne den Zusatz http://.
Checkbox	Geben Sie dem Feld einen Namen. Eine Checkbox dient für Ja/Nein Entscheidungen.
Text Bereich	Geben Sie dem Feld einen Namen. Ein solches Feld hat eine unbegrenzte Länge.
Multi-Auswahl Box	Sie können eine Liste erzeugen, indem Sie für jeden Begriff eine neue Zeile benutzen. Im Unterschied zu der Auswahlliste, können dann im Menü mehrere Einträge gleichzeitig ausgewählt werden.
Skype	Sie können dieses Feld benutzen, um das CRM System mit der Skype Anwendung zu verbinden, die auf Ihrem Computer installiert wurde und läuft. Mehr Informationen über Skype finden Sie unter http://www.skype.com. Geben Sie dem Feld hier einen Namen. Sie können dann in dem entsprechenden CRM Modul in dieses Feld eine Skype ID oder eine Telefonnummer eintragen.

Sie sollten sich Ihre Einstellungen zum Typ und Größe für die angelegten Felder merken. Sie benötigen das Format u.a., wenn Sie Felder aus Leads bei der Umwandlung in Verkaufspotentiale weiter behalten wollen.

CRM Administration

Benutzerdefinierte Felder für Leads

Benutzerdefinierte Felder für Leads bedürfen einer besonderen Beachtung. Sie können entscheiden, was mit dem Inhalt dieser Felder bei der Umwandlung eines Leads in ein Verkaufspotential passieren soll. Sie können die Informationen löschen oder in entsprechende Felder unter Verkaufspotentiale, Organisationen oder Personen weiter zur Verfügung haben.

Sie sollten die folgende Prozedur verfolgen, um die in den Lead Feldern vorhandenen Informationen bei der Leadumwandlung zu übertragen:

1. Erzeugen Sie benutzerdefinierte Felder in Verkaufspotentiale, Organisationen oder Personen, die in Referenz zu den benutzerdefinierten Feldern in Leads stehen. Z.B. wenn Sie in Leads ein Textfeld „Bankkonto" definiert haben, könnten Sie in Organisationen ein Feld „Kontonummer" erzeugen. Es wird empfohlen, immer eine andere Feldbezeichnung zu verwenden.
2. Öffnen Sie das Lead Modul im Menü: **Studio>Benutzerdefinierte Felder>Leads**.
3. Klicken Sie auf den **[Zuordnung der benutzerdefinierten Felder]** Button. Ein neues Eingabefenster öffnet sich, wie es in der Abbildung 4-26 dargestellt ist.

Abbildung 4-26: Verbinde benutzerdefinierte Felder von Leads

4. In der linken Spalte der Tabelle sehen Sie alle benutzerdefinierten Felder, die für Leads erzeugt worden sind. Wählen Sie die entsprechenden Felder in Organisationen, Personen oder Verkaufspotentiale. In dem Beispiel, das in der Abbildung zu sehen ist, wurde bereits einem benutzerdefinierten Feld „Bereich" aus dem Lead Modul ein Feld „Bereich" aus dem Organisationsmodul zugewiesen. Klicken Sie auf **[Speichern]**, um die Zuordnung im CRM System abzuspeichern.

Das Format der benutzerdefinierten Felder in Leads und das in Verkaufspotentialen, Organisationen oder Personen muss absolut identisch sein!

Nachdem Sie Ihre Zuordnungen definiert haben, werden die entsprechenden Felder bei einer Leadumwandlung, wie im Kapitel 3.2.2 im Abschnitt *Verkaufspotentiale aus einem Lead erzeugen* beschrieben, berücksichtigt.

4.2.2.2 Kurzinfo Management

Im Modulmanager steht Ihnen für die meisten CRM Module die Möglichkeit zur Verfügung, bestimmte Felder mit einer „Mouse Over" Funktion zu versehen. Diese zeigt Ihnen Inhalte von anderen Feldern an, die in der jeweiligen Listenansicht sonst nicht zu sehen sind. In der Abbildung 4-27 wird das an einem Beispiel illustriert.

Abbildung 4-27: Kurzinfo - Beispielansicht

Um diese Funktion zu aktivieren gehen Sie zum modulbezogenem **[Kurzinfo Management]** Menü. Wählen Sie zuerst das Feld, für welches Sie zusätzliche Information angezeigt haben wollen. Danach wird Ihnen eine Liste mit den verfügbaren Feldern angezeigt. Markieren Sie die Felder, die Sie mit angezeigt haben wollen und speichern Sie Ihre Einstellungen, so wie in der Abbildung 4-28 für die Wissensbasis beispielsweise gezeigt.

Abbildung 4-28: Kurzinfo - Wissensbasis

4.2.2.3 Feldberechnungen

Mit der Hilfe von Feldberechnungen können Sie Inhalte von **benutzerdefinierten Feldern**, welche im Text-, Datums- oder Zahlenformat vorliegen mit einem Ergebnis automatisch füllen lassen, was sich aus anderen vorhandenen Feldern berechnet.

> Diese automatische Berechnung wird jedes Mal und nur dann ausgeführt, wenn Stammdaten gespeichert werden.

Um diese Funktion bereitzustellen muss Ihr CRM die CRM Erweiterung „Fieldformulas" installiert haben.
Um für ein benutzerdefiniertes Feld eine solche Funktion bereitzustellen, muss dieses Feld zuerst mit Hilfe des Modulmanagers erstellt werden. Beachten Sie, dass dieses Feld als Text oder Zahlenfeld (keine Währung) formatiert sein muss.

Haben Sie ein solches Feld, gehen Sie zum Menü **[Einstellungen]>[Modulmanager]** und klicken Sie auf das zu dem Modul (z.B. Verkaufspotentiale) gehörende Hammer-Icon. Wenn Sie dann auf das Menü **[Feldberechnungen]** klicken, erscheint das in der Abbildung 4-29 gezeigte Menü.

Abbildung 4-29: Feldberechnungen - Listenansicht

An Hand eines Beispiels soll jetzt eine Feldberechnung erläutert werden. Dazu haben wir für Verkaufspotentiale ein benutzerdefiniertes Feld mit dem Namen „Wert" als Zahlenfeld angelegt. Wir wollen dieses Feld nun mit einem Zahlenwert füllen der sich aus den bereits vorhandenen Feldern „Betrag" und „Wahrscheinlichkeit" nach der Formel

$$\text{Wert} = \text{Betrag} * \text{Wahrscheinlichkeit}$$

ergibt.

Klicken Sie den **[neuer Feldausdruck]** Button, um das in der Abbildung 4-30 gezeigte Menü zur Erstellung von Feldformeln aufzurufen.

CRM Administration

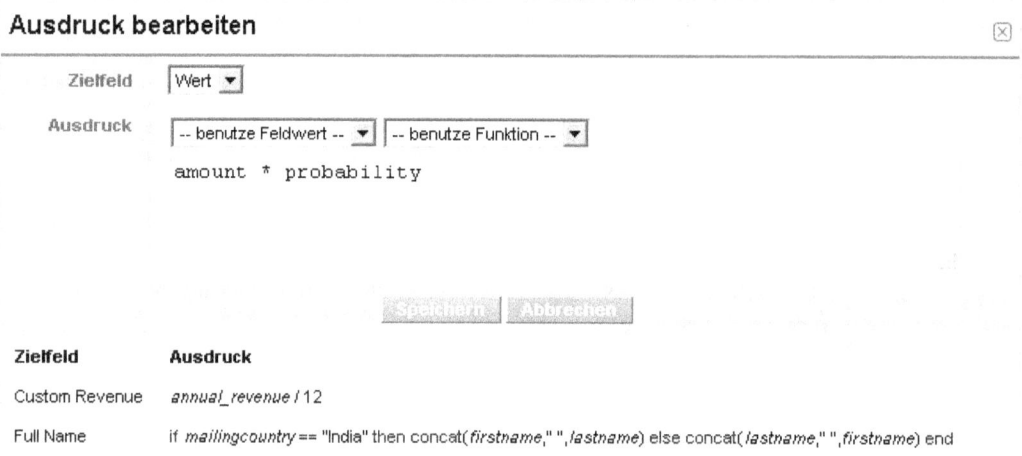

Abbildung 4-30: Erstellung von Feldformeln

Als Zielfelder werden Ihnen alle benutzerdefinierten Zahlen-, Datums- und Textfelder angezeigt und Sie müssen das Feld, was Sie berechnen wollen auswählen.

Um den Ausdruck zusammenzustellen, welcher dann das gewünschte Ergebnis berechnen soll, wählen Sie den entsprechenden Feldwert aus der ersten Auswahlliste und stellen Sie das Beispiel so zusammen, wie in der Abbildung gezeigt.

Für die Berechnung werden also nicht direkt die Namen Ihrer Eingabefelder benutzt, sondern s.g. Ersatzfelder verwendet.

Die zweite Auswahlliste in diesem Menü erlaubt Ihnen spezielle Funktionen zu nutzen. Diese sind identisch zu den Funktionen welche für einen Workflow bereitgestellt werden können und ausführlich im Kapitel 4.2.4.12 Liste der Workflows in der Tabelle 4-12: Workflow - Formeln für Ausdrücke zusammengefasst.

4.2.2.4 Auswahllisten Editor

Auswahllisten werden Ihnen vom CRM System in zahlreichen Bearbeitungsansichten zur Verfügung gestellt. Der Inhalt dieser Auswahllisten kann von Ihnen frei definiert werden, bezieht sich aber jeweilig auf die einzelnen Rollen.

Klicken Sie auf das **Auswahllisten Editor** Menü um eine Übersicht von allen CRM Modulen zu bekommen, die mit Auswahllisten arbeiten. In der Abbildung 4-31 werden beispielhaft die Auswahllisten für Anrufe/Besprechungen (Meetings) gezeigt.

CRM Administration

Abbildung 4-31: Studio - Auswahllisten Editor

Einige Einträge in den Auswahllisten können Sie nicht verändern. Diese werden bei der Systemeinrichtung bestimmt. Bitte wenden Sie sich an Ihren CRM Dienstleister, wenn diese Einträge verändert werden müssen.

Die Rollenbezogenheit der Inhalte von Auswahllisten bedeutet, dass Sie für verschiedene Rollen (außer admin Nutzer) unterschiedliche Inhalte der Auswahllisten anlegen können. Sie können dieses z.B. benutzen um die Angaben in verschiedenen Sprachen zu machen oder den Zugang zu bestimmten Eingabemöglichkeiten zu beschränken.

Um den Inhalt einer Auswahlliste zu verändern, wählen Sie zuerst die entsprechende Rolle und danach das CRM Modul für welches Sie den Inhalt der Auswahlliste bestimmen wollen. Danach können Sie entweder vorhandene Einträge in einer Auswahlliste ändern, löschen oder neue hinzufügen.

Die in der Detail- oder Bearbeitungsansicht eines Eintrages in einem CRM Modul bereitgestellten Auswahllisteninhalte werden in der Reihenfolge dargestellt, die Sie im Layout Editor festlegen. Erscheint die Anzeige „Ansicht gesperrt" so gibt es für den in dem CRM gespeicherten Inhalt für die Rolle des jeweiligen Nutzers keinen Auswahllisteneintrag. Sie müssen dann zum Auswahllisteneditor gehen und dort zu der entsprechenden Rolle den fehlenden Auswahllisteneintrag hinzufügen.

4.2.2.5 Verkettete Auswahllisten

Vorhandene oder im Auswahllisteneditor erstellt Auswahllisten sind einstufig. D.h. Sie können im Menü en Feldinhalt aus den angezeigten Inhalten auswählen. Mit Hilfe der

CRM Administration

verketteten Auswahllisten können Sie zu einer existierenden Auswahlliste eine Abhängigkeit zu einer anderen Auswahlliste hinzufügen und somit die Auswahlliste mehrstufig machen. D.h., wenn der Inhalt einer Auswahlliste geändert wird, ändert sich auch der Inhalt der abhängigen bzw. verketteten Auswahlliste.

Die nachfolgende Beschreibung erklärt das an einem Beispiel. Nehmen wir an, wir haben mit Hilfe des Modulmanagers zu den Organisationen zwei benutzerdefinierte Auswahllisten hinzugefügt:

Name	Inhalt		Name	Inhalt
Produkttyp	--ohne--		Produkte	--ohne--
	Obst			Kartoffel
	Gemüse			Kohl
	Anderes			Erbsen
				Apfel
				Pflaume
				Birne
				Verpackungskisten

Wir wollen nun, dass in der Auswahlliste von Produkten nur die Produkte angezeigt werden, die zu dem jeweiligen Produkttyp gehören. Also z.B. Apfel, Pflaume und Birne zu Obst, Kartoffeln, Kohl und Erbsen zu Gemüse und Verpackungskisten zu Anderes. Dazu geht man wie folgt vor:

Gehen Sie zu dem Menü **Verkettete Auswahllisten**, wie in der Abbildung 4-32 gezeigt.

Abbildung 4-32: Verkettete Auswahllisten - Listenansicht

Wählen Sie das Modul **Organisationen** und klicken Sie auf den Button **[Neue Auswahllisten - Abhängigkeit]** um in die Bearbeitungsansicht zu kommen, wie in Abbildung 4-33 gezeigt.

CRM Administration

Abbildung 4-33: Verkettete Auswahllisten – Bearbeitungsansicht zur Auswahllistenselektion

In dieser Abbildung müssen Sie die Abhängigkeit definieren. Als Quell- und Zielfelder werden Ihnen hier in diesem Beispiel alle Auswahllisten aus dem Menü Organisationen gezeigt.
Mit Hilfe des Quellfeldes steuern Sie die Anzeige in der Auswahlliste des Zielfeldes. In unserem Beispiel wird also durch den Produkttyp die Anzeige bei den Produkten gesteuert.

Klicken Sie auf **[Weiter]** um die Verkettung festzulegen.

Das nachfolgende Menü, wie in Abbildung 4-34 gezeigt, gibt Ihnen nun die Möglichkeit festzulegen, welche Feldinhalte in der Auswahlliste des Zielfeldes zu sehen sein sollen, wenn in der Auswahlliste des Quellfeldes eine Auswahl getroffen wird.

Abbildung 4-34: Verkettete Auswahllisten – Bearbeitungsansicht zur Feldselektion

Als Spaltenüberschrift sehen Sie die Auswahllisteninhalte aus dem Quellfeld. Es empfiehlt sich Spaltenweise vorzugehen und alle Felder, die man in Bezug auf die Überschrift nicht in der verketteten Auswahlliste sehen will, durch einen Klick auf das betreffende Feld abzuwählen. In der Abbildung sehen Sie z.B. dass es zum Produkttyp *--ohne--* nur den Eintrag *--ohne--* für Produkte geben soll.

Mit Hilfe des Buttons **[Wählen Sie Quellwerte]** rufen Sie ein weiteres Menü auf, mit dem Sie Inhalte des Quellfeldes von einer Steuerung des Zielfeldes ausschließen können indem Sie den Haken aus der Checkbox entfernen.

Sie können mit einem Quellfeld auch den Inhalt mehrerer Zielfelder steuern. Erstellen Sie dazu eine neue Verkettung indem Sie auf den Button **[Neue Auswahllisten - Abhängigkeit]** (siehe Abbildung 4-33) klicken.

4.2.2.6 Menü Editor

Sie können obere Navigationsleiste des CRM's ändern, so dass dort der direkte Zugang zu den Menüs zu sehen ist, welche in Ihrem Unternehmen am häufigsten benutzt werden.
Wie in zu sehen, zeigt Ihnen der Menü Editor auf der linken Seite eine Liste aller im CRM vorhandenen und aktiven Module. Auf der rechten Seite, sehen Sie die Liste der Module, welche für eine Ansicht ausgewählt worden sind. Sie können das ändern und auch die Reihenfolge in der Anzeige bestimmen. Die ersten 10 Einträge in der rechten Liste werden direkt angezeigt. Ab dem 11. Eintrag werden die Menüs im **[mehr]** Menü angezeigt.

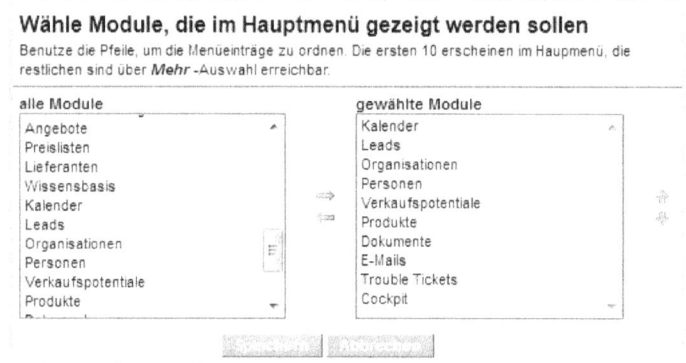

Abbildung 4-35: Menü Editor - Bearbeitungsansicht

CRM Administration

4.2.3 Vorlagen

Kommunikationsvorlagen helfen Ihnen, mit dem CRM System effektiver zu arbeiten. Im CRM System können Sie Vorlagen für E-Mails und Dokumente hinterlegen, Benachrichtigungen bei besonderen Ereignissen definieren, Ihren Bestand managen oder Ihre Geschäftsbedingungen eingeben. In den folgenden Kapiteln werden die Details erläutert.

4.2.3.1 Benachrichtigungen

Das CRM System bietet Ihnen an, sich per E-Mail über besondere Ereignisse informieren zu lassen. Die Einstellungen für diese Nachrichten und die Liste der Nachrichtentypen sind über das **Benachrichtigungen** Menü erreichbar und in der Abbildung 4-36 zu sehen.

 Einstellungen > **Benachrichtigungen**
bearbeiten Sie die Benachrichtigungen, die bei wichtigen Ereignissen automatisch aus vom CRM versendet werden

Benachrichtigungen

#	Benachrichtigung	Beschreibung	Status	Werkzeug
1	Aufgabe verspätet	Aufgabe um mehr als 24h verspätet	Aktiv	
2	keine Benachrichtigung	für zukünftige Verwendung reserviert	Aktiv	
3	offene Tickets	Statusmeldung über offene Tickets	Aktiv	
4	zu viele Tickets	Zu viele Tickets bei einem Vorfall; könnte darauf hinweisen, dass Servicelevel nicht eingehalten werden kann	Aktiv	
5	automatische Benachrichtigung an Personen	das ist die E-Mail, die an eine Person versendet wird, sobald das Kundenportal für diese Person freigeschaltet wird	Aktiv	
6	Ende Supportfall	Mitteilung über einen abgeschlossenen Supportfall	Aktiv	
7	Supportfall ist in einem Monat beendet	Mitteilung über einen Supportfall, der in einem Monat endet	Aktiv	
8	Ereignisbenachrichtigung	Erinnere vor einem Ereignis entsprechend der Zeitplanung	Aktiv	

Abbildung 4-36: Benachrichtigungen - Listenansicht

In der gegenwärtigen Version ist es nicht möglich, über Menüs die Einstellungen für die Kriterien, die zu einer Nachricht führen, zu ändern. Die Nachricht über viele Tickets ist mit der jeweiligen Organisation verbunden, die Nachricht über Support Start und Ende bezieht sich auf Personen.

Klicken Sie auf das **[Werkzeug]** Icon, um ein Benachrichtigungstyp zu aktivieren oder zu deaktivieren, bzw. den Inhalt der E-Mail zu bestimmen. Alle Benachrichtigungen werden als E-Mail versendet, wenn die Bedingungen erfüllt sind. Die E-Mail wird an den Besitzer eines Kontaktes, eines Verkaufspotentials oder eines Tickets versendet. Die Benachrichtigungen über das Ende eines Supportfalles gehen an den Inhaber des Moduls, wie im Kapitel 4.2.4.7 Modulen Besitzer zuweisen erläutert ist.

4.2.3.2 Bestandsnachrichten

Sie können das CRM System so konfigurieren, dass automatisch Nachrichten gesendet werden, wenn bestimmte Bedingungen in der Bestandsführung auftreten. Klicken Sie dazu auf das **Bestandsnachrichten** Menü. In der Abbildung 4-37 wird die Beschreibung dieser Bedingungen angezeigt.

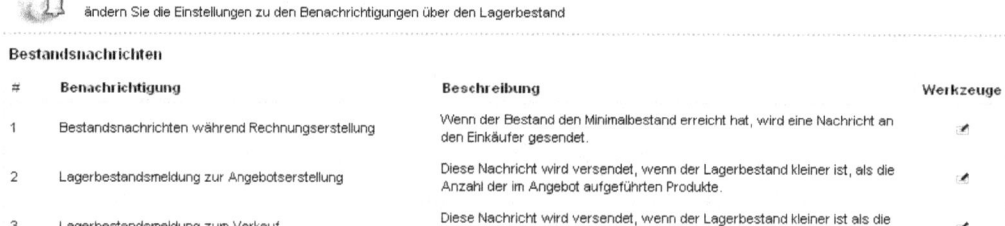

Abbildung 4-37: Bestandsbenachrichtigungen

Beachten Sie, dass Sie für Ihre Waren einen Verantwortlichen festlegen können, der dann auch der Empfänger dieser Benachrichtigungen ist. Die Einrichtung eines solchen Verantwortlichen ist im Kapitel: Produkt bezogene Eingaben beschrieben. Den Inhalt der Nachricht können Sie bearbeiten, indem Sie auf das Icon in der Werkzeugspalte klicken.

4.2.3.3 E-Mail Vorlagen

Wenn Sie E-Mails aus dem CRM System versenden, ist es praktisch, bereits Vorlagen zu haben. Das können z.B. Standard E-Mails sein, die Sie beim ersten Kundenkontakt aussenden. Um die bereits vorhandenen E-Mail Vorlagen zu sehen, klicken Sie auf das **E-Mail Vorlagen** Menü. In der Abbildung 4-38 sind die Vorlagen zu sehen, die mit dem

> Beachten Sie beim Einfügen von Feldern, dass Sie nur die Felder einfügen können, die zu dem CRM Modul gehören, für das Sie eine Vorlage erzeugen. Wenn Sie also z.B. eine Vorlage für Leads erzeugen, dürfen Sie nur die Werte aus der Auswahlliste für Leads verwenden.

CRM System im Auslieferungszustand vorhanden sind. Sie können die vorhandenen Vorlagen verändern, löschen oder neue Vorlagen im CRM System hinterlegen.

E-Mail Vorlagen

#	Auswählen	E-Mail Vorlage	Beschreibung
1	☐	Support Endenachricht ein Monat im vorraus	Benachrichtigung per E-Mail zum Ende des Supports in einem Monat
2	☐	Support end notification a month in advance	email message one month before support ends
3	☐	E-Mail Benachrichtigung eine Woche vor Ende	E-Mail Benachrichtigung eine Woche vor Ende des Supports
4	☐	Support end notification one week in advance	Notification email to customer one week before the support end date
5	☐	Kundenportal Login Details	Sende Portal Login Details zur freigeschalteten Person
6	☐	Customer Login Details	Send portal login details to customer

Abbildung 4-38: E-Mail Vorlagen - Listenansicht

Um eine neue E-Mail Vorlage zu erstellen, haben Sie die Möglichkeit eine Vorlage mit Hilfe des HTML Editors zu erstellen. Dabei können Sie mit Hilfe sogenannter Ersatzfelder die Vorlagen so gestalten, dass Informationen aus dem CRM beim Versenden automatisch übernommen werden. Im Folgenden wird die Vorgehensweise für die Erstellung einer personalisierten Anrede für Personen erläutert.

Klicken Sie auf den **[Neue Vorlage]** Button um in die Bearbeitungsansicht zu gelangen. In der Abbildung 4-39 sehen Sie eine bereits ausgefüllte Vorlage.

CRM Administration

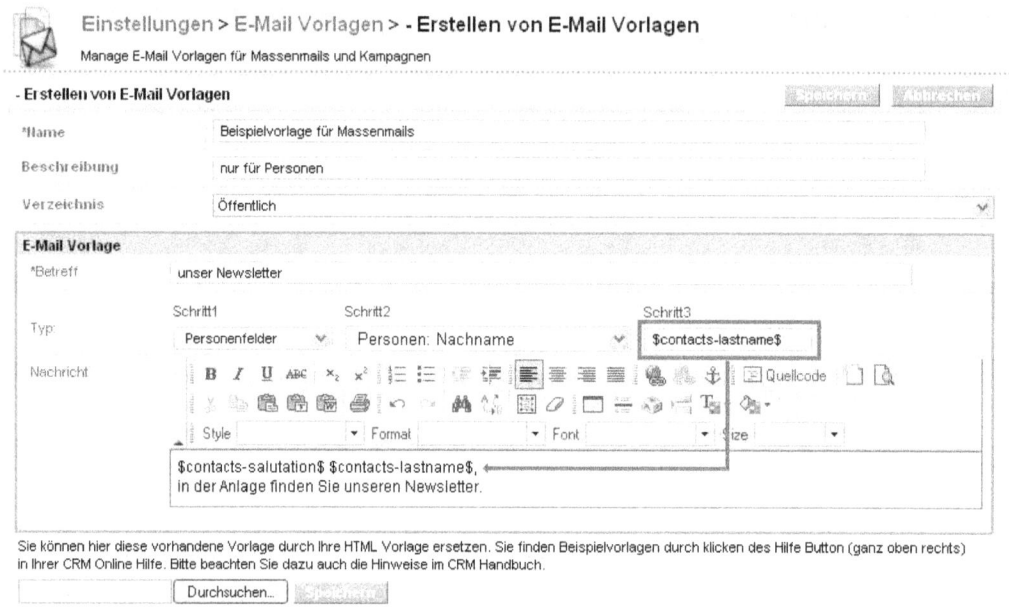

Abbildung 4-39: E-Mail Vorlagen - Bearbeitungsansicht

Sie sehen, dass der Vorlage ein Name gegeben wurde und in der Beschreibung darauf hingewiesen wurde, dass diese Vorlage nur für E-Mails an Personen verwendet werden darf. Das ist wichtig, da Sie Ersatzfelder benutzen und diese immer in Bezug auf ein entsprechendes CRM Modul zu benutzen sind. Die Ersatzfelder erkennen Sie an Hand des $......$ Formates. Um die zu einem Modul gehörenden Ersatzfelder zu bekommen, legen Sie zuerst den Typ der E-Mail Vorlage fest. In der Abbildung ist das im Schritt 1 der Typ Personenfelder. Danach wählen Sie das Feld aus, was Sie benutzen wollen (Schritt 2) und kopieren den Code aus Schritt 3 in Ihre Vorlage.

4.2.3.4 Unternehmensinformation

Wenn Sie das CRM benutzen, um PDF Ausgaben für Angebote, Rechnungen oder Bestellungen zu erzeugen, müssen Sie zuvor Ihre Unternehmensangaben im CRM ablegen. Im Menü **Unternehmensinformation** können Sie über den **[Bearbeiten]** Button Ihre Angaben zu Ihrem Unternehmen erfassen.

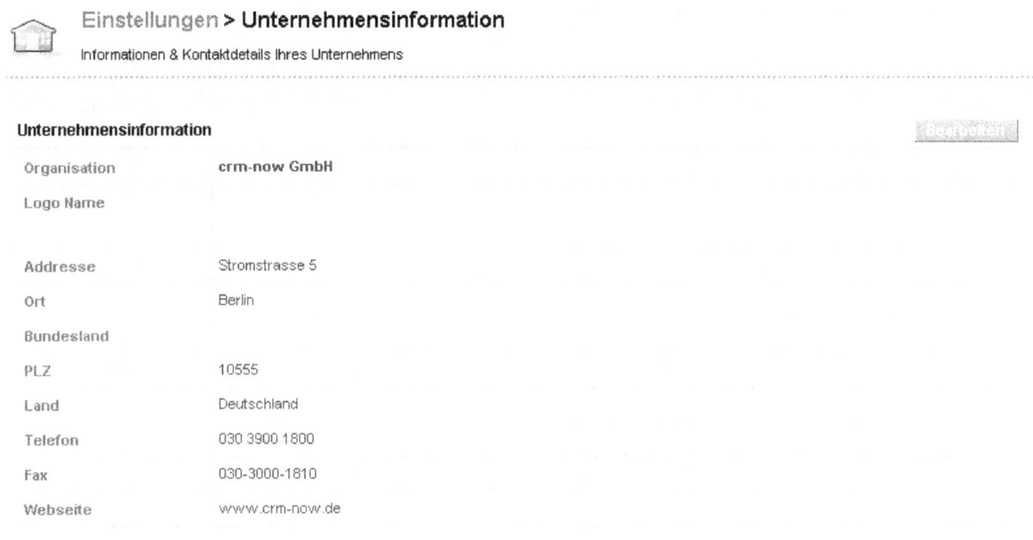

CRM Administration

Einstellungen > **Unternehmensinformation**
Informationen & Kontaktdetails Ihres Unternehmens

Unternehmensinformation

Organisation	crm-now GmbH
Logo Name	
Addresse	Stromstrasse 5
Ort	Berlin
Bundesland	
PLZ	10555
Land	Deutschland
Telefon	030 3900 1800
Fax	030-3000-1810
Webseite	www.crm-now.de

Abbildung 4-40: Unternehmensinformation - Detailansicht

In der Abbildung 4-40 sehen Sie ein Beispiel. Die Angaben sind für die PDF Ausgaben notwendig.

4.2.3.5 Textvorlagen

Daten aus dem CRM System können mit Textvorlagen, die unter MS Office erstellt wurden, verbunden werden. Diese kann der Administrator allen Nutzern zur Verfügung stellen.

Um eine vorhandene Vorlage zum CRM zu übertragen, klicken Sie auf den **[Vorlage hinzufügen]** Button im **Textvorlagen** Menü, wie es in der Abbildung 4-41 dargestellt ist.

In dieser Ansicht werden Ihnen alle vorhandenen Vorlagen angezeigt und Sie können nicht mehr benötigte Vorlagen markieren und löschen.

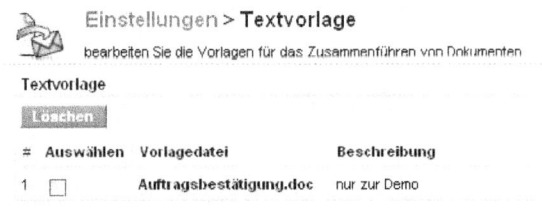

Abbildung 4-41: Textvorlagen - Listenansicht

Textvorlagen müssen vor Bereitstellung im CRM System von Ihnen auf Ihrem Computersystem erstellt werden. Dazu wird das MS Office Plugin benötigt. Im Anhang finden Sie dazu weitere Details.

Beim Erstellen einer neuen Vorlage müssen Ihren Computer nach der von Ihnen erstellten

CRM Administration

Vorlage durchsuchen und sollten eine kurze Beschreibung der Vorlage hinzufügen. Danach müssen Sie entscheiden, für welches CRM Modul die Vorlage zur Verfügung stehen soll. Es ist ratsam dazu auch einen Vermerk in der Beschreibung, wie in Abbildung 4-42 dargestellt, zu machen. Klicken Sie auf **[Speichern]**, um Ihre Angaben zum CRM zu übertragen.

Abbildung 4-42: Textvorlagen - Bearbeitungsansicht

Alternativ oder in Ergänzung der Textvorlagen gibt es für das CRM die kommerzielle Erweiterung „CRM Word Connector", welche ohne das Speichern von Vorlagen im CRM auskommt und direkt in Word Serienbriefe mit CRM Daten erstellen kann. Die Bezugsquelle ist im Anhang B aufgeführt.

4.2.4 Andere Einstellungen

Mit Hilfe der im Folgenden beschriebenen Konfigurationsfunktionen können Sie Ihre Unternehmensinformationen im CRM ablegen, den Server für Ihre ausgehenden E-Mails konfigurieren, ein automatisches Backup organisieren und die von Ihnen verwendeten Währungen festlegen.

4.2.4.1 Währungseinstellungen

Klicken Sie auf das Menü **Währungseinstellungen** um die Währungen zu definieren, die Sie im CRM System benutzen wollen. Durch Klicken auf den **[Neue Währung]** Button, wie in der Abbildung 4-43 gezeigt, können Sie eine unbegrenzte Anzahl von Währungsarten hinzufügen.

CRM Administration

Abbildung 4-43: Währungseinstellungen - Listenansicht

Für neue Währungen müssen Sie die nachfolgenden Informationen im CRM erfassen, siehe nachfolgende Abbildung 4-44.

Abbildung 4-44: Währung – Bearbeitungsansicht

Tabelle 4-10: Angaben zu Währungen

Feldname	Bedeutung
Währungsname:	Wählen Sie die benötigte Währung. In der Liste sind alle wichtigsten Währungen enthalten. Ihr CRM Betreiber kann bei Bedarf weitere Währungen hinzufügen.
Währungscode:	Hier wird Ihnen der passende ISO Währungscode angezeigt.
Symbol:	Hier wird Ihnen das Währungssymbol angezeigt, wie es für alle Ausgaben im CRM genutzt wird.
Umrechnungsrate:	Hier müssen Sie die Umrechnungsrate bezogen auf Ihre Standardwährung, in den meisten Fällen EUR, eingeben.
Status:	Sie können eine Währung aktiv oder inaktiv schalten. Inaktive Währungen können im CRM nicht genutzt und keinem CRM Nutzer zugeordnet werden.

Wie im Kapitel 4.2.1 beschrieben, wird jedem Nutzer eine Währung zugewiesen.

4.2.4.2 Einstellungen Steuern

Wie in der Abbildung 4-45 zu sehen, kann das CRM System Steuern berücksichtigen, wenn Preise für Angebote, Bestellungen oder Rechnungen kalkuliert werden.

Alle Preisberechnungen im CRM auf der Basis von Netto Beträgen gemacht. Bei einer Netto basierten Berechnung, wird die anzuwendende Steuer (z.B. MwSt.) durch das CRM selbst berechnet und zu dem Preis eines Produktes oder einer Dienstleistung hinzugerechnet.

Abbildung 4-45: Einstellungen Steuern

Um die zu verwendenden Steuern festzulegen, klicken Sie auf den **[Bearbeiten]** Button. Das CRM System wird mit einer Reihe von vordefinierten Steuertypen bereitgestellt. Sie können diese nutzen, bearbeiten oder durch einen Klick auf die Checkbox deaktivieren. Zusätzlich können Sie Ihre eigenen Steuerarten definieren. Geben Sie die Steuern in Prozent (%) an. Klicken Sie auf den **[Speichern]** Button, um die Steuereinstellungen zum CRM System zu übertragen.

4.2.4.3 Proxy Server Einstellungen

Wenn Ihr Unternehmen einen Proxy Server benutzt, um auf das Internet zuzugreifen, können Sie über das **Proxy Server Einstellungen** Menü diese Informationen dem CRM System mitteilen. Sie brauchen das z.B., wenn Sie aus dem CRM auf andere Webseiten zugreifen wollen. Wenn Sie auf den **[Bearbeiten]** Button klicken, öffnet sich das in Abbildung 4-46 gezeigte Menü

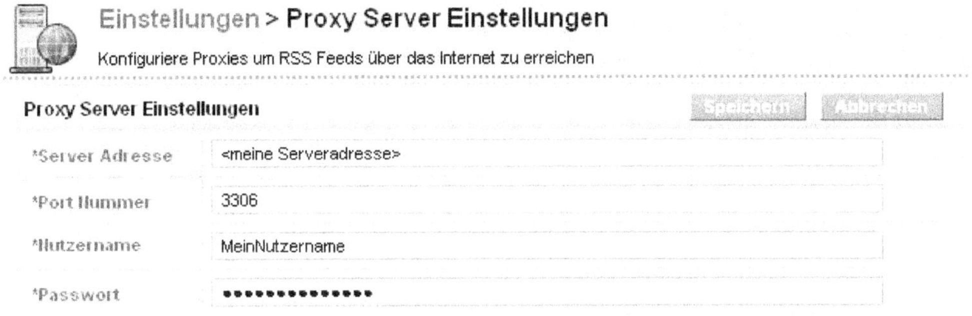

CRM Administration

```
Einstellungen > Proxy Server Einstellungen
Konfiguriere Proxies um RSS Feeds über das Internet zu erreichen

Proxy Server Einstellungen                          [Speichern] [Abbrechen]
  *Server Adresse    <meine Serveradresse>
  *Port Nummer       3306
  *Nutzername        MeinNutzername
  *Passwort          ••••••••••••••
```

Abbildung 4-46: Proxy Server Einstellungen - Bearbeitungsansicht

Sie müssen alle Eingabefelder ausfüllen. Gegebenenfalls sollten Sie Ihren Internet Dienstanbieter konsultieren, um die benötigten Informationen zu erhalten. Klicken Sie auf **[Speichern]**, um die Informationen an das CRM System zu übertragen.

4.2.4.4 Mailserver

Wenn Sie aus dem CRM E-Mails versenden oder automatische Benachrichtigungen aus dem CRM erhalten wollen, müssen Sie den Server für ausgehende E-Mails konfigurieren. Da es häufig vorkommen kann, dass Sie automatische Nachrichten aus dem CRM erhalten, ist die Einrichtung des Servers sehr zu empfehlen.

Alle CRM Nutzer senden Ihre E-Mails über diesen Server. Wenn ein Nutzer eine E-Mail versendet, wird die E-Mail Adresse, die in den individuellen Nutzereinstellungen angegeben wurde, automatisch als Absender verwendet.

Um die Zugangsdaten für den Server, wie in der Abbildung 4-47 für Postausgang Detailansicht dargestellt, zu erfassen, klicken Sie im **Mailserver** Menü auf den **[Bearbeiten]** Button. Die notwendigen Angaben erhalten Sie von Ihrem E-Mail Dienstanbieter. Stellen Sie sicher, dass dieser Mailserver aus dem Internet erreichbar ist, wenn Sie das CRM über das Internet benutzen wollen.

CRM Administration

Einstellungen > **Mailserver**

bearbeiten Sie die E-Mail Server Einstellungen für alle ausgehenden E-Mails. An die E-Mail Adresse des CRM Administrators wird danach eine E-Mail aus dem CRM zur Bestätigung der Verbindung zu Ihrem Server gesendet.

Mail Server (SMTP)

* Servername	smtp.<mein Server>
Nutzername	meinnutzername
Passwort	•••••••••
E-Mail von	
Authentifikation erforderlich?	✓

[Speichern] [Abbrechen]

Abbildung 4-47: Mailserverkonfiguration

Der Mailserver muss mit dem s.g. SMTP Protokoll mit Ihrem CRM kommunizieren können.
In das Feld „E-Mail von" kann nur eine E-Mail Adresse eingetragen werden.
Mit einem Eintrag in dieses Feld initialisieren Sie eine spezielle Funktion: Wenn Sie eine E-Mail aus dem CRM versenden, so wird normalerweise automatisch die E-Mail Adresse als Absender beigefügt, die Sie bei dem entsprechenden CRM Nutzer in seinen Stammdaten hinterlegt haben. Wenn Sie jedoch wollen, dass alle E-Mails aus dem CRM die gleiche Antwortadresse haben, so füllen Sie dieses Feld mit der für alle E-Mails dann gültigen Absenderadresse aus. In der Regel wird das nicht notwendig sein.

4.2.4.5 Backup Server Einstellungen

Sie sollten von Ihren Daten regelmäßig, möglichst täglich, ein Backup machen. Das schützt Sie nicht nur gegen einen Datenverlust durch einen Defekt, sondern ermöglicht Ihnen auch eine Systemwiederherstellung bei unerwünschten Datenmanipulationen durch CRM Nutzer.

Die in dem CRM integrierte entfernte Backup Funktion erlaubt Ihnen ein Backup der Inhalte Ihrer Datenbank und Teile Ihres Dateisystems. Beachten Sie, dass darin nicht Ihre CRM Programmdateien eingeschlossen sind. Jedoch ist auch ohne diese Programmdateien eine vollständige Wiederherstellung Ihrer CRM Daten möglich.

Das CRM erlaubt Ihnen mit einem lokalen Backup Ihre Daten zu sichern. Für ein lokales Backup, also z.B. auf einer zweiten Computerfestplatte, müssen Sie in dem **Backup Server Einstellungen** Menü durch markieren der entsprechenden Checkbox, das Menü zur Pfadeingabe aufrufen, auf **[Bearbeiten]** klicken und Ihren Pfad angeben, wie in der Abbildung 4-48 gezeigt. Beim Speichern der Pfadangaben prüft das CRM ob dieser Pfad

CRM Administration

erreichbar ist. Wenn nicht, wird eine Fehlermeldung ausgegeben. Wenn die Prüfung erfolgreich verlief können Sie daraufhin einen Backup unmittelbar über den dann erscheinenden Button starten

Abbildung 4-48: Lokales Backup - Bearbeitungsansicht

Als zweite Option können Sie einen Backup auf einen anderen Server machen. Voraussetzung für so ein entferntes Backup ist es, dass Sie einen FTP (File Transfer Protocol) Server zur Verfügung haben. Aktivieren Sie die Checkbox **[Zulassen Backup Server Einstellungen]** und klicken Sie im **Backup Server Einstellungen** Menü auf den **[Bearbeiten]** Button, um Ihre Daten einzugeben. Das Menü ist in der Abbildung 4-49 dargestellt. Die Zugangsdaten erhalten Sie von Ihrem Dienstanbieter. Bitte erwähnen Sie, dass Sie ein s.g. passives FTP Protokoll benötigen.

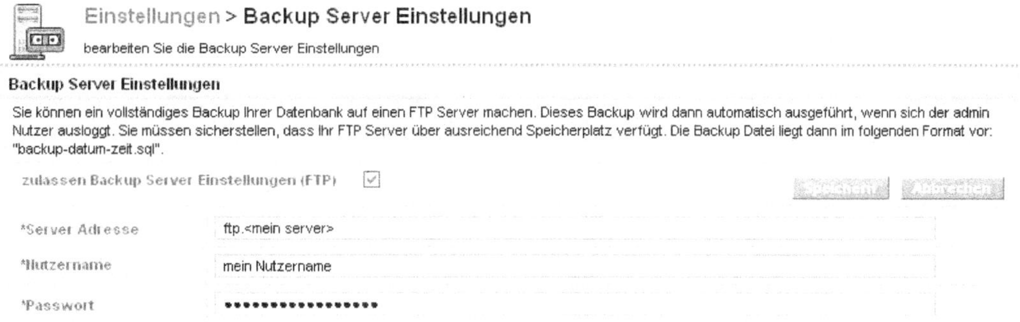

Abbildung 4-49: FTP Server Konfiguration - Bearbeitungsansicht

Klicken Sie auf **[Speichern]**, um Ihre Angaben zum CRM zu übertragen.

Das Backup funktioniert automatisch, wenn Sie sich als admin Nutzer ausloggen. Bei jedem Logout wird ein neues File mit Ihren Daten auf Ihrem FTP Server bzw. bei einem lokalen Backup in dem angegebenen Zielverzeichnis abgelegt. Die Bezeichnung der automatisch erzeugten FTP Backup-Datei folgt der folgenden Regel: „backup-<date>-<time>.sql".
Für die Initiierung eines Backup Prozesses reicht es nicht, dass Sie das CRM System, z.B. durch Aufrufen einer anderen Webseite, verlassen. Sie müssen sich ausloggen. Achten Sie darauf, dass Ihnen auf dem FTP Server genügend Speicherplatz zur Verfügung steht.

CRM Administration

In Abhängigkeit von der Geschwindigkeit Ihres Zuganges zu dem FTP Server und der Menge der zu übertragenden Daten, kann es zu einer Verzögerung der Logout Prozedur kommen. In dieser Zeit kann das CRM auch nicht weiter genutzt werden. Sie sollten deshalb einen Backup nur dann durchführen, wenn andere Nutzer das CRM nicht benötigen. Sollten Sie mit dieser Verzögerung nicht zufrieden sein, fragen Sie Ihren CRM Betreiber nach anderen Backup Möglichkeiten.

4.2.4.6 Bekanntgaben

Nutzer mit Administratorrechten steht eine Funktion zur Verfügung, mit der Bekanntmachungen im CRM veröffentlicht werden können. Solch eine Bekanntmachung erscheint als Laufschrift im oberen Teil des CRM Systems, wie in der Abbildung 4-50 zu sehen ist.

Abbildung 4-50: Anzeige einer Bekanntgabe

Sie können eine Bekanntmachung im **Bekanntgaben** Menü verfassen, wie es in der Abbildung 4-51 dargestellt ist.

Abbildung 4-51: Bekanntgabe bearbeiten

Klicken Sie auf **[Speichern]**, um Ihre Bekanntmachung zu veröffentlichen. Sie sehen diese dann als Laufschrift, nachdem Sie das Einstellungsmenü verlassen haben.

4.2.4.7 Modulen Besitzer zuweisen

Jedes CRM Modul hat einen Besitzer. Standardmäßig ist für alle Module der Administrator als Besitzer vorgegeben. In der gegenwärtigen CRM Version ist die Funktion nur für Trouble Tickets sinnvoll anzuwenden. Bitte ändern Sie nicht die Einstellungen für die anderen CRM Module!

CRM Administration

Sie können das Modul Trouble Tickets einem anderen CRM Benutzer zuweisen. Wenn dann ein Ticket über das Kundenportal erzeugt wird, erhält der Eigentümer des Moduls eine E-Mail mit einer Benachrichtigung.

4.2.4.8 Standard Modulansicht

Sie können die Detailansicht von Modulen verändern, indem Sie auf das **Standard Modulansicht** Menü gehen. Durch das Aktivieren der Checkbox können Sie in die kompakte Detailansicht wechseln, d.h. die Detailansicht von Modulen ist auf einer Seite zusammengefasst. Es gibt dann also keinen **[mehr Informationen]** Tab mehr.

4.2.4.9 Geschäftsbedingungen

Sie können Inhalte zu den Allgemeinen Geschäftsbedingungen im CRM ablegen. So ist es z.B. sinnvoll in jedem Angebot oder Rechnung zu vermerken „Es gelten unsere Allgemeinen Geschäftsbedingungen". Diese Information wird dann automatisch in die entsprechende PDF Ausgabe übernommen.

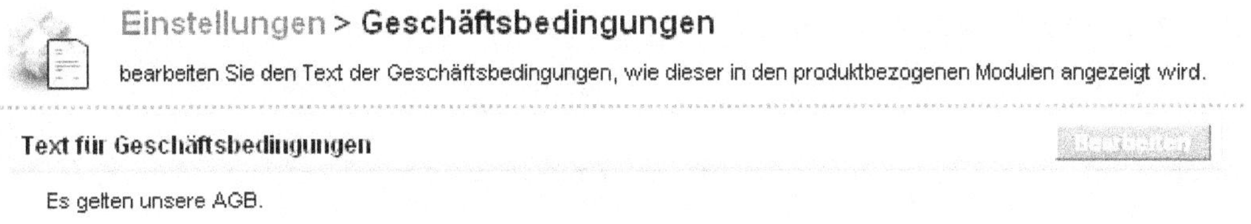

Einstellungen > **Geschäftsbedingungen**

bearbeiten Sie den Text der Geschäftsbedingungen, wie dieser in den produktbezogenen Modulen angezeigt wird.

Text für Geschäftsbedingungen — Bearbeiten

Es gelten unsere AGB.

Abbildung 4-52: Geschäftsbedingungen - Detailansicht

Klicken Sie dazu auf **[Bearbeiten]** im **Geschäftsbedingungen** Menü, um das Eingabefenster zu öffnen, welches in der Abbildung 4-52 gezeigt wird. Geben Sie Ihre Angaben ein und klicken Sie auf **[Speichern]**.

4.2.4.10 Anpassen der Nummerierung

Im CRM können Sie für alle Datensätze ein eigenes Nummerierungsformat definieren. Das ist z.B. sinnvoll, wenn Ihre Buchhaltung ein spezielles Schema für die Nummerierung von Kunden oder Rechnungen hat. Gehen Sie dazu auf das Menü **Anpassen der Nummerierung**, wie in Abbildung 4-53 dargestellt.

CRM Administration

Abbildung 4-53: Nummerierung anpassen

Wählen Sie zuerst das CRM Modul für welches Sie die Nummerierung anpassen wollen. Geben Sie danach als Bezeichnung den Präfix und eine laufende Nummer ein. Für den Fall, dass es Datensätze gibt, die noch keine Nummer haben, können Sie diese aktualisieren. Das ist z.B. notwendig, wenn Ihr CRM von einer älteren Softwareversion umgestellt wurde. Klicken Sie auf **[Speichern]** um das neue Nummerierungsschema zu aktivieren.

4.2.4.11 E-Mail Konverter

Mit Hilfe des der Mail Konverter Funktion können Sie eine oder mehrere bestimmte E-Mail Server Adressen automatisch durch das CRM abfragen. Wenn bestimmte Kriterien bei einer E-Mail erfüllt sind, können automatische Aktionen im CRM ausgeführt werden.

Wenn Sie z.B. eine bestimmte E-Mail Adresse für alle Supportanfragen haben, sollen alle einkommenden E-Mails ein Ticket im CRM erzeugen, wenn der Inhalt der E-Mail die Zeichenfolge 'brauche Hilfe zum Thema: ' hat. Sie können aber auch den Mail Konverter dazu benutzen um z.B. E-Mails die von Ihrer Webseite kommen, da sich jemand für Ihr Angebot interessiert, auszuwerten und ggf. eine Person im CRM auf Grundlage der übermittelten Daten zu erstellen.

Im Ergebnis eines Mail Scans haben Sie prinzipiell folgende Optionen:

- **Erstelle ein Trouble Ticket:** Der BETREFF der E-Mail wird der Titel des Tickets. Der E-MAIL INHALT wird die Beschreibung zum Ticket. Die VON E-Mail Adresse wird automatisch mit vorhandenen E-Mails Adressen zu Personen oder Organisationen verglichen. Wenn die E-Mail Adresse im CRM vorhanden ist, wird eine Referenz der entsprechenden Person oder Organisation zu dem Ticket mit angelegt.
- **Aktualisiere ein Trouble Ticket:** Der BETREFF der E-Mail wird der Titel des Tickets. Der E-MAIL INHALT wird die Beschreibung zum Ticket.
- Erstelle eine E-Mail zu einer Person unter Berücksichtigung der VON Angaben in der E-Mail.
- Erstelle eine E-Mail zu einer Person unter Berücksichtigung der AN Angaben in der E-Mail.

CRM Administration

- Erstelle eine E-Mail zu einer Organisation unter Berücksichtigung der VON Angaben in der E-Mail.
- Erstelle eine E-Mail zu einer Organisation unter Berücksichtigung der AN Angaben in der E-Mail.
- eine E-Mail als gelesen, sobald diese von dem Konverter erfasst wurde.

Um den Mail Konverter einzurichten, öffnen Sie das **Mail Konverter** Menü und klicken Sie auf den **[Bearbeiten]** Button. Es öffnet sich ein Menü zur Bearbeitung der Serverangaben, wie in der Abbildung 4-54 dargestellt.

Beachten Sie, dass Sie E-Mails nur mit dem IMAP (Internet Message Access Protocol) Protokoll abfragen können. Ihr Internet Service Provider kann Ihnen die entsprechenden Zugangsdaten geben.

Nähere Informationen zu dem Protokoll finden Sie z.B. online in der Wikipedia: http://de.wikipedia.org/wiki/Internet_Message_Access_Protocol.

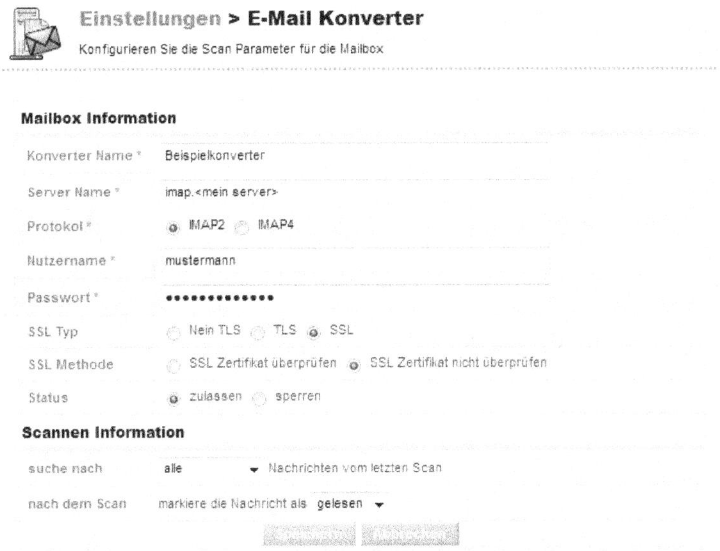

Abbildung 4-54: E-Mail Konverter Einrichtung

Geben Sie Ihre Zugangsdaten für den E-Mail Server ein. Standardmäßig ist der Status auf **sperren** gesetzt. Setzen Sie diesen auf **zulassen**, bevor Sie Ihre Angaben speichern.

Wenn Sie auf den **[Speichern]** Button klicken, prüft das CRM Ihre Serververbindung. Erhalten Sie eine Fehlermeldung, werden Ihre Angaben nicht gespeichert und Sie müssten diese entsprechend korrigieren.

Wenn das CRM mit Ihrem Server kommunizieren kann, erhalten Sie eine Anzeige von weiteren Buttons zur Einrichtung des Mail Konverters, wie in der Abbildung 4-55 zu sehen.

CRM Administration

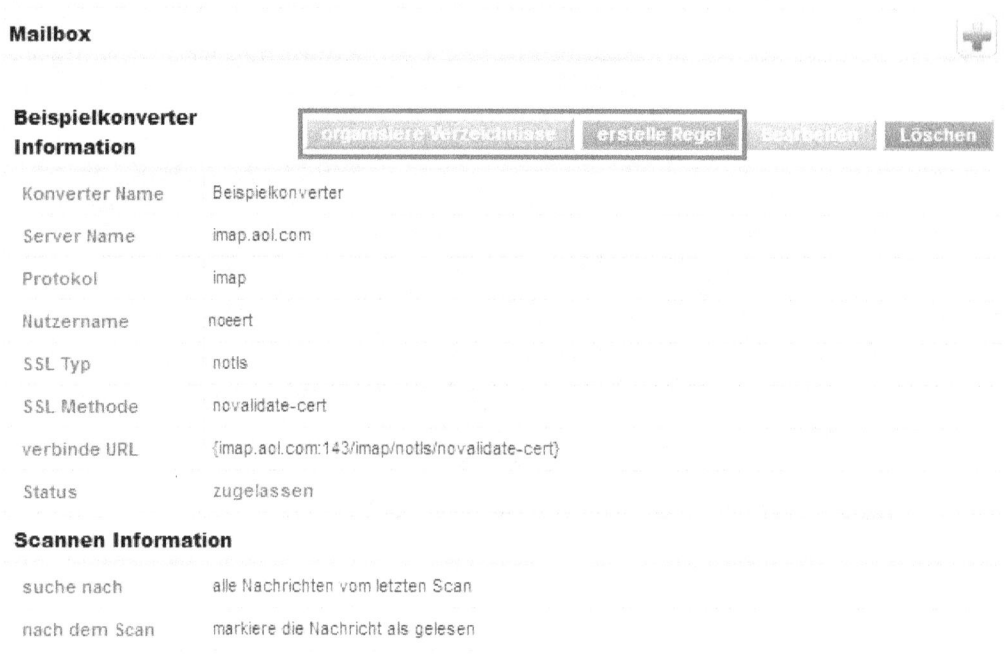

Abbildung 4-55: Mail Konverter - Detailansicht

Wenn Sie den **[organisiere Verzeichnisse]** Button klicken, werden Ihnen alle Verzeichnisse angezeigt, welche Sie auf Ihrem E-Mails Server durch das IMAP Protokoll erreichen können, wie beispielhaft in der Abbildung 4-56 gezeigt. Sie sollten alle Verzeichnisse, welche Sie nicht scannen wollen, über die entsprechende Checkbox abwählen.

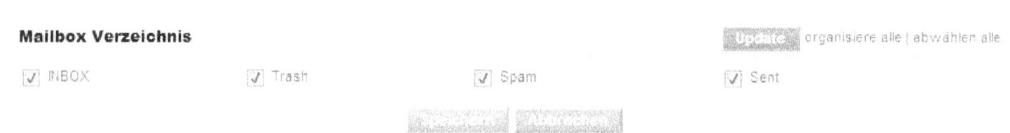

Abbildung 4-56: Durch Mail Konverter erkannte Verzeichnisse

Wenn Sie den **[erstelle Regel]** Button klicken, können Sie eine oder mehrere Regeln aufstellen um dem CRM anzuweisen, wie es mit den E-Mails umzugehen hat.
In der Abbildung 4-57 sehen Sie ein Beispiel. In dem Beispiel wird automatisch ein Ticket im CRM erzeugt, wenn im Betreff einer E-Mail der Text „brauche Hilfe zum Thema: " auftaucht. Wenn Sie wollen, dass alle einkommenden E-Mails im CRM erfasst werden, brauchen Sie keine Bedingungen setzen.

Die Bedingungen können einfache Texte sein. Im Betreff können Sie jedoch auch sogenannte „Reguläre Ausdrücke" nutzen, die Sie verwenden können, wenn Sie Regex in der Auswahlliste auswählen. Reguläre Ausdrücke stellen eine Art Filterkriterium für Texte dar, indem der jeweilige reguläre Ausdruck in Form eines Musters mit dem Text in der Betreffzeile einer E-Mail abgeglichen wird.

Reguläre Ausdrücke sind sehr leistungsfähig, aber leider nicht ganz einfach zu erstellen. Als Beispiel, finden Sie mit dem Regulärem Ausdruck **/\bweb\b/i** das Wort „web" in einem Text. Es würde den Rahmen dieses Handbuches sprengen, alle Möglichkeiten zu erklären. Für eine komplette Übersicht, können Sie z.B. auf folgender Webseite nachschlagen: http://de.wikipedia.org/wiki/Regul%C3%A4rer_Ausdruck

Wenn Sie Bedingungen setzen wollen, haben Sie die folgende Auswahl:

- **Von:** scanne den Text in dem VON Feld einer E-Mail nach einer Übereinstimmung mit der angegebenen Zeichenfolge
- **An:** scanne den Text in dem AN Feld einer E-Mail nach einer Übereinstimmung mit der angegebenen Zeichenfolge
- **Betreff:** scanne den Text in dem BETREFF Feld einer E-Mail nach einer Übereinstimmung mit der angegebenen Zeichenfolge, Sie können eine der folgenden Bedingungen setzen: beinhaltet, beinhaltet nicht, gleich zu, nicht gleich zu, beginnt mit, endet mit oder Regex
- **Inhalt:** scanne den Text in dem INHALT EINER E-MAIL Feld nach einer Übereinstimmung mit der angegebenen Zeichenfolge, Sie können eine der folgenden Bedingungen setzen: beinhaltet, beinhaltet nicht, gleich zu, nicht gleich zu, beginnt mit, endet mit
- **Match:** wenn Sie mehr als eine Bedingung gesetzt haben, können Sie auswählen, ob [alle Bedingungen] gleichzeitig zutreffen sollen, oder ob [jeder Bedingung] eine der Bedingungen ausreicht

CRM Administration

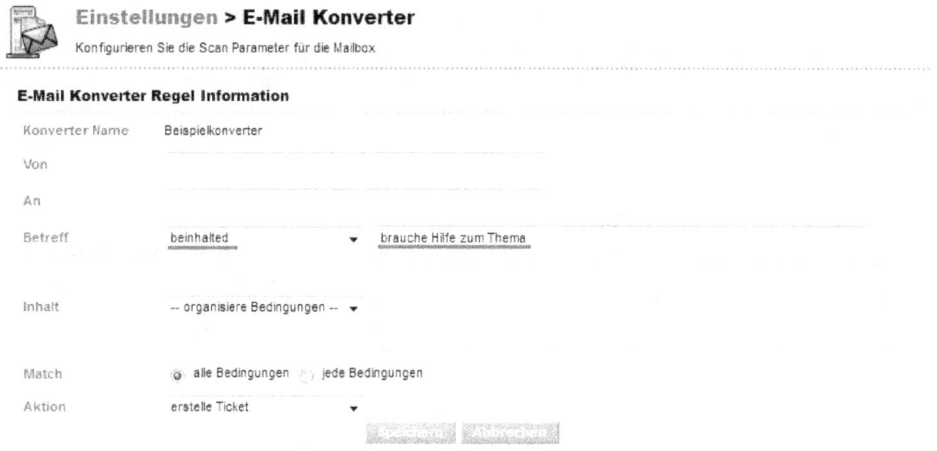

Abbildung 4-57: Mail Konverter Regelbeispiel

Klicken Sie **[Speichern]** um die Regel an das CRM zu übertragen.

Sie können eine oder mehrere Regeln aufstellen. Wenn Sie mehrere Regeln aufstellen, ist es manchmal nötig die Reihenfolge Ihrer Ausführung beim Mail Scan zu beachten. Deshalb erlaubt Ihnen das CRM diese Reihenfolge selbst festzulegen, wie es in der Abbildung 4-58 illustriert wird.

Wenn Sie Ihre Regeln gesetzt haben, können Sie sofort einen Scan starten indem Sie auf den **jetzt scannen** Button im **[Mail Konverter]** Menü klicken. Ihr erster Scan kann u.U. in Abhängigkeit vom Inhalt Ihrer Mail Box und Ihrer Internet-Geschwindigkeit etwas dauern. Neben der manuellen Auslösung führt das CRM auch automatische Scans durch.

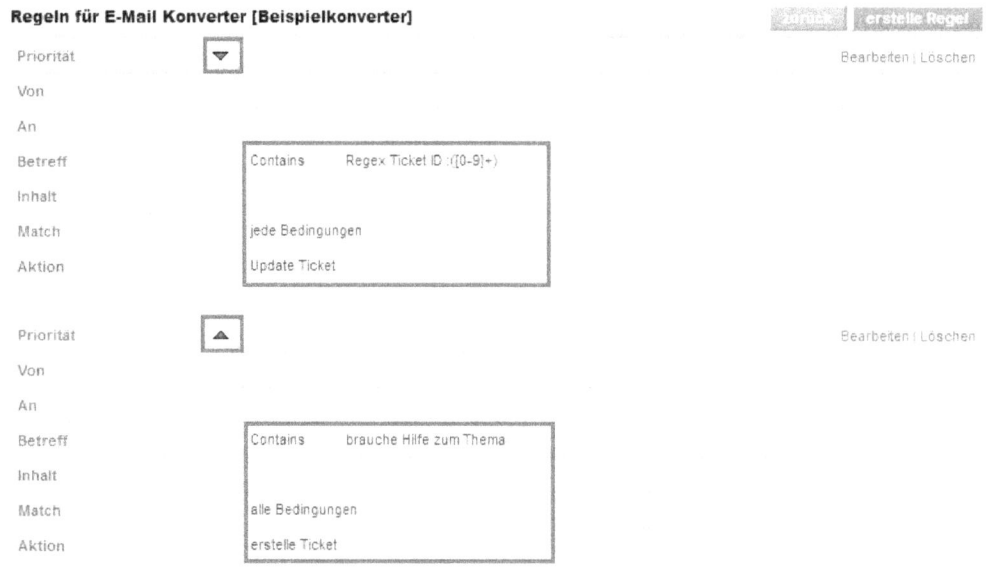

Abbildung 4-58: Mail Konverter Prioritäten

Das Beispiel in Abbildung 4-58 zeigt Ihnen, wie Sie Bedingungen setzen könnten, um Tickets im CRM zu erstellen oder existierende Tickets zu aktualisieren. Diese Einstellungen gehen davon aus, dass jede E-Mail ausgewertet werden soll.

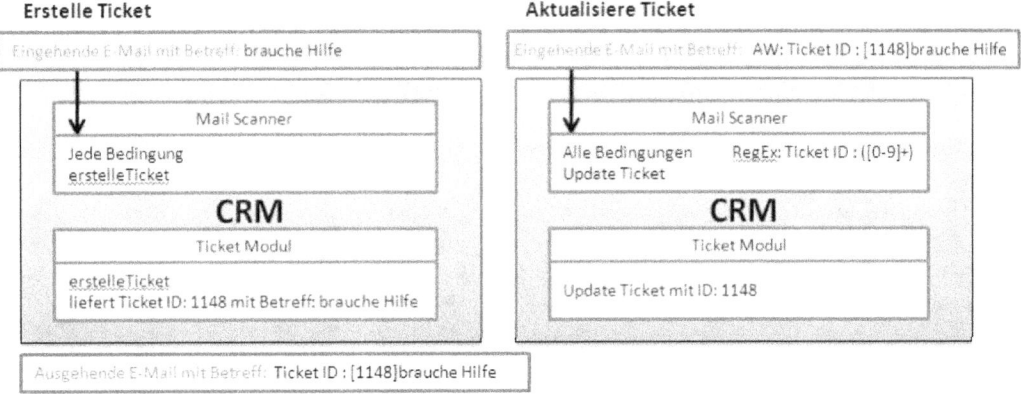

Abbildung 4-59: Mail Scan Workflow für Tickets

Zuerst wird geprüft, ob ein Ticket vorhanden ist, was aktualisiert werden muss. Wenn das nicht zutrifft, wird ein neues Ticket erstellt. Die Aktualisierung von existierenden Tickets basiert auf den Ticket Nummern, welche im CRM automatisch für jedes Ticket vergeben werden. Diese Nummer sollte immer im Betreff von einer E-Mail stehen, damit diese dann vom CRM beim Scan erkannt werden kann.
Der Ablauf ist in der Abbildung 4-59 dargestellt.

4.2.4.12 Liste der Workflows

Als Workflow wird im CRM eine Beschreibung von Operationen verstanden, welche vom CRM automatisch ausgeführt werden sollen, wenn bestimmte von Ihnen Bedingungen zutreffen. Die Operationen können als Ergebnis von folgenden zeitlichen Bedingungen ausgelöst werden:

- Nur das erste Mal wenn ein CRM Eintrag gespeichert wird.
- So lange bis die gesetzte Bedingung eintritt.
- Jedes Mal wenn ein CRM Eintrag gespeichert wird.
- Jedes Mal wenn ein CRM Eintrag verändert wird.

Im Folgenden ist die Einrichtung eines Workflows für Personen als Beispiel beschrieben. Die gleiche Vorgehensweise ist sinngemäß zu einem Workflow für andere Module anzuwenden. Eine Workflow-Einrichtung besteht aus drei Schritten:

1. Zuerst müssen Sie einen neuen Workflow erzeugen, indem Sie ein CRM Modul auswählen für welches der Workflow erstellt werden soll und dann auf den [**Neuer Workflow**] Button klicken, wie in Abbildung 4-60 dargestellt.

In dem sich daraufhin öffnenden Popup Fenster müssen Sie entscheiden, ob Sie einen Workflow selbst komplett neu erstellen wollen, oder ob Sie einen existierenden Workflow als Vorlage benutzen wollen. Wenn Sie Ihren ersten Workflow erstellen, gibt es noch keine Vorlage, aber Sie können später existierende Workflows als Vorlagen benutzen.

Abbildung 4-60: Workflow erstellen

2. Nachdem Sie einen Workflow erzeugt haben, müssen die Bedingungen gesetzt werden, zu denen der Workflow ausgeführt werden soll. Als erstes müssen Sie die zeitlichen Bedingungen festlegen. D.h. Sie legen fest, wann ein Workflow ausgeführt werden soll, wie in der Abbildung 4-61 gezeigt. (Die Option „System" ist mit einer internen Programmierschnittstelle verknüpft, deaktiviert und wird in einer der nächsten CRM Versionen genutzt.)

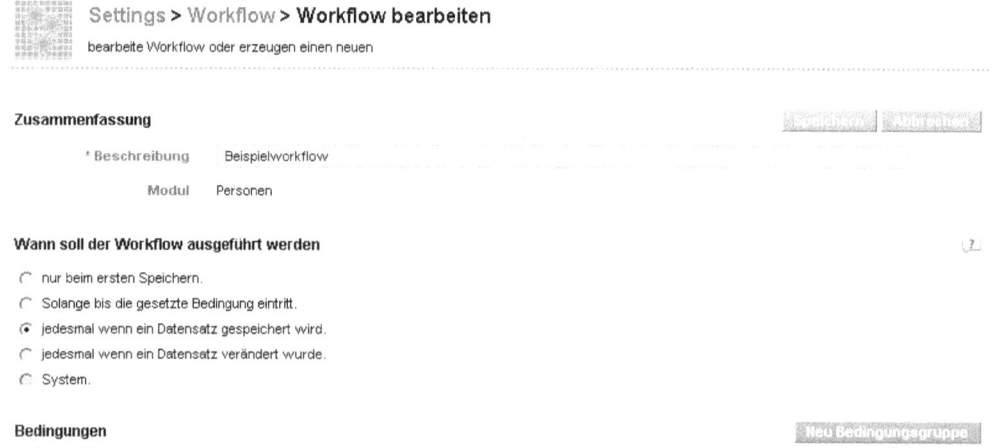

Abbildung 4-61: Workflow erstellen - zeitliche Bedingungen

Klicken Sie auf [**Neue Bedingungsgruppe**] um weitere Filteroptionen festzulegen. Es erscheint, dass in der Abbildung 4-62 gezeigte Menü.

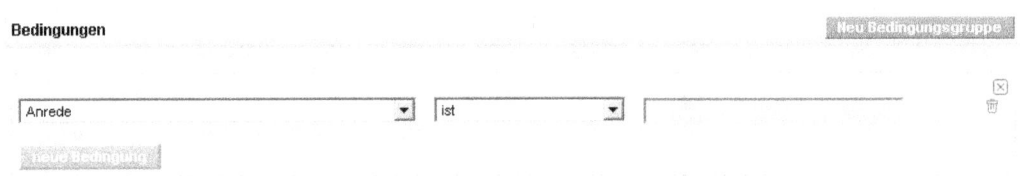

Abbildung 4-62: Workflow erstellen - Bedingungen

In der ersten Spalte sehen Sie alle Eingabefelder aus dem Menü, für welches Sie den Workflow erstellen. In diesem Beispiel ist es das Menü für Personen. In der 2. Spalte sind die logischen Bedingungen aufgeführt, die für ein bestimmtes Eingabefeld zur Verfügung stehen. Wenn Sie auf das Eingabefeld in der dritten Spalte klicken, öffnet sich das in der Abbildung 4-63 gezeigte Menü für die Festlegung eines Vergleichswertes.

Abbildung 4-63: Workflow erstellen - Vergleichswert festlegen

Es stehen Ihnen die Vergleichswerttypen Text, Feld und Ausdruck zur Verfügung, welche in der nachfolgenden Tabelle erläutert werden. Vergleichswerte sind praktisch Filter, mit denen Sie die Ausführung eines Workflows auf spezielle Bedingungen eingrenzen können.

Tabelle 4-11: Workflow erstellen - Vergleichswerttypen

Typ	Erläuterung
Text:	Hier können Sie einen beliebigen Text eingeben. Das ist der einfachste Vergleichstyp und es wird empfohlen, für einen Test der Logik damit zu beginnen. Es ergibt sich daraus z.B. ein Filter wie folgt: „Anrede" „ist" „Sehr geehrter Herr". Für spezielle Feldtypen, wie z.B. eine Checkbox werden Ihnen die zur Verfügung stehenden Möglichkeiten in einer Auswahlliste angeboten.

Typ	Erläuterung
Feld:	Hier wird Ihnen ein anderes Feld zum Vergleich angeboten. Sie können damit also den Inhalt von verschiedenen Feldern vergleichen. Benutzerdefinierte Felder werden berücksichtigt. Als Wert wird Ihnen ein vom CRM intern verwendeter Feldnamen zurückgegeben. Es ergibt sich daraus z.B. ein Filter wie folgt: „Ort" „ist" „othercity"
Ausdruck:	Mit diesem Typ können Sie den Filter für ein Feld mit einer Formel verknüpfen. Wählen Sie zuerst das Feld aus. Danach werden Ihnen die für dieses Feld zur Verfügung gestellten Formeln in der zweiten Auswahlliste angezeigt. Neben diesen Standardformeln können Sie auch einfache Rechenoperationen nutzen. In der nachfolgenden Tabelle werden Ihnen die erläutert.

Tabelle 4-12: Workflow - Formeln für Ausdrücke

Formel	Erläuterung
Rechenoperation:	In jedem Ausdruck können Sie die folgenden Rechenoperationen für Zahlenfelder anwenden: / : Division * : Multiplikation + : Addition - : Subtraktion
Bedingte Operationen:	Sie können in allen Typen bedingte Operationen mit If und Else Anweisungen steuern. Das Format sieht wie folgt aus: *if <Bedingung> then <Funktion> else <Funktion> end*
concat:	Concat ist die Kurzform von Concatenate, was so viel bedeutet wie verknüpfen. Es handelt sich also um eine String-Funktion um freien Text oder auch Felder aus einem Datensatz zu einem Ausdruck zu verbinden. Sie können damit z.B. mit der Formel concat(*firstname*,' ',*lastname*) die Felder für Vorname und Nachname zusammenfassen.

Formel	Erläuterung
time_diffdays:	Diese Funktion ist ausschließlich auf Felder mit einem Datumsformat anwendbar. Sie erlaubt Ihnen die Differenz in Tagen zwischen zwei Datumsangaben zu berechnen. Sie können sowohl ein oder auch zwei Parameter angeben. Die Funktion *time_diffdays (support_end_date, support_start_date)* berechnet Ihnen z.B. die Anzahl der Tage, welche zwischen Anfang und Ende des Support Datums liegen. Die Funktion *time_diffdays (birthday)* berechnet Ihnen z.B. die Anzahl der Tage, die zwischen dem Geburtstag und dem heutigem Datum liegen.
time_diff:	Diese Funktion ist ebenfalls ausschließlich auf Felder mit einem Datumsformat anwendbar und funktioniert ähnlich wie die *time_diffdays* Funktion. Jedoch ist das Ergebnis keine Tage sondern die Zeitdifferenz in Sekunden.
add_days:	Diese Funktion ist ebenfalls ausschließlich auf Felder mit einem Datumsformat anwendbar. Sie hat das Format *add_days (startdate, 2)* wobei die Ausdrücker in den Klammern mit den gewünschten Parametern ersetzt werden müssen. Der erste Parameter ist das Datumsfeld und der 2. Parameter die Anzahl der Tage welche hinzuaddiert werden sollen. Als Ergebnis erhalten Sie ein neues Datum. Alternativ können Sie auch das Format *add_days (2)* verwenden. Als Ergebnis erhalten Sie ein Datum welches entsprechend der Anzahl der Tage in den Klammern im Vergleich zu dem heutigen Datum erhöht worden ist.
sub_days:	Diese Funktion ist ebenfalls ausschließlich auf Felder mit einem Datumsformat anwendbar. Sie hat das Format *sub_days (startdate, 2)* wobei die Ausdrücker in den Klammern mit den gewünschten Parametern ersetzt werden müssen. Der erste Parameter ist das Datumsfeld und der 2. Parameter die Anzahl der Tage welche subtrahiert werden sollen. Als Ergebnis erhalten Sie ein neues Datum. Alternativ können Sie auch das Format *sub_days (3)* verwenden. Als Ergebnis wird ein neues Datum berechnet, welches die Anzahl der Tage aus den Klammern vom heutigen Datum abzieht.

Man kann auch mehrere Bedingungen erstellen und diese mit einer logischen UND oder ODER Verknüpfung verbinden, wie in der Abbildung 4-64 gezeigt.

Achten Sie bei der Angabe von Bedingungen auf deren Schreibweise, insbesondere auf die Unterscheidung von Groß- bzw. Kleinschreibung.

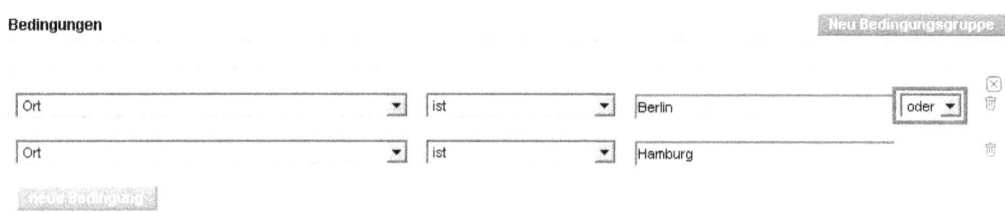

Abbildung 4-64: Workflow erstellen - mehrere Bedingungen in einer Gruppe

Wem das noch nicht reicht, der kann zusätzlich weitere Bedingungsgruppen hinzufügen und diese untereinander ebenfalls mit einer logischen UND oder ODER Verknüpfung verbinden, wie das in der Abbildung 4-65 gezeigt wird.

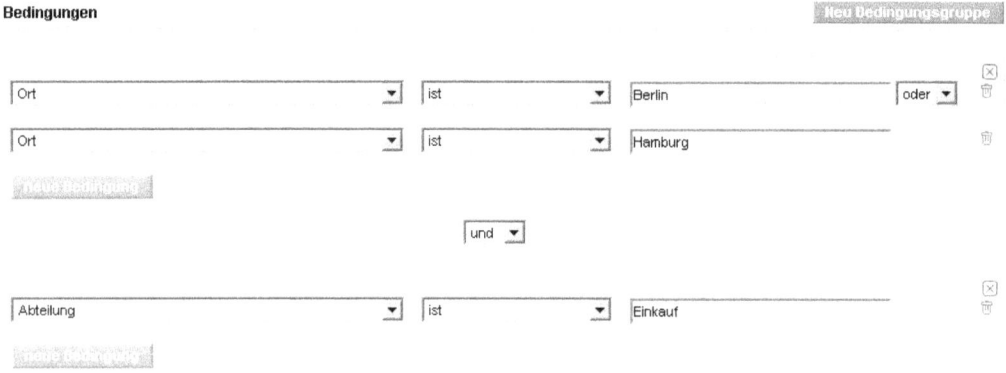

Abbildung 4-65: Workflow erstellen - mehrere Bedingungsgruppen

Bei der Ausführung dieser Bedingungen, werden zuerst die Bedingungen innerhalb einer Gruppe in der Reihenfolge der Eingabe abgearbeitet und danach die Ergebnisse mit der logischen Gruppenoperation verknüpft.

Klicken Sie auf **[Speichern]** um diese Workflow Einstellungen an das CRM zu übertragen.

3. Im letzten Schritt legen Sie fest, welche Aktion im CRM ausgeführt werden sollen, wenn ein Workflow ausgeführt wird und die gesetzten Bedingungen zutreffen. Die folgenden Aktionstypen sind möglich:

- **Sende E-Mail**: eine E-Mail wird automatisch vom CRM versendet, wenn alle Bedingungen zutreffen
- **Erstelle Aufgabe**: im CRM wird eine Aufgabe erstellt
- **Erstelle Ereignis:** im CRM wird ein Ereignis (Anruf, Meeting oder ein selbst erzeugter Ereignistyp) erzeugt
- **Felder aktualisieren:** im CRM werden vorhandene Felder mit einem bestimmten Inhalt gefüllt
- **benutzerdefinierte Funktion aktivieren**: benutzerdefinierte Funktionen für Workflows sind komplexe Funktionen um im CRM bestimmte Aufgaben auszuführen. Sie können selbst keine weiteren benutzerdefinierte Funktionen über die Bedienoberfläche erstellen. Ggw. gibt es nur eine Funktion um den Warenbestand in der Lagerhaltung zu steuern, welche nur für die Module Verkaufsbestellungen und Rechnungen zur Verfügung gestellt wird.

Klicken Sie auf **[neue Aufgabe]** und wählen Sie einen Aktionstyp aus. Als Beispiel wird in Abbildung 4-66 ein Menü zur Erstellung eines neuen Ereignisses gezeigt. Sie müssen dem Ereignis eine Bezeichnung und einen Namen geben, den Status und den Typ auswählen und können noch zeitliche Bedingungen für die Ausführung hinzufügen.
Beachten Sie, dass sich alle Zeitangaben auf die Standardzeit des CRM's und nicht auf die individuellen Zeiteinstellungen für einzelne Benutzer beziehen.

Workflows werden nicht sofort ausgeführt. Das CRM prüft in regelmäßigen Abständen, ob Workflows auszuführen sind, erledigt das dann und führt die angegebenen Aufgaben automatisch aus. Wann und wie oft das getan wird, hängt von CRM Einstellungen ab, die nicht über die GUI zu bedienen sind.

CRM Administration

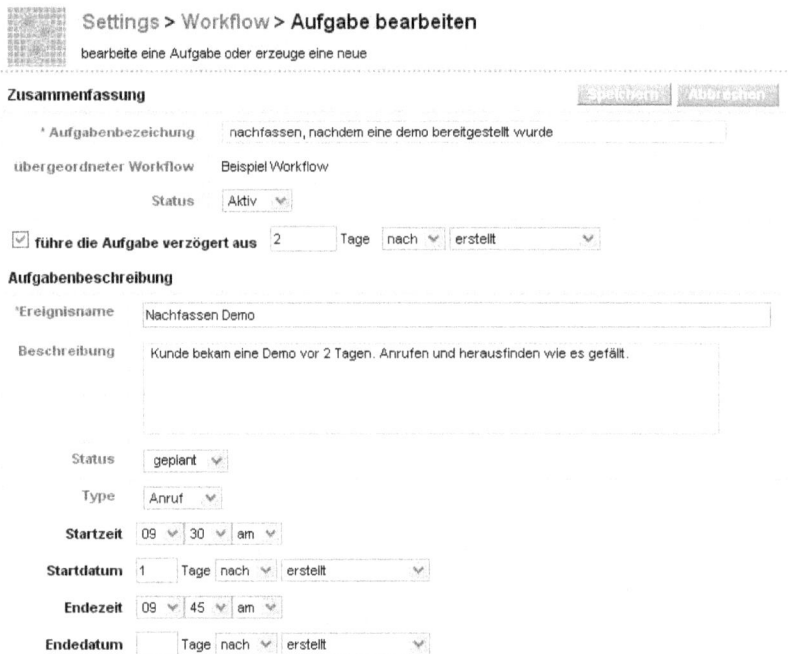

Abbildung 4-66: Workflow - Beispielaufgabe

4.2.4.13 Konfigurations-Editor

Ihr CRM System hat eine Reihe von Voreinstellungen, die durch die s.g. config.inc.php, einer bestimmten Datei in Ihrem CRM, bereitgestellt werden. In diesem Menü, siehe Abbildung 4-67, können Sie diese Voreinstellungen für alle CRM Nutzer komfortabel ändern ohne diese Datei manuell bearbeiten zu müssen.

Ändern Sie Einstellungen, so gelten diese für alle Nutzer. Ein Teil der Änderungen kann erst nach einem erneuten Login wirksam werden und so empfiehlt es sich für Testzwecke mit einem zweiten Browser zu arbeiten und dort die Einstellungen zu kontrollieren.

Wie nachfolgend noch erläutert, werden bestimmte Einstellungen auch nur dann wirksam, wenn Ihr CRM Server die dafür notwendigen Ressourcen bereitstellt.

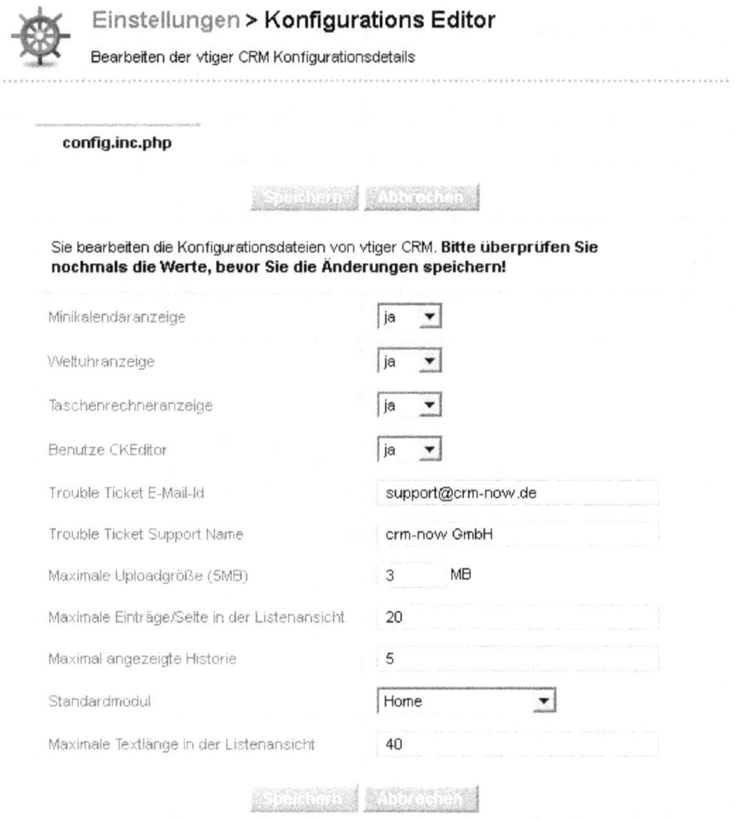

CRM Administration

Abbildung 4-67: Konfigurations-Editor

Die Bedeutungen der einzelnen Eingaben sind in der nachfolgenden Tabelle erläutert. Bitte beachten Sie die zusätzlichen Hinweise für den Betrieb.

Menü	Erläuterung
Minikalender- , Weltzeituhr und Taschenrechneranzeige :	Wenn Sie diese Anzeigen und die damit verbundenen Funktionen nicht benötigen, so können Sie die aus den Menüs entfernen. Das hat keinen weiteren Einfluss auf andere CRM Funktionen.
CK Editor:	Als CK Editor wird das Programm bezeichnet mit dem Sie Ihre HTML Texte verfassen. Wenn Sie diese Option ausschalten, steht Ihnen dieser Editor nicht mehr zur Verfügung und in zuvor erstellten HTML Texten ist dann der HTML Code zu sehen.

CRM Administration

Menü	Erläuterung
Trouble Ticket Angaben:	Die hier gemachten Angaben werden vom CRM als Absenderangaben für automatische E-Mails, wie die z.B. bei Trouble Tickets oder Benachrichtigungen auftreten, genutzt. Sie sollten hier Ihre individuellen Angaben eingeben.
Upload Größe:	Diese Angabe bezieht sich auf die maximale Dateigröße, welche Sie im CRM abspeichern wollen. Das wirkt sich z.B. für den Import von Dokumenten oder Anhängen von E-Mails aus Outlook aus. Die maximal mögliche Größe wird durch andere Servereinstellungen vorgegeben. Wenn Sie hier eine Angabe machen, welche die Möglichkeiten des Servers übersteigt, kommt es zu einer Fehlermeldung, wenn Sie entsprechend große Dokumente in das CRM zu laden versuchen. Es ist deshalb unbedingt notwendig, dass Sie diese Angabe mit Ihrem Serverbetreiber abstimmen.
Max. Zahl der Einträge in der Historie:	Diese Zahl gibt vor, wie viele Datensätze in der Historie angezeigt bekommen, wenn Sie auf das Historie Icon klicken. Damit können Sie komfortabel auf zuvor gesehene oder bearbeitete Datensätze zugreifen. Die max. mögliche Anzahl wird durch Ihre Bildschirmauflösung und Ihrer Arbeitsgewohnheit bestimmt. Das sollte man ausprobieren.
Standardmodul:	Diese Angabe bestimmt das Modul, was direkt nach dem Login aufgerufen wird. Die Angabe gilt für alle CRM Nutzer. Da sich jeder Nutzer den Inhalt der Home Seite selbst zusammenstellen kann, ist das sicher die bevorzugte Einstellung in den meisten Fällen.
Textlänge in Listen:	Diese Zahl gibt vor, wie viele Zeichen aus einem Feldinhalt in einer Listenansicht angezeigt werden sollen. Die optimale Länge hängt von Ihren Daten ab und sollte ausprobiert werden.

Wie schon erwähnt, wirken sich Änderungen in diesem Menü auf alle Nutzer aus und müssen mit den Möglichkeiten Ihres Servers und den PC's der Nutzer abgestimmt sein. Vor Änderungen der Standardwerte ist also sorgfältig zu prüfen, was möglich ist.

4.2.4.14 Kundenportal

Das CRM bietet Ihnen mit dem Kundenportal eine Funktion, welche Ihre im CRM erfassten Personen einen begrenzten Zugang zu Daten aus dem CRM gewährt. Dieses Kundenportal ist eine Zusatzfunktion, die gegebenenfalls erst installiert werden muss und für die ein anderes Handbuch zur Verfügung gestellt wird.

Die Freigabe für das Kundenportal erfolgt im Menü Personen. Dort können Sie mit einer Checkbox eine Person freischalten. Mit dieser Freischaltung wird eine E-Mail mit den Zugangsdaten an die betreffende Person gesendet. Dazu wird eine E-Mailvorlage genutzt, die Sie beliebig gestalten können. Sie finden diese E-Mail Vorlage bereit im **E-Mail Vorlagen** Menü. Diese Vorlage ist im Menü **Benachrichtigungen** mit der Nummer 5 der Benachrichtigung zugewiesen worden.

In dem Menü **Kundenportal** können Sie einstellen, welche Informationen im Kundenportal bereitgestellt werden sollen. Die folgende Abbildung zeigt Ihnen das Menü.

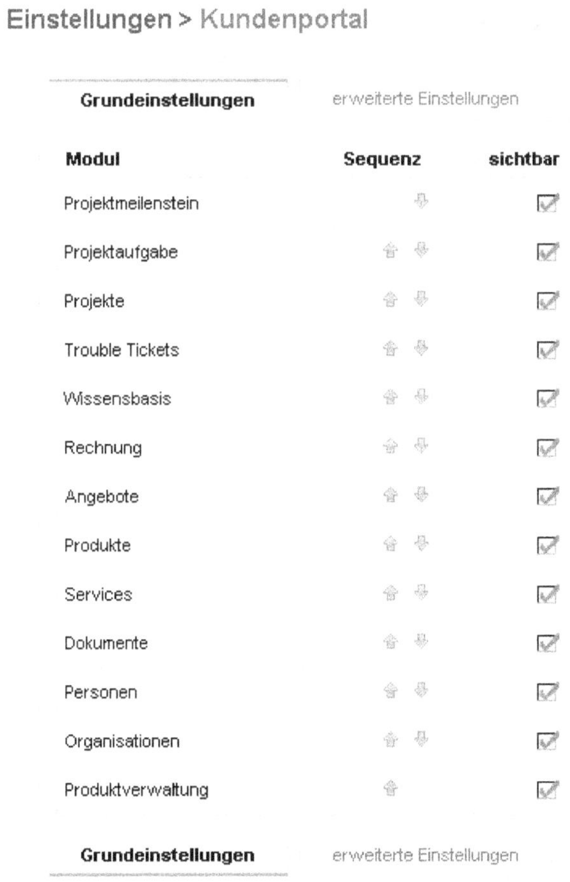

Abbildung 4-68: Kundenportal Menü - Grundeinstellungen

CRM Administration

In den Grundeinstellungen werden Ihnen alle Module gelistet, welche dem Kundenportal Informationen liefern können. Sie können mit Hilfe der Checkbox entscheiden, was im Kundenportal gezeigt werden soll und auch die Reihenfolge festlegen.

In dem Menü **erweiterte Einstellungen**, wie in Abbildung 4-69 gezeigt, legen Sie weitere Details zu den Anzeigen von Daten im Kundenportal fest.

Die Portalanzeige ist mit dem Profil eines CRM Nutzers verknüpft. Es empfiehlt sich deshalb für die Nutzung des Kundenportals einen speziellen CRM Nutzer mit einem speziellen Kundenportalprofil anzulegen. In diesem speziellen Profil können und sollten Sie entscheiden welche Felder aus den einzelnen Menüs im Kundenportal zur Ansicht bereitgestellt werden.

Abbildung 4-69: Kundenportal Menü - erweiterte Einstellungen

4.2.4.15 Planer

Das CRM hat eine Reihe von automatischen Prozessen, welche durch s.g. Cron Jobs zeitlich gesteuert ausgeführt werden. Vorausgesetzt, dass Ihr CRM so installiert wurde, dass die in diesem Menü, siehe Abbildung 4-70, aufgeführten Aufgaben auch automatisch ausgeführt werden, haben Sie die Möglichkeit die Ausführung zu steuern.

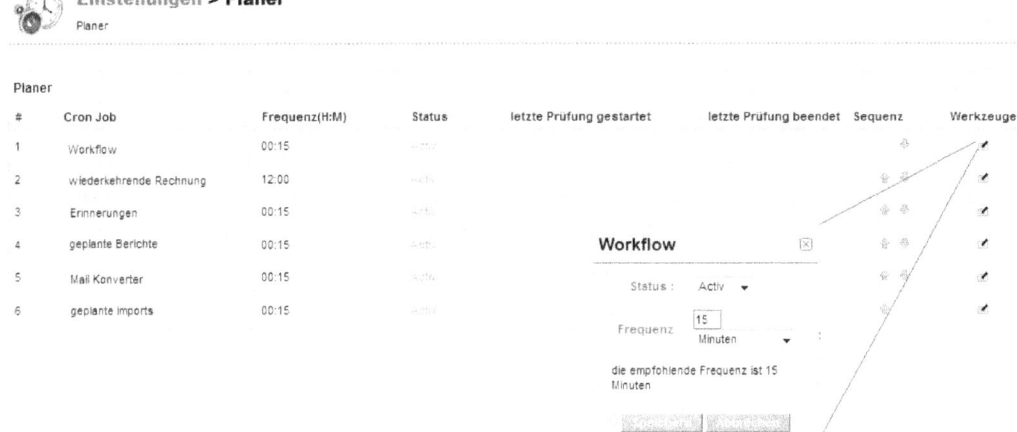

Abbildung 4-70: Cron Planer - Listenansicht

In dem Menü sehen Sie alle planbaren automatische Prozesse und Sie können:

- die Häufigkeit der Durchführung (Frequenz) bestimmen
- automatische Prozesse ein und ausschalten
- sehen ob eine Cron Job aktiv ist und wann er zum letzten Mal ausgeführt wurde
- die Reihenfolge der Ausführung festlegen

Es ist in den meisten Fällen sinnvoll, sich an die empfohlene Werte für die Frequenz zu halten.

4.2.4.16 Webforms

Als Webforms werden HTML Vorlagen bezeichnet, die man auf einer Internet Seite platzieren kann, um Daten von Dort an das CRM zu übertragen. Z.B. könnte folgender Ablauf möglich gemacht werden:

- Ein Webseiten Designer platziert den Webform Code auf einer Webseite mit einem Kontaktformular.
- Ein Interessent füllt auf der Webseite das Kontaktformular aus und sendet es ab.

CRM Administration

- Die eingegebenen Daten des Interessenten werden an das CRM übertragen und dort als Lead abgelegt.
- Der Lead wird einem CRM Nutzer zugewiesen, der sich um die Bearbeitung kümmern soll.

Webforms nutzen ein internes CRM Interface, genannt Webservices, mit dem ein anderes Programm Daten auf einem sicheren Weg mit dem CRM austauschen kann. Der durch das Webform Menü erzeugt Code enthält alle notwendigen Teile um mit dem CRM zu kommunizieren im HTML Format.

Von der direkten Benutzung der Webforms, wie diese vom CRM generiert werden, wird aus Sicherheitsgründen von Autor dieses Handbuches abgeraten. Der dabei verwendete CRM Zugangsschlüssel darf auf keinem Fall, auch nicht als hidden HTML Feld, im Internet platziert werden da dadurch ein unautorisierter Zugang zu den CRM Daten möglich wäre. Dem entsprechend ist eine durch das Webform Menü erzeugte HTML Vorlage noch nachzubessern. Einen Lösungsvorschlag des Autors als Beispiel findet man in der vtiger Wiki.

Zum Erzeugen einer Webform klicken Sie das ▼ Icon in dem Menü. Es öffnet sich die Bearbeitungsansicht, wie in der Abbildung 4-71 zu sehen. Die Feldinformationen erscheinen erst, nachdem Sie ein entsprechendes Modul ausgewählt haben.

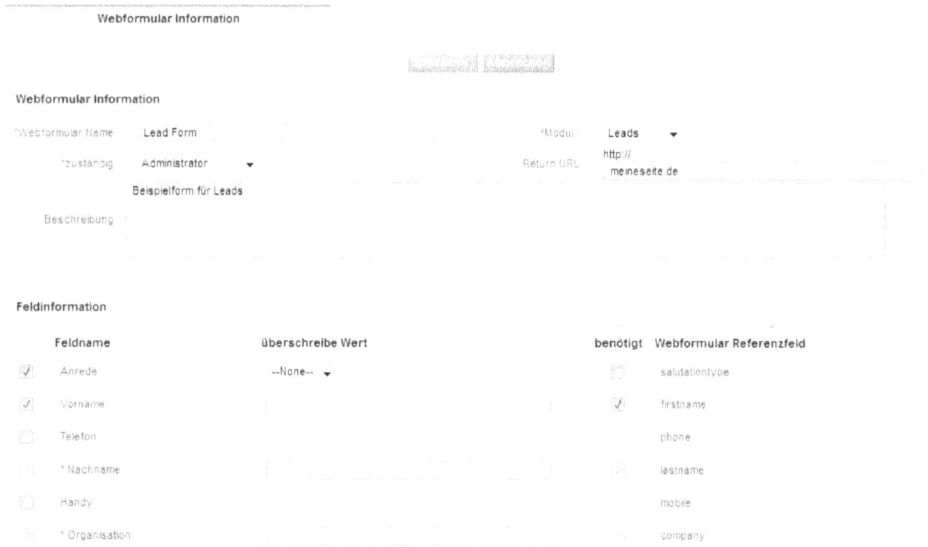

Abbildung 4-71: Webform Editor - Bearbeitungsansicht

CRM Administration

Geben Sie der Form einen Namen und wählen Sie den CRM Nutzer als zuständig aus, der in Zukunft sich um die Bearbeitung der durch die Webform erzeugten CRM Einträge kümmern soll. Das Feld „Return URL" ist optional und kann eine Internetadresse beinhalten, welche nach der Übertragung der Daten angesprungen werden soll.

Die Feldinformationen enthalten alle CRM Eingabefelder, die für das ausgewählte Modul zur Verfügung stehen. Auf der linken Seite sieht man die Feldnamen, wie diese auch in den Eingabemenüs erscheinen, auf der rechten Seite stehen die vom CRM intern benutzen Feldnamen. Pflichtfelder wurden bereits markiert und müssen Bestandteil einer Webform sein. Die nachfolgende Tabelle erklärt die Spalteninhalte.

Tabelle 4-13: Webform - Feldinformationen

Spalte	Erläuterung
Feldname:	Bezeichnung der Felder in Ihrem CRM. Markieren Sie die Felder, welche Sie in Ihrer Webform als Eingabefelder haben wollen.
überschreibe Wert:	Hier können Sie Standardwerte für den CRM Eintrag festlegen. Das ist z.B. sinnvoll für interne Informationen, welche Sie im CRM mit speichern wollen.
benötigt:	Mit diesen Checkboxen können Sie weiter Felder in der Vorlage zu Pflichtfeldern machen.

Klicken Sie **[Speichern]** um Ihre Auswahl an das CRM zu übertragen. In der sich öffnenden Detailansicht gibt es zwei neue Felder, wie in zu sehen.

Abbildung 4-72: Webform Editor - Detailansicht

Das Feld **„öffentliche id"** ist eine einzigartige Webfom-Identifikationsnummer (Zugangsschlüssel). Diese müssen Sie unbedingt vertraulich behandeln und auf keinen Fall im Internet posten.

Das Feld **„Post URL"** ist ein Platzhalter, welchen Sie später noch durch Ihre reale Internet Adresse ersetzen müssen.

CRM Administration

Klicken Sie den **[Zeige Formular]** Button um den HTML Code zur Ansicht zu bekommen, wie in Abbildung 4-73 gezeigt.

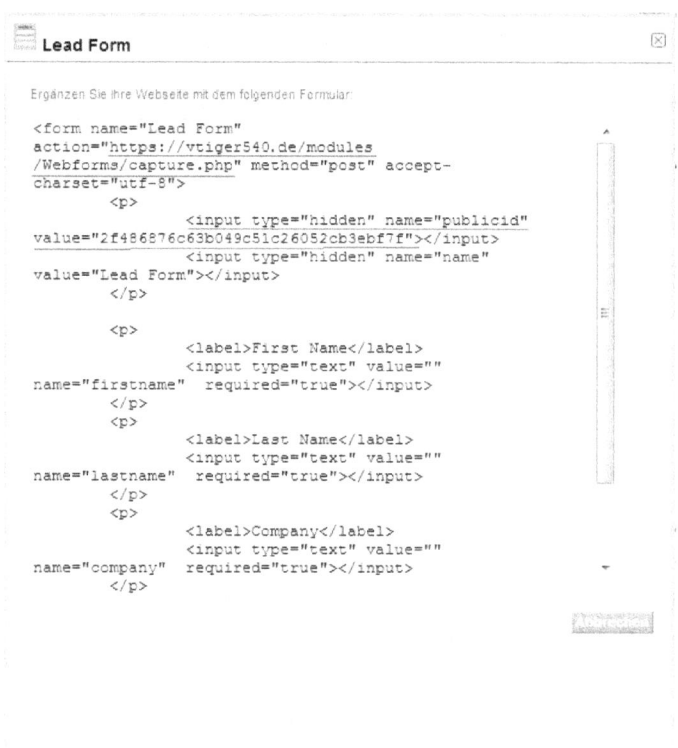

Abbildung 4-73: Webform - erzeugter HTML Code

Die in der Abbildung markierte URL müssen Sie ggf. noch mit Ihrer realen CRM URL ersetzen.

Das *hidden* Feld mit dem Schlüssel sollten Sie so umbauen, dass der Schlüssel den Besuchern Ihrer Webseite verborgen bleibt.

Den fertig gestellten Code können Sie dann auf Ihrer Webseite platzieren und im Layout entsprechend anpassen.

Anhang A Administrationsbeispiele und FAQ

In diesem Anhang werden die in dem Kapitel 4.2.1 Benutzerverwaltung beschriebenen Administratorfunktionen zur Rechteverwaltung im CRM durch Beispiele illustriert. Natürlich können nicht alle Möglichkeiten und Kombinationen erschöpfend berücksichtigt werden. Es werden jedoch die elementaren Bausteine an Hand von einfachen Unternehmenshierarchien erläutert, die es dem CRM Administrator erleichtern sollen, sich in die Prinzipien und den Regeln zur Rechtevergabe einzuarbeiten.

Beispiel 1: Organisation eines sehr kleinen Unternehmens

Die folgenden Konfigurationsbeispiele basieren auf einem Vertriebsteam, wie es in der Abbildung 4-74 gezeigt wird. Der Vertriebsmanager ist der Vorgesetzte von Person 1 und 2, die wiederum Mitglieder der Gruppe Team A sind. Außerdem ist der Vertriebsmanager der Vorgesetzte des Vertriebsassistenten.

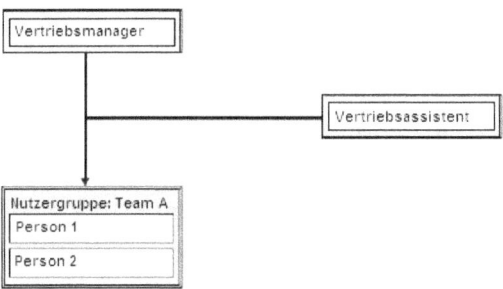

Abbildung 4-74: Administrationsbeispiel zur Rechtevergabe - Vertriebsteam 1

Beispiel 1: Einfache Einstellungen

Nehmen wir an, dass wir folgende **Regeln** für Leads einführen wollen:

- Person 1 und Person 2 haben die Erlaubnis, **Leads zu erstellen**, welche der Person 1 oder der Person 2 zugeordnet werden können.
- Person 1 hat keine Zugangsberechtigung zu Leads der Person 2 und **umgekehrt.**
- Der Vertriebsmanager hat volle Zugangsberechtigung zu **allen** Leads
- Der Vertriebsassistent hat keine Zugangsberechtigung zu Leads.

Um diese **Regeln** umzusetzen, müssen wir die folgenden Einstellungen vornehmen:
Unter **[Einstellungen]** > **[Profile]** muss ein gemeinsames Profil für *Person 1, Person 2* und den **Vertriebsmanager** erstellt werden:

Anhang A: Administrationsbeispiele & FAQ

- Wir benötigen ein Profil mit dem Namen „Vertrieb", welches alle Schreib- und Leserechte für Leads setzt. Die übergeordneten Nutzerprivilegien müssen deaktiviert sein.

Unter **[Einstellungen] >[Profile]** muss ein Profil für den **Vertriebsassistenten** erstellt werden:

- Basierend auf dem Profil „Vertrieb" soll ein neues Profil mit dem Namen „Assistentenprofil" erstellt werden, wobei die Privilegien für das Modul „Leads" deaktiviert sein müssen.

Unter **[Einstellungen] >[Rollen]** müssen **drei Rollen** erstellt werden:

- Wir benötigen eine Rolle **„Vertriebsmanager"** für den Vertriebsmanager, sowie eine dieser untergeordneten Rolle für die *Person 1* **und** *Person 2* mit dem Namen **„Vertriebsmitarbeiter"**. Beide Rollen basieren auf dem Profil „Vertrieb".

Zusätzlich brauchen wir eine weitere, dem Vertriebsmanager untergeordnete Rolle **„Assistent Vertrieb"** für den Vertriebsassistenten, welche auf dem Profil „Assistentenprofil" beruht.

Unter **[Einstellungen] > [Globale Rechtevergabe]** müssen die Globalen Zugangsregeln definiert werden:

- Die Globalen Zugangsregeln für Leads müssen auf **„Privat"** gesetzt werden.

Bitte beachten Sie: Nach jeder Änderung der Zugangsregeln muss der **[Berechnen]** Button betätigt werden, um die Änderungen zu aktivieren!

Da die Rolle des **Vertriebsmanagers** der Rolle von *Person 1* und *Person 2* übergeordnet ist, hat dieser **alle Schreib- und Leserechte bezogen auf die Daten** von *Person 1* und *2*.

Wenn *Person 1* oder *Person 2* einen **Lead** erstellt, dann ordnet das System den Lead dem Ersteller zu.

- Wenn z.B. **Person 1** einen Lead zugeordnet bekommt, dann haben die *Person 1* und der Vertriebsmanager Zugang zu dem Lead und können diesen bearbeiten.
- Falls die Zuständigkeit geändert wird und **Person 2** dem Lead zugeordnet wird, dann haben nur *Person 2* und der Vertriebsmanager Zugang zu diesem Lead.

Der Vertriebsassistent hat nicht die Möglichkeit, überhaupt Lead-Daten zu sehen.

Anhang A: Administrationsbeispiele & FAQ

Beispiel 1: Einstellungen mit Gruppen

In dieser Beispielkonfiguration nehmen wir an, dass folgende **Regeln** gelten sollen:

- *Person 1 und Person 2* haben die Erlaubnis, Leads zu erstellen, welche der *Person 1* der *Person 2* zugeordnet werden können.
- Wenn ein Lead einer *Person* zugeordnet wurde, dann hat das andere Teammitglied keine Zugangsrechte zu diesem Lead
- Der Vertriebsmanager hat volle Zugangsberechtigung zu allen Leads.
- Der Vertriebsassistent hat volle Zugangsberechtigung zu Leads welche dem Tea zugeordnet sind.

Um diese **Regeln** umzusetzen, hat man mehrere Optionen. Alle Möglichkeiten basieren auf den folgenden gemeinsamen Einstellungen:

Unter **[Einstellungen] >[Profile]** muss ein gemeinsames Profil für *Person 1, Person 2* und den Vertriebsmanager erstellt werden:

- Wir benötigen lediglich ein Profil mit dem Namen „**Vertrieb**", welches alle Schreib- und Leserechte für Leads beinhalten soll. Die Übergeordneten Nutzerprivilegien müssen deaktiviert sein.

Unter **[Einstellungen] > [Rollen]** müssen zwei Rollen erstellt werden:

- Wir benötigen eine Rolle „**Vertriebsmanager**" für den Vertriebsmanager, sowie eine dieser unterordneten Rolle für *Person 1, Person 2* und den Vertriebsassistenten mit dem Namen „**Vertriebsmitarbeiter**". Beide Rollen liegen dem Profil „**Vertrieb**" zugrunde.

Da die Rolle des **Vertriebsmanagers** der Rolle der anderen Benutzer übergeordnet ist, hat dieser alle Schreib- und Leserechte.

Option 1:
Unter **[Einstellungen] > [Gruppen]** soll eine Gruppe erstellt werden:
Es kann eine Gruppe aus Nutzern mit dem Namen „**Team A**" erstellt werden. In dieser Gruppe befinden sich *Person 1, Person 2* und der Vertriebsassistent. Der Vertriebsmanager muss ebenfalls Mitglied dieser Gruppe sein, da Gruppen aus Nutzern hierarchieunabhängig sind und dieser Zugang zu den Leads des Team **A** haben soll.

Option 2:
Erstelle eine Gruppe aus **Rollen** mit Untergebenen mit dem Namen Team **A**.
In dieser Gruppe befindet sich lediglich die Rolle des Vertriebsmanagers.

Anhang A: Administrationsbeispiele & FAQ

<u>Option 3:</u>
Eine weitere Möglichkeit besteht darin, eine Gruppe aus Rollen mit dem **Namen Team A** zu generieren, welche die Rolle des Vertriebsmanagers und die Rolle der Vertriebsmitarbeiter beinhaltet.

Unter **[Einstellungen]** > **[Globale Rechtevergabe]** müssen die Globalen Zugangsregeln definiert werden:
   Die **Globalen Zugangsregeln** für Leads müssen auf „Privat" gesetzt werden.

Wenn nun *Person 1* oder *Person 2* einen Lead erstellen, dann ordnet das System den Lead dem Ersteller zu.
   Wenn z.B. *Person 1* einen Lead zugeordnet bekommt, dann haben die *Person 1* und der Vertriebsmanager Zugang zu dem Lead und können diesen bearbeiten.

   Falls die Zuständigkeit geändert wird und nun *Person 2* dem Lead zugeordnet wird, dann haben nur *Person 2* und der Vertriebsmanager Zugang zu diesem Lead.

Bitte beachten Sie: Nach jeder Änderung der Zugangsregeln muss der **[Berechnen]** Button betätigt werden, um die Änderungen zu aktivieren!

Anhang A: Administrationsbeispiele & FAQ

Beispiel 1: Einstellungen mit Globaler Rechtevergabe

In dieser Beispielkonfiguration nehmen wir an, dass folgende **Regeln** gelten sollen:

- *Person 1* und *Person 2* haben die Erlaubnis, Leads zu erstellen, welche der *Person 1* oder der *Person 2* zugeordnet werden können.
- Wenn ein Lead einer einzigen Person zugeordnet ist, dann hat ein anderes Teammitglied nur die Berechtigung, diesen Lead zu lesen.
- Der Vertriebsmanager hat volle Zugangsberechtigung zu allen Leads.
- Die Zugangsberechtigung des Vertriebsassistenten beschränkt sich auf das Ansehen eines Leads. Um diese Regeln umzusetzen, müssen wir die folgenden Einstellungen vornehmen:

Unter [Einstellungen] > [Profile] muss ein gemeinsames Profil für *Person 1*, *Person 2* und den Vertriebsmanager erstellt werden:

- Wir benötigen lediglich ein Profil mit dem Namen „Vertrieb", welches alle Schreib- und Leserechte für Leads beinhalten soll. Die Checkbox „Alle bearbeiten" unter Übergeordnete Nutzerprivilegien muss deaktiviert sein.

Unter [Einstellungen] > [Profile] muss ein Profil für den Vertriebsassistenten erstellt werden:

- Basierend auf dem Profil „Vertrieb" soll ein neues Profil mit dem Namen „Assistentenprofil" erstellt werden, wobei in den Privilegien für das Modul „Leads" nur „Ansehen" aktiviert sein darf.

Unter [Einstellungen] > [Rollen] müssen drei Rollen erstellt werden:

- Wir benötigen eine Rolle „Vertriebsmanager" für den Vertriebsmanager, sowie eine dieser untergeordneten Rolle für die *Person 1* und *Person 2* mit dem Namen „Vertriebsmitarbeiter". Beide Rollen basieren auf dem Profil „Vertrieb".

Zusätzlich brauchen wir eine weitere dem Vertriebsmanager untergeordnete Rolle **„Assistent Vertrieb"** für den Vertriebsassistenten, welche auf dem Profil „Assistentenprofil" beruht.

Unter [Einstellungen] > [Globale Rechtevergabe] müssen die Globalen Zugangsregeln definiert werden:

- Die **Globalen Zugangsregeln** für Leads müssen auf „Öffentlich: Nur Lesen" gesetzt werden.

Anhang A: Administrationsbeispiele & FAQ

Da die Rolle des **Vertriebsmanagers** der Rolle von *Person 1* und *Person 2* übergeordnet ist, hat dieser **alle Schreib- und Leserechte bezogen auf die Daten** von *Person 1* und *Person 2*.

Wenn nun *Person 1* oder *Person 2* einen Lead erstellen, dann ordnet das System den Lead dem Ersteller zu.

> Wenn z.B. *Person 1* einen Lead zugeordnet bekommt, dann haben die Person 1 und der Vertriebsmanager Zugang zu dem Lead und können diesen bearbeiten.

> Falls die Zuständigkeit geändert wird und nun Person 2 dem Lead zugeordnet wird, dann haben nur Person 2 und der Vertriebsmanager Zugang zu diesem Lead. Der Vertriebsassistent hat nur die Möglichkeit, Lead-Daten zu sehen.

Anhang A: Administrationsbeispiele & FAQ

Beispiel 2: Globaler Rechtevergabe kombiniert.

Dieses Beispiel soll zeigen, wie der Zugang zu bestimmten Daten dadurch kontrolliert werden kann, indem man die Bildung von Gruppen mit Globaler Rechtevergabe kombiniert.

Es soll ein Vertriebsteam geben, wie es die Abbildung 4-75 zeigt. Der Vertriebsmanager ist der Vorgesetzte von den *Personen 1-4*, welche Mitglieder des Team A und B sind. Es existiert auch ein Vertriebsassistent, der die Vertriebsteams bei ihrer Arbeit unterstützt.
Der Vertriebsmanager ist auch der Vorgesetzte des Vertriebsassistenten.

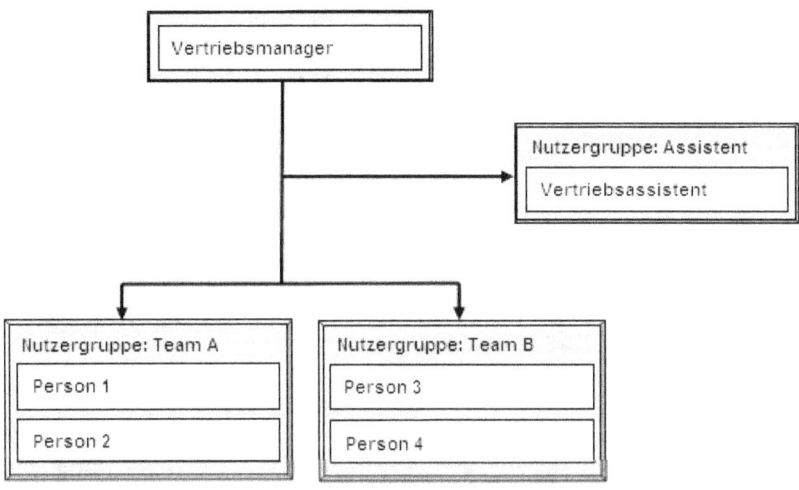

Abbildung 4-75: Administrationsbeispiel zur Rechtevergabe - Vertriebsteam 2

Beispiel 2: Einstellungen mit Gruppen

Wir nehmen an, dass die folgenden **Regeln** für Leads gelten sollen:

- *Person 1-4* haben die Erlaubnis, Leads zu erstellen, welche irgendeiner Person oder dem **Team A** oder **B** zugewiesen werden.
- *Person 1-4* haben Schreib- und Leserechte bezüglich aller Leads, unabhängig davon, wem sie zugewiesen sind. Dies bedeutet, dass sie auch Zugang zu den Leads des Vertriebsmanagers haben.
- Der Vertriebsassistent hat Schreib- und Leserechte bezüglich der Leads des **Team A**.
- Der Vertriebsmanager hat alle Zugangsprivilegien zu allen Leads.

Um diese Regeln umzusetzen, muss die folgende Rechteverwaltung implementiert werden:

Anhang A: Administrationsbeispiele & FAQ

Unter **[Einstellungen] > [Profile]** müssen zwei Profile erstellt werden:

- Wir benötigen ein Profil „Vertrieb" für *Person 1-4* und den *Vertriebsmanager*, welches alle Schreib- und Leserechte enthält.
- Des Weiteren brauchen wir ein Profil „Assistentenprofil" für den *Vertriebsassistenten*. Hier soll die Checkbox „Alle Bearbeiten" unter Übergeordnete Nutzerprivilegien sowie die Checkbox „Löschen" für das Modul Leads deaktiviert sein.

Unter **[Einstellungen] > [Rollen]** müssen drei Rollen erstellt werden:

- Wir benötigen eine Rolle „Vertriebsmanager" für den *Vertriebsmanager*, sowie eine dieser Rolle untergeordnete Rolle für die *Personen 1-4* mit dem Namen „Vertriebsmitarbeiter". Beide Rollen basieren auf dem Profil „Vertrieb".
- Zusätzlich brauchen wir eine weitere, dem Vertriebsmanager untergeordnete Rolle **„Assistent Vertrieb"** für den Vertriebsassistenten, welche auf dem Profil „Assistentenprofil" beruht.

Im Menü **[Einstellungen] > [Gruppen]** müssen drei Gruppen erstellt werden:
Wir benötigen eine Gruppe **Team A** für die *Personen 1* und *2*, sowie eine Gruppe **Team B** für die *Personen 3* und *4*. Die dritte Gruppe soll **Assistent** heißen mit dem Vertriebsassistenten als einzigem Mitglied.

Wie in Kapitel Globale Rechtevergabe beschrieben wurde, ist es nicht möglich, dass die Globale Rechtevergabe dazu benutzt wird, um Daten zwischen Nutzern zu teilen. Da wir aber Globale Rechte für den Vertriebsassistenten nutzen wollen, müssen wir für diesen eine eigene Gruppe einrichten.

Im Menü **[Einstellungen] > [Globale Rechtevergabe]** müssen die globalen Zugangsregeln definiert werden:

- Die globalen Zugangsregeln für Leads müssen auf **„Privat"** gesetzt werden. Das hat zur Folge, dass Benutzer keinen Zugang zu Leads von anderen Benutzern haben.

Im Menü **[Einstellungen] > [Globale Rechtevergabe]** müssen die benutzerdefinierten Zugangsregeln gesetzt werden.

Anhang A: Administrationsbeispiele & FAQ

Auf Leads von Gruppe:

1. „Team A" kann von Gruppe „Team B" zugegriffen werden mit der Erlaubnis „Lesen/Schreiben".
2. „Team B" kann von Gruppe „Team A" zugegriffen werden mit der Erlaubnis „Lesen/Schreiben".
3. „Team A" kann von Gruppe „Assistent" zugegriffen werden mit der Erlaubnis „Lesen/Schreiben".
4. „Team A" kann von Gruppe „Team A" zugegriffen werden mit der Erlaubnis „Lesen/Schreiben".
5. „Team B" kann von Gruppe „Team B" zugegriffen werden mit der Erlaubnis „Lesen/Schreiben".

Da wir die Globalen Zugangsregeln für Leads auf "Privat" gesetzt haben, sind die Punkte 4 und 5 notwendig damit die Mitglieder des Team A bzw. B ihre Leads sehen können, also z.B. die Person 1 die Leads der Person 2 sehen kann.

Anhang A: Administrationsbeispiele & FAQ

Beispiel 2: Einstellungen mit Rollen

Nun wollen wir das Beispiel 2 etwas modifizieren und nehmen an, dass die folgenden **Regeln** für Leads gelten sollen:

- *Person 1-4* haben die Erlaubnis, Leads zu erstellen, welche irgendeiner Person oder dem **Team A** oder **B** zugewiesen werden.
- *Person 1 und 2* haben Schreib- und Leserechte bezüglich der Leads von *Person 1 und 2* und *Team A*. Allerdings haben sie nur Leserechte bezüglich der Leads von *Person 3 und 4* und *Team B*.
- *Person 3 und 4* haben Schreib- und Leserechte bezüglich der Leads von *Person 3 und 4* und *Team B*. Allerdings haben sie nur Leserechte bezüglich der Leads von *Person 1 und 2* und *Team A*.
- Der *Vertriebsassistent* hat Leserechte bezogen auf alle Leads.
- Der *Vertriebsmanager* hat uneingeschränkten Zugang zu allen Leads.

Um diese **Regeln** umzusetzen, muss die folgende Rechteverwaltung implementiert werden:
Unter **[Einstellungen] > [Profile]** muss ein gemeinsames Profil erstellt werden:

- Wir benötigen lediglich ein Profil „Vertrieb" wobei die Checkbox „Alle Bearbeiten" im Menü **Übergeordnete Nutzerprivilegien** deaktiviert sein muss.

Unter **[Einstellungen] > [Rollen]** müssen vier Rollen erstellt werden:

- Basierend auf dem Profil „Vertrieb" brauchen wir eine Rolle „Vertriebsmanager" für den Vertriebsmanager.
- Basierend auf dem Profil „Vertrieb" brauchen wir eine dem Vertriebsmanager untergeordnete Rolle „Assistent Vertrieb" für den Vertriebsassistenten.
- Basierend auf dem Profil „Vertrieb" brauchen wir eine dem Vertriebsmanager untergeordnete Rolle Team A für die Personen 1 und 2.
- Basierend auf dem Profil „Vertrieb" brauchen wir eine dem Vertriebsmanager untergeordnete Rolle Team B für die Personen 3 und 4.

Das hat zur Folge, dass sich die Rollen **Assistent Vertrieb**, **Team A** und **Team B** auf derselben hierarchischen Ebene unter der Rolle des Vertriebsmanagers befinden.

Unter **[Einstellungen] > [Gruppen]** müssen drei Gruppen erstellt werden:

- Wir benötigen eine Gruppe **Team A** für die *Personen 1* und *2*, sowie eine Gruppe *Team B* für die *Personen 3* und *4*.

Beachten Sie bitte, dass der **Vertriebsmanager** ebenfalls Mitglied beider Gruppen sein muss, da Gruppen aus Nutzern hierarchieunabhängig sind und dieser Zugang zu den Leads des **Team A** und **Team B** haben soll. Die dritte Gruppe soll „Assistent" heißen mit dem Vertriebsassistenten als einzigem Mitglied.

Wie in Kapitel 4.2.1.5 Globale Rechtevergabe beschrieben wurde, ist es nicht möglich, dass die Globale Rechtevergabe dazu benutzt wird, um Daten zwischen Nutzern zu teilen. Da wir aber Globale Rechte für den Vertriebsassistenten nutzen wollen, müssen wir für diesen eine eigene Gruppe einrichten.

Unter **[Einstellungen]** > **[Globale Rechtevergabe]** müssen die Globalen Zugangsregeln definiert werden:

- Die Globalen Zugangsregeln für Leads müssen auf „Privat" gesetzt werden. Das hat zur Folge, dass Benutzer keinen Zugang zu Leads von anderen haben.

Unter **[Einstellungen]** > **[Globale Rechtevergabe]** müssen die Benutzerdefinierten Zugangsregeln gesetzt werden:

Auf Leads der Rolle:

1. „Team A" kann von der Rolle „Team B" zugegriffen werden mit der Erlaubnis „Nur Lesen".
2. „Team B" kann von der Rolle „Team A" zugegriffen werden mit der Erlaubnis „Nur Lesen".
3. „Team A" kann von der Rolle „Assistent Vertrieb" zugegriffen werden mit der Erlaubnis „Nur Lesen".
4. „Team B" kann von der Rolle „Assistent Vertrieb" zugegriffen werden mit der Erlaubnis „Nur Lesen".
5. „Vertriebsmanager" kann von der Rolle „Assistent Vertrieb" zugegriffen werden mit der Erlaubnis „Nur Lesen".
6. „Team A" kann von der Rolle „Team A" zugegriffen werden mit der Erlaubnis „Lesen/Schreiben".
7. „Team B" kann von der Rolle „Team B" zugegriffen werden mit der Erlaubnis „Lesen/Schreiben".

Anhang A: Administrationsbeispiele & FAQ

Administration FAQ

Wie kann man nicht benötigte Tabs/Module entfernen?

- Nehmen wir an, bestimmte Benutzer sollen den Tab „Werkzeuge" nicht benutzen dürfen. Um diesen Tab unsichtbar zu machen, muss man in den relevanten Profilen die Module „RSS", „Meine Seiten" und „Notizen" deaktivieren. Diese Module sind Unter-Tabs von „Werkzeuge".

Folgen Sie bitte dieser Anweisung:

1. Identifizieren Sie die relevanten Profile. Beispiel: Person 1 hat die Rolle „Vertriebsmanager", welche auf dem Profil „Vertrieb" beruht.
2. Gehen Sie als Administrator in das Menü **[Einstellunge**n] > **[Profile]** und klicken Sie bei dem relevanten Profil (hier: „Vertrieb") auf den **[Bearbeiten]** Button. Dann finden Sie im Menü eine Liste mit den einzelnen Modulen und den dazugehörigen Checkboxen.
3. Deaktivieren Sie die Module, die nicht angezeigt werden sollen (hier: „RSS", „Meine Seiten" und „Notizen").

Benutzer mit Administratorrechten können immer alle Daten sehen, deshalb ist es bei solchen Nutzern nicht möglich, Module zu deaktivieren.

> Generell gilt: Sobald alle Unter-Tabs eines Menüs deaktiviert worden sind, ist ein übergeordnete Tab nicht mehr sichtbar.

Wie kann man Benutzer, Gruppen, Profile und Rollen löschen?

- Wenn Sie einen Benutzer, eine Gruppe, ein Profil oder eine Rolle löschen wollen, werden Sie nach einem neuen Inhaber der Daten gefragt. Nachdem man einen neuen Inhaber ausgewählt hat, werden die Daten diesem übertragen und gehen dadurch nicht verloren.

Wie kann man den Loginnamen eines Benutzers ändern?

- Es ist nicht möglich, einen Loginnamen direkt zu ändern. Stattdessen muss ein neuer Benutzer mit dem gewünschten Loginnamen angelegt und der alte Benutzer anschließend gelöscht werden. Beim Löschen des alten Benutzers müssen dann die Daten dem neuen Benutzer übertragen werden (s.o.).

Wie kann man die Rechte eines Benutzers einschränken?

- Falls Sie basierend auf den oben erklärten Regeln und Tipps alles Nötige eingestellt haben aber trotzdem nicht das erwünschte Ergebnis erhalten, dann überprüfen Sie bitte folgendes:
    - ✓ Haben Sie die Globalen Zugangsregeln für das relevante Modul auf „Privat" gesetzt?
    - ✓ Haben Sie in dem relevanten Profil unter „Übergeordnete Nutzerprivilegien" die Checkbox „Alle ansehen" und/oder „Alle bearbeiten" deaktiviert?
    - ✓ Haben Sie nach Änderung der Globalen Rechtevergabe den [Berechnen] Button betätigt?
    - ✓ Haben Sie für den relevanten Benutzer die Checkbox „Administratorrechte" deaktiviert?

Das **CRM System** überprüft die Sicherheitseinstellungen in folgender Reihenfolge:

- Zuerst werden die „Übergeordneten Nutzerprivilegien" in den Profilen überprüft. Sind beide Checkboxen aktiviert, dann ist die Prüfung an dieser Stelle beendet. Dies hat zur Folge, dass jeder Nutzer alle Daten im CRM sehen und bearbeiten kann, mit Ausnahme des Moduls „Einstellungen" (nur für Administratoren). In diesem Fall überschreiben die Profileinstellungen die Globale Rechtevergabe, da diese nicht mehr berücksichtigt wird.
- Falls mindestens eine Checkbox der „Übergeordneten Nutzerprivilegien" deaktiviert wurde, dann prüft das System in einem nächsten Schritt die Modulprivilegien in den Profilen. Wenn ein Modul deaktiviert wurde, dann kann der betrachtete Benutzer dieses Modul nicht sehen. Auch in diesem Fall überschreiben die Profileinstellungen die Globale Rechtevergabe, da Globale und Benutzerdefinierte Zugangsregeln völlig irrelevant werden, wenn das betreffende Modul erst gar nicht sichtbar ist.
- Wenn die Modulprivilegien aktiviert sind, dann hat ein Benutzer Zugang zum betreffenden Modul und das System überprüft die Globale Rechtevergabe.

Anhang B Weitere Quellen

Die Anzahl der Publikationen zu dem CRM System wächst ständig. Ebenso werden neue Programme oder Programmerweiterungen in unregelmäßigen Abständen veröffentlicht. In diesem Anhang wird auf weitere Quellen verwiesen.

B.1. Aktuelle Version des Handbuches

Der Autor ist bemüht, mit der Entwicklung des CRM Systems Schritt zu halten und veröffentlicht in unregelmäßigen Abständen neue Versionen mit aktualisierten Inhalten. Die aktuellste Version des Handbuches wird immer unter folgender URL publiziert:

>   http://www.vtiger-hilfe.de

B.2. Weitere Quellen

Die umfangreichsten Publikationen zu dem CRM System finden Sie auf der Webseite von vtiger unter folgenden URL:

>   http://www.vtiger.com

Dort gibt es neben Foren, Wiki, einen Online Shop für Programmerweiterungen, weiteren Dokumentationen und auch viele zusätzlichen Informationen zur Nutzung des CRM Systems, sowie die aktuellen Handbücher für die Installation und den Betrieb der CRM's und dessen Zusatzprogramme wie Outlook Plugin, Office Plugin, Firefox Erweiterung, Kundenportal, Webforms und Thunderbird Erweiterung.

Die CRM Erweiterungen aus der vtiger Community finden Sie unter der folgenden URL

>   http://www.vtiger.com/add-ons

vtiger selbst betreibt eine Wiki. Dort finden Sie ein mehr technisch orientiertes Online-Handbuch und zahlreiche Hilfen für die eigene programmtechnische Anpassung des CRMs. Die Wiki finden Sie unter folgenden URL:

>   http://wiki.vtiger.com

B.3. UTF-8 Hilfe

Das CRM System arbeitet intern mit dem UTF-8 Zeichensatz. Das müssen Sie beachten, wenn Sie Import oder Export Operationen ausführen wollen. Die folgenden Links können Ihnen helfen, diesen Zeichensatz zu verstehen und entsprechend anzuwenden.

- die Online Wikipedia erklärt den UTF-8 Zeichensatz:

    http://de.wikipedia.org/wiki/UTF-8

- den Notepad++ Editor können Sie zur Umwandlung von Daten zu und von UTF-8 verwenden:

    http://sourceforge.net/projects/notepad-plus/

- hier finden Sie eine Sammlung von Werkzeugen zur UTF-8 Umwandlung (in Englisch):

    http://dataconv.org/apps_unicode_utf8.html

B.4. CRM Word Connector

Für die Erstellung von Serienbriefen oder Adresslabels direkt aus MS Word heraus, ohne dass Vorlagen im CRM gespeichert werden müssen, gibt es eine kommerzielle Erweiterung unter folgenden URL:

   http://www.crm-now.com/en/vtigercontributions/

Anhang B Weitere Quellen

Abbildungsverzeichnis

Abbildung 1-1: Login Ansicht 13
Abbildung 1-2: CRM Startseite 13
Abbildung 1-3: CRM Basisfunktionen 15
Abbildung 1-4: Meine Einstellungen - Benutzerlogin und Rolle 16
Abbildung 1-5: Meine Einstellungen - Mehr Informationen 17
Abbildung 1-6: Meine Einstellungen - Erweiterte Optionen & Asterisk 18
Abbildung 1-7: Globale Suche 19
Abbildung 2-1: Stammdaten für neuen Lead anlegen 24
Abbildung 2-2: Stammdaten für neue Organisation anlegen 25
Abbildung 2-3: Neue Organisation - Mehr Informationen 25
Abbildung 2-4: Organisationshierarchien 26
Abbildung 2-5: Hierarchieanzeige 26
Abbildung 2-6: Stammdaten für neue Person anlegen 27
Abbildung 2-7: Stammdaten für Person - Mehr Informationen 28
Abbildung 2-8: Personen Import und Export Icons 30
Abbildung 2-9: Personen Import - Schritt 1 30
Abbildung 2-10: Personen Import - Schritt 2 32
Abbildung 2-11: Personenimport - Schritt 3 34
Abbildung 2-12: Personenimport - Schritt 4 36
Abbildung 2-13: Export Auswahl 36
Abbildung 2-14: Export CSV 37
Abbildung 2-15: Kalender - Stundenansicht 42
Abbildung 2-16: Neues Ereignis 43
Abbildung 2-17: Ereignis Erinnerung 44
Abbildung 2-18: Wiederkehrende Ereignisse 44
Abbildung 2-19: Ereignisse verbinden 45
Abbildung 2-20: Neue Aufgabe erfassen 46
Abbildung 2-21: Kalendereinstellungen 47
Abbildung 2-22: Alle Ereignisse und Aufgaben - Listenansicht 48
Abbildung 2-23: Lead Listenansicht 50
Abbildung 2-24: Lead Detailansicht der Stammdaten 51
Abbildung 2-25: Lead Detailansicht - Mehr Informationen 52
Abbildung 2-26: Verkaufspotential - Erstellungsansicht 54
Abbildung 2-27: Verkaufspotential - Detailansicht der Stammdaten 57
Abbildung 2-28: Verkaufspotential - Detailansicht - Mehr Informationen 57
Abbildung 2-29: Angebot - Erstellungsansicht 60
Abbildung 2-30: Produktdetails bei individueller Steuer 62
Abbildung 2-31: Produktdetails bei gemeinsamer Steuer 62

Abbildungsverzeichnis

Abbildung 2-32: Kundenbestellungen - Bearbeitungsansicht..*65*
Abbildung 2-33: Verkaufsbestellungen - Angaben zu wiederkehrenden Rechnungen *67*
Abbildung 2-34: Einkaufsbestellung - Bearbeitungsansicht *69*
Abbildung 2-35: Rechnung - Bearbeitungsansicht..*70*
Abbildung 2-36: PDF Ausgabe für Rechnungen *71*
Abbildung 2-37: Kampagne - Listenansicht *72*
Abbildung 2-38: Kampagne - Bearbeitungsansicht *72*
Abbildung 2-39: Kampagne - Detailansicht - Mehr Information *73*
Abbildung 2-40: Neues Produkt - Bearbeitungsansicht - Stammdaten *74*
Abbildung 2-41: Produkt - Bearbeitungsansicht - Mehr Information *77*
Abbildung 2-42: Darstellung vom mehreren Produktbildern *78*
Abbildung 2-43: Produkt - Detailansicht - Mehr Informationen *79*
Abbildung 2-44: Produktauswahl aus einem Bündel *80*
Abbildung 2-45: Neue Preisliste - Bearbeitungsansicht *81*
Abbildung 2-46: Preisliste - Detailansicht *81*
Abbildung 2-47: Preisliste Produktauswahlliste *82*
Abbildung 2-48: Neuer Lieferant - Bearbeitungsansicht *83*
Abbildung 2-49: Lieferant - Mehr Informationen *83*
Abbildung 2-50: Dienstleistung - Bearbeitungsansicht..*84*
Abbildung 2-51: Servicevertrag - Bearbeitungsansicht *86*
Abbildung 3-1: Neue Listenansicht erstellen *88*
Abbildung 3-2: Erzeugen einer individuellen Liste - Bearbeitungsansicht *88*
Abbildung 3-3: Benutzerdefinierte Listenansicht bestätigen *89*
Abbildung 3-4: Icon Anzeige von veränderten CRM Einträgen *90*
Abbildung 3-5: Einfache Suche in einer Listenanzeige..*90*
Abbildung 3-6: Erweiterte Suche in einer Listenanzeige *91*
Abbildung 3-7: Massenbearbeitung in Listenansichten..*91*
Abbildung 3-8: Export aus Listen *92*
Abbildung 3-9: Tag Wolke *93*
Abbildung 3-10: Duplikatsuche...*94*
Abbildung 3-11: Suchergebnis für Duplikate *95*
Abbildung 3-12: Duplikate zusammenführen *95*
Abbildung 3-13: Chat Ansicht *96*
Abbildung 3-14: Dokumente Standardverzeichnis..*98*
Abbildung 3-15: Dokumente Bearbeitungsansicht *99*
Abbildung 3-16: Papierkorb Listenansicht *100*
Abbildung 3-17: E-Mail Anzeige in der Personen - Detailansicht *101*
Abbildung 3-18: Neue E-Mail Menü *102*
Abbildung 3-19: Massen-Mail Auswahl... *104*
Abbildung 3-20: Webmail Menü - Client *105*

Abbildung 3-21: Webmail Menü – Server Einstellungen 105
Abbildung 3-22: E-Mail Manager – Server Einstellungen 108
Abbildung 3-23: E-Mail Manager - Listenansicht der Mails 109
Abbildung 3-24: E-Mail Manager - Weiterverarbeitung von Mails 109
Abbildung 3-25: Lead Listenansicht 111
Abbildung 3-26: Lead Detailansicht - Stammdaten 112
Abbildung 3-27: Lead Umwandeln 113
Abbildung 3-28: Verkaufspotentiale - Listenansicht 114
Abbildung 3-29: Tickets - Listenansicht 118
Abbildung 3-30: Ticket - Bearbeitungsansicht 118
Abbildung 3-31: Ticket - Detailansicht - Stammdaten 120
Abbildung 3-32: Neue Wissensbasis - Bearbeitungsansicht 122
Abbildung 3-33: Cockpit 123
Abbildung 3-34: Berichte – Übersichtsseite 124
Abbildung 3-35: Bericht - Detailansicht 126
Abbildung 3-36: Bericht - Filterbeispiel 126
Abbildung 3-37: Neuer Bericht - Details 127
Abbildung 4-1: Administrator Funktion für Nutzer freischalten 136
Abbildung 4-2: Beziehungen zwischen Benutzer, Rollen und Profile 138
Abbildung 4-3: Beispiel für eine Benutzergruppe 141
Abbildung 4-4: Beispiel für eine Gruppe aus Rollen 141
Abbildung 4-5: Hierarchiebeispiel 142
Abbildung 4-6: Beispiel für eine Gruppe aus Rollen mit Untergebenen 142
Abbildung 4-7: Beispielhierarchie für Gruppen 143
Abbildung 4-8: Zusätzlicher Einstellungs-Icon 144
Abbildung 4-9: Benutzer - Listenansicht 147
Abbildung 4-10: Benutzer - Detailansicht (Ausschnitt) 148
Abbildung 4-11: Beispiel für eine Unternehmenshierarchie 154
Abbildung 4-12: Rolle Bearbeitungsansicht 154
Abbildung 4-13: Profile Listenansicht 155
Abbildung 4-14: Neues Profil anlegen - Schritt 1 156
Abbildung 4-15: Neues Profil anlegen - Schritt 2 156
Abbildung 4-16. Gruppen - Listenansicht 157
Abbildung 4-17: Gruppen - Detailansicht 158
Abbildung 4-18: Gruppen - Bearbeitungsansicht 158
Abbildung 4-19: Globale Rechtevergabe - Listenansicht 159
Abbildung 4-20: Globale Standardfelder 164
Abbildung 4-21: Audit Trail - Konfigurationsmenü 165
Abbildung 4-22: Audit Trail - Bericht 165
Abbildung 4-23: Modulmanager Standardmodule 166

Abbildungsverzeichnis

Abbildung 4-24: Layout Editor 167
Abbildung 4-25: Benutzerdefinierte Felder anlegen 169
Abbildung 4-26: Verbinde benutzerdefinierte Felder von Leads 171
Abbildung 4-27: Kurzinfo - Beispielansicht 172
Abbildung 4-28: Kurzinfo - Wissensbasis 172
Abbildung 4-29: Feldberechnungen - Listenansicht 173
Abbildung 4-30: Erstellung von Feldformeln 174
Abbildung 4-31: Studio - Auswahllisten Editor 175
Abbildung 4-32: Verkettete Auswahllisten - Listenansicht 176
Abbildung 4-33: Verkettete Auswahllisten – Bearbeitungsansicht zur Auswahllistenselektion . 177
Abbildung 4-34: Verkettete Auswahllisten – Bearbeitungsansicht zur Feldselektion 177
Abbildung 4-35: Menü Editor - Bearbeitungsansicht 178
Abbildung 4-36: Benachrichtigungen - Listenansicht 179
Abbildung 4-37: Bestandsbenachrichtigungen 180
Abbildung 4-38: E-Mail Vorlagen - Listenansicht 181
Abbildung 4-39: E-Mail Vorlagen - Bearbeitungsansicht 182
Abbildung 4-40: Unternehmensinformation - Detailansicht 183
Abbildung 4-41: Textvorlagen - Listenansicht 183
Abbildung 4-42: Textvorlagen - Bearbeitungsansicht 184
Abbildung 4-43: Währungseinstellungen - Listenansicht 185
Abbildung 4-44: Währung – Bearbeitungsansicht 185
Abbildung 4-45: Einstellungen Steuern 186
Abbildung 4-46: Proxy Server Einstellungen - Bearbeitungsansicht 187
Abbildung 4-47: Mailserverkonfiguration 188
Abbildung 4-48: Lokales Backup - Bearbeitungsansicht 189
Abbildung 4-49: FTP Server Konfiguration - Bearbeitungsansicht 189
Abbildung 4-50: Anzeige einer Bekanntgabe 190
Abbildung 4-51: Bekanntgabe bearbeiten 190
Abbildung 4-52: Geschäftsbedingungen - Detailansicht 191
Abbildung 4-53: Nummerierung anpassen 192
Abbildung 4-54: E-Mail Konverter Einrichtung 193
Abbildung 4-55: Mail Konverter - Detailansicht 194
Abbildung 4-56: Durch Mail Konverter erkannte Verzeichnisse 194
Abbildung 4-57: Mail Konverter Regelbeispiel 196
Abbildung 4-58: Mail Konverter Prioritäten 196
Abbildung 4-59: Mail Scan Workflow für Tickets 197
Abbildung 4-60: Workflow erstellen 198
Abbildung 4-61: Workflow erstellen - zeitliche Bedingungen 198
Abbildung 4-62: Workflow erstellen - Bedingungen 199
Abbildung 4-63: Workflow erstellen - Vergleichswert festlegen 199

Abbildung 4-64: Workflow erstellen - mehrere Bedingungen in einer Gruppe 202
Abbildung 4-65: Workflow erstellen - mehrere Bedingungsgruppen 202
Abbildung 4-66: Workflow - Beispielaufgabe 204
Abbildung 4-67: Konfigurations-Editor 205
Abbildung 4-68: Kundenportal Menü - Grundeinstellungen 207
Abbildung 4-69: Kundenportal Menü - erweiterte Einstellungen 208
Abbildung 4-70: Cron Planer - Listenansicht 209
Abbildung 4-71: Webform Editor - Bearbeitungsansicht 210
Abbildung 4-72: Webform Editor - Detailansicht 211
Abbildung 4-73: Webform - erzeugter HTML Code 212
Abbildung 4-74: Administrationsbeispiel zur Rechtevergabe - Vertriebsteam 1 213
Abbildung 4-75: Administrationsbeispiel zur Rechtevergabe - Vertriebsteam 2 219

www.ingramcontent.com/pod-product-compliance
Lightning Source LLC
Chambersburg PA
CBHW081235180526
45171CB00005B/435